:::::: 杨三角丛书 ::::::

组织

REINVENTING
THE ORGANIZATION

How Companies Can
Deliver Radically Greater Value
in Fast-Changing Markets

革新

构建**市场化生态组织**的路线图

杨国安／ ［美］**戴维·尤里奇** 著
（Arthur Yeung）　（Dave Ulrich）

袁品涵 译

中信出版集团│北京

图书在版编目（CIP）数据

组织革新：构建市场化生态组织的路线图 / 杨国安，
（美）戴维·尤里奇著；袁品涵译. -- 北京：中信出版
社，2019.10（2019.11重印）
ISBN 978-7-5217-0977-3

Ⅰ.①组… Ⅱ.①杨…②戴…③袁… Ⅲ.①企业管
理—组织管理学—研究 Ⅳ.①F272.9

中国版本图书馆CIP数据核字（2019）第186175号

组织革新——构建市场化生态组织的路线图

著　者：杨国安　［美］戴维·尤里奇
译　者：袁品涵
出版发行：中信出版集团股份有限公司
　　　　　（北京市朝阳区惠新东街甲4号富盛大厦2座　邮编　100029）
承 印 者：北京通州皇家印刷厂

开　本：880mm×1230mm　1/32　　印　张：11.5　　字　数：254千字
版　次：2019年10月第1版　　印　次：2019年11月第2次印刷
京权图字：01-2019-3757　　　　广告经营许可证：京朝工商广字第8087号
书　号：ISBN 978-7-5217-0977-3
定　价：68.00元

目 录

前　言

当下，瞬息万变的经营环境倒逼领导者们革新组织思维。本书旨在为领导者们提供全新的组织设计原则，以助他们实践组织管理方面的具体措施，并帮助企业将"往日荣光"照进现实，照向未来。本书帮助企业：

- 为客户提供具有创造性的产品和服务
- 为投资者创造市场价值
- 调动员工"攻坚克难"的积极性，提升其工作效率
- 为更广泛的社会和环境提供价值

我们从三个维度入手，对组织思维进行革新。

第一，梳理并整合海量具有创新性的组织模式，如合弄制组织（holacracy）、指数型组织（exponential）、阿米巴组织（amoeba）、团队型组织（team of teams）、无边界组织（boundaryless）、网络型组织（network）、平台型组织（platform）、敏捷型组织（agile）、二

元性组织（ambidextrous）、格子型组织（lattice）等等。在瞬息万变的经营环境中，一个高效组织究竟需要具备哪些条件？上述各种组织构想为这个问题的解答提供了独特视角。通过梳理归纳，我们将这些视角抽象提炼为一个完整的框架，为领导者们的组织革新工作提供理论支持。

第二，选取和研究当下最具创造性的一些知名企业，包括来自中国的阿里巴巴、滴滴、华为和腾讯，来自美国的亚马逊、脸书和谷歌，以及来自欧洲的Supercell。通过对这些企业进行深入分析研究，我们试图对它们各自的取胜之道进行探讨。我们的目的不仅局限于考察作为标杆企业的它们采取了哪些具体措施，更重要的是透过这些具体措施，分析其背后蕴含的原则和逻辑。身处超动态的经营环境中，这些标志性企业的点点滴滴凸显了各自的组织创新之道。事实上，倘若我们研究过的这些优秀企业在未来（甚至在本书出版之前）再次经历变革转型，我们也并不感到意外。不过，它们背后的组织原则和工具设计相对稳定，并不会随着时间的推移而发生颠覆性变化。

第三，结合我们自己亲身的研究、教学、咨询和实践经历。在过去40年里，我们观察、研究和指导过许许多多的企业。获得组织理论博士学位后，杨国安（Arthur）先后在宏碁和腾讯的高层管理团队中担任要职，在中国顶尖商学院中欧国际工商学院执教超过10年，在多家企业的董事会中担任独立董事，并为多名首席执行官提供构建或转变企业组织能力的意见。除此之外，他还成立了"杨三角学习联盟"，并从 2010 年开始，通过季度会议的方式聚集大约 300 名中国企业家和首席执行官进行组织能力建设方面的观摩交流。戴维·尤里奇（Dave Ulrich）在美国密歇根大学执教 30 余年，为《财富》世界企业排名前 200 强中超过半数的企业提供过指导服务，荣获多项终身成就奖。我们共同出版了 40 多本书，内容涵盖组织、人才、人力资源和领导力。长期以来，我们在某些概念的定义和塑造方面起到了关键作用，比如组织能力、无边界组织、恰当的企业文化、转型升级、学习型组织、增加价值的人力资源职能（HR value-added）与由外而内的人力资源管理（HR outside-in）、网络型组织、平台型组织、领导力品牌、领导力资本、商业合伙人、矛盾兼顾者（paradox navigator）和战略灵活性。

　　通过对上述三方面研究成果的梳理整合，我们进一步完善和发展相关原则和具体措施，从思维和实际构建两方面进行组织革新。我们希望这些想法的提出，有助于肩负构建更强有力的组织竞争力的领导者们（包含高管、人力资源、组织发展或者顾问咨询等相关人员）去塑造和实现本书中所描绘的全新组织形式。

　　不可否认，撰写本书的过程是艰难且繁复的，我们进行了大量的文献回顾和案例背景调查，在中国和美国进行了大约 80 次的深入采访。这本书的最终完成离不开研究团队的默默奉献，团队成员包括李晓红、陈欣、黄静、舒润哲和王颖，他们对本书所提及的八家标杆企业进行了深入采访和学术文献综述，对此我们深表感谢，能与他们共事，我们倍感荣幸。特别感谢凯特·斯威特曼（Kate

Sweetman）和黄静，她们将企业采访内容变成了一个个鲜活生动的故事。特别感谢哈佛商业评论出版社的梅琳达·梅丽诺（Melinda Merino）主编，她在本书的写作构思方面厥功至伟；还有我们杰出的文字编辑帕特里夏·博伊德（Patricia Boyd），她凭借精湛的业务能力将我们的想法转变成具有影响力的文字。也感谢袁品涵和中信出版社的黄维益为本书中文版的翻译和出版所做的工作。

对于那些热心参与此次研究的受访者们，我们对他们所付出的时间和提出的独到见解深表感谢。此外，我们还要感谢在工作、执教和咨询过程中结交的亲密同事们。他们对我们的影响是潜移默化的，使我们有幸触摸到凭一己之力无法企及的高度。倘若我们在理论研究过程中获得了任何成果，我们都希望将这些荣耀与他们分享。最后，非常感谢长期以来支持和包容我们的家人，尤其是珍妮（Jenny）和温迪（Wendy），无论在智识、社交、情感还是精神上，她们都是最佳的伴侣。

第 1 章

全新组织：
如何从根本上使企业创造更大价值

在佛罗里达州巴拿马城曾发生过这样一个故事：在当地一片阳光明媚的沙滩上，一位母亲听见不远处传来小孩尖锐的呼救声，这声音是从激烈翻滚的海浪中传来的。这位母亲定睛一看，猛然发现尖声呼救的正是自家的两个孩子。情急之下，这位母亲毫不犹豫地跳入海浪中，试图救起自己的孩子。然而，在威力巨大的激流中，任何一个人都是那样渺小和不堪一击。就像在海浪中呼救挣扎的孩子们一样，这位母亲也命悬一线。此时，"葫芦娃救爷爷"的场景开始上演：孩子们的奶奶、一位堂兄、另一位堂兄陆续跳入海浪中……蕴藏致命威力的海浪没有对任何一个敢于单挑它的人给予特殊照顾。没过多久，在海浪中垂死挣扎的人数增至 9 人。庆幸的是，这个故事并没有以悲剧收场。那么，这 9 条活生生的生命是如何被挽救的呢？就在这时，一位陌生人发现了这边的危急情况，他急中生智，紧紧抓住旁边另外两位陌生人的手，向着海浪里的呼救者发起新一轮的救援行动。这一举动得到了周围人的迅速响应，逐渐形成了由 80 人组成的"链条"。这张由肉身组建的援救网延伸至大海深处长达 300 英尺（约 91 米）。在众人的共同努力下，9 名呼救者被安全救起。这个真实故事的相关视频可以在谷歌的 YouTube 网站上找到。[1]

倘若那天负责救援的是奥运会游泳冠军迈克尔·菲尔普斯（Michael Phelps），尽管他天赋异禀，但仅凭一己之力，他能救起所有呼救者吗？当然不能。避免这场人间惨剧的关键并不在于某个单一个体的英勇无畏，而在于每位个体所形成的庞大组织的群策群力——为了拯救这处于危难之中的一家人，周围人众志成城，敏捷、智慧、自驱、务实是他们的真实写照。为了一个共同的目标，他们不分彼此，将手臂紧紧地挽在一起。他们以敏捷的行动力，在深海里创新性地使用了划水板和水皮球，冲破了看似不可一世的海浪。试想一下，那天参与救援行动的 80 个人会做何感想！行动结束后，他们又各自回到了自己的生活中。

这个感人至深的故事揭示了本书的根本宗旨。我们想帮助所有企业（或大型或小微，或公有或私有，或本土或全球）的领导者们"复制"这 80 个人为援救那一家人所采取的行动：见微知著，预见挑战；聚焦目标，精诚合作；深谋远虑，革故鼎新；英明果敢，付诸行动；振奋人心，激励员工；最终达成既定目标。然而，更为重要的是，我们希望引导领导者们透过这个看似孤立和偶发的救援事件洞悉其更深层的本质，并将他们的企业打造成持续获得成功和成长的杰出企业。

　　然而，众所周知，大多数企业并不以此种方式运行。当下的许多企业是在"更加稳定的经营环境"中构建起来的，而这种经营环境已然不复存在。我们与许许多多的领导者进行过深入交谈。倘若你与我们采访过的大多数领导者一样，你会敏锐地察觉到，要在瞬息万变的市场中大获全胜，企业需要满足新的需求，创造新的规则——就像那个救援故事一样，为了拯救陷于海浪而危在旦夕的游泳者，80 个人用自己的身体自发形成了一张援救网。对于众多新管理理念，你虽然不断地进行着选择和探索，然而，关于如何让企业对瞬息万变的市场拥有真正意义上更加迅速的反应，你目前所做出的努力很多时候并未取得预期的积极成效。

　　为了更好地弄懂如何让企业更像那 80 人的救援团队，我们着手研究世界上最具创造力和活力的两大经营环境：中国和美国硅谷。我们知道，由于不同的原因，这两个地方十分擅长孵化灵活的组织形式和新颖的方式方法，以便极好地满足充满活力的市场。在中国，在国有企业和跨国公司这两种企业之外有一片活力四射的创业绿洲。这片绿洲由很多充满创新和创造力的民营企业所占领，例如我们进行过详尽研究的四家知名民营企业：阿里巴巴、滴滴、华为和腾讯。在硅谷，这个世界上最负盛名的创业温床，由于蕴含着创造极度成功的规模化企业的无限潜能，吸引全世界的创造者们纷至沓来。最新统计数据显示，在旧金山地区，每个月大约有 50 家新兴企业"扬帆启航"。在这类企业中，我们有幸对三家处于龙头地位的企业进行深入研究，它们是亚马逊、脸书和谷歌。无论是在中国还是硅谷，这些民营企业都能够不受传统组织体系的束缚，因地制宜地构建自我，在瞬息万变的全球格局下取得成功。表 1-1 展现了我们所研究过的企业的基本信息。我们深入这些企业的内部，通过对公司管理层、在职主管以及离职主管进行深度采访，试图明晰这些企业的组织和运转模式。

表 1-1　我们研究过的企业

企业名称	成立年份	员工人数[a]	市值 （亿美元）[b]
阿里巴巴	1999	101 550	4 746
亚马逊	1994	647 500[c]	9 078
滴滴	2012	13 000	550[d]
脸书	2004	35 587	5 130
谷歌	1998	98 771	8 489
华为	1987	180 000	1 460[e]
Supercell	2010	283	100[f]
腾讯	1998	47 794[g]	4 720
平均值	（截至 2019 年，各企业的平均成立时间为 19 年）	140 561	4 284

a. 上市公司的员工人数出自 2018 年发布的年度报告，非上市公司的员工人数源自该公司的官方网站。

b. 上市公司的市值统计至 2019 年 4 月 15 日。

c. 包括全职和兼职工作人员，不包括承包商的人员和临时员工。

d. 该数据由滴滴外联团队提供。

e. 参考《胡润百富》。

f. 非上市公司，该数据基于最后一轮的市场估值。

g. 统计至 2019 年 4 月 15 日，不包括合同工。

资料来源：滴滴和 Supercell 的市值源自各自公布的财务报告，华为的市值出自《胡润百富》。其他公司的相关数据来自这些公司的官方网站和财务报告。

在研究这些杰出企业的过程中，我们发现了在瞬息万变的市场中从根本上使企业创造更大价值的若干原则和具体举措。我们将这些重要因素具体化，形成了一个用于企业革新的框架，以便处于任何企业，特别是所谓的传统组织中的领导者都能够以此为纲，因地制宜地制订企业革新方案。

毋庸置疑，创立一家全新企业比起重塑一家传统企业要容易得多。多年来，在与众多首席执行官及其团队共事的过程中，我们意识到，要让一个已经存在的组织发生根本性的转型升级是一件多么艰难的事情。正是这些挑战的存在才促使我们撰写本书。我们希望本书能发挥桥梁作用，引导和帮助这些企业实现转型升级，成为更高效、更灵活的企业，从而创造更大的价值。

我们也意识到，"明者因时而变，知者随事而制"这句话对于互联网企业绝非老生常谈。这些企业所处的经营环境正发生着迅猛而深刻的变化。（美国在线、雅虎、聚友网、网景等知名企业皆是因为对经营环境的变化反应迟缓而发生了不同程度的"伤亡"。）上述有关创造企业更大价值的那些原则其实同样适用于互联网企业。所有企业，特别是那些处于竞争环境变化最迅猛处的企业，需要时刻保持组织反应的迅速性和组织行动的敏捷性。

在这个风云变幻的职场中，作为一名致力于激励员工、服务客户、吸引投资者和彰显社会责任的领导者，你需要对企业进行革新。这里所说的"革新"不仅仅是改变企业内部的汇报关系、组建团队或者宣布一项全新的企业战略，你必须从根本上构建一个全新的组织，重新定义组织运转模式。除了了解并形成清晰的岗责关系外，你还需要改变协调工作的方式方法、统领各项工作所遵循的原则，以及本人和其他同事的领导力行为。本书将为你的企业革新之路提供一张完整的路线图。这张路线图中所包含的原则和工具源自当今世界上若干最具活力的企业。通过深入分析研究，我们发现那些原则和工具正是这些企业活力不减的原因。

在正式介绍"组织革新六步骤"之前，我们先概述一下Supercell的情况，这是我们研究过的其中一家企业。Supercell的故事展现了一种全新的组织形式，这种全新的组织形式也在我们所研究过的其他企业中出现。通过这个故事，我们能够明白，Supercell是如何凭借这种全新的组织形式预测市场并从根本上创造更大价值的。[2]毫无疑问，当你读完这个故事时，心里一定会想："倘若我的企业能像Supercell那样，那么我一定是活在梦里。"通过本书的阐述，我们希望让你重拾对企业革新的信心，并为你提供一些可操作的具体措施，使企业朝着正确的方向大步迈进。

Supercell

Supercell是一家手机游戏研发公司，成立于2010年。迄今为止，该公司已研发了5款人气手游，包括2012年出品的《部落冲突》和《卡通农场》、2014年出品的《海岛奇兵》、2016年出品的《皇室战争》、2018年出品的《荒野乱斗》，死忠粉数量多达1亿。

截至 2019 年，该企业的市场预估值在 100 亿美元左右，年收益将突破 20 亿美元。对于一家仅拥有 280 名员工、员工人均收益刚到 1 000 万美元的企业来说，这样的效益不算糟糕。

经营环境与战略

Supercell 之所以如此迅猛地取得成功，全是由于对经营环境的正确预测和战略的合理运用。2010 年成立伊始，该企业的领导者们就准确预测了移动互联网技术的发展趋势，并将游戏开发方向聚焦于移动平台。依托运用 iOS 操作系统的苹果软件商店和运用安卓系统的软件商店，Supercell 迅速打通了全球销售渠道，有力促进了这些游戏在全球的影响力。

Supercell 的领导者们因势利导地形成了自己的游戏开发理念：制作可玩性高且持久的游戏（持续数十年之久）；游戏拥有全球吸引力（无论在西方还是东方，游戏都深受好评）；玩家通过移动设备进行游戏操作。为了将更多精力放在游戏开发上，Supercell 外借合作伙伴的资源和能力，比如将游戏在中国的发行运营工作交给昆仑万维和腾讯，而信息技术基础设施的运维由亚马逊的云计算服务（Amazon Web Services，AWS）负责。

组织能力和构架

Supercell 的首席执行官埃卡·潘纳宁（Ilkka Paananen）和其他5名创始人皆是游戏产业界经验丰富且资深的专业人士。他们会以"游戏玩家"的身份定位自己，这种自我定位为 Supercell 确立和践行"时刻关注客户体验感和满意度"的企业理念打下了坚实基础。除此之外，他们致力于营造有利于激发创造性和创新能力的独立工作环境，并在一个共享平台上以小型团队的形式推进各项工作的完成。Supercell 坚信，最好的团队孕育最好的游戏。

这些小型团队——也可以称作"细胞"（cell），都是独立自主的：每个团队负责一款游戏的开发工作。企业名称中的"Super"指的是共享平台，这是一个稳固的中心基础，为每个小型团队的游戏开发工作提供必要的"成功要素"：企业文化、市场营销、人力资源、财务支撑和技术支持。小型团队与共享平台之间是扁平化的关系（非层级化关系），共享平台所肩负的使命是清晰明了的：提供一切有利因素，确保小型团队将一切有效时间和精力投入游戏开发中。此外，独立自主的小型团队之间也会互相分享关于游戏开发的一些独到见解和个人看法。通过这样一种互学互鉴的方式，每个小型团队的游戏开发理念都能在公司层面被广泛知晓、认真参考和科学吸收，从而让整个公司的游戏开发理念变得更加全面、超前和多元。倘若我们要绘制 Supercell 的组织架构，它将不会是传统意义上的层级化架构，而是一个将共享平台和小型团队进行扁平化连接的新型组织架构（见图 1-1）。

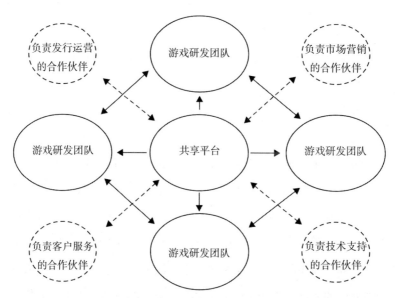

图 1-1　Supercell 组织架构：共享平台、游戏研发团队和战略合作伙伴

　　"为什么采用这样的组织架构？"我们采访了 Supercell 的首席运营官扬内·斯内尔曼（Janne Snellman）。"因为在别的地方，我们见证过由委员会主导游戏上线所导致的惨淡后果（游戏开发最终流产）。最优秀的游戏开发人才希望独立推进工作：公司为他们指明道路和大方向，其余工作由团队自行完成。'让我提前告诉你要做哪些具体工作吧'，这并不是他们所期望的。团队规模越小，越灵活高效。"以极度受欢迎的《部落冲突》为例，其核心研发团队最初只有 5 名成员。伴随着该游戏的走红，核心研发团队成员人数增至 7~8 名，负责对

这个具有高度互动性的游戏进行持续更新和维护。虽然负责《部落冲突》数以百万计游戏玩家的客服团队规模稍大一些，但仍旧不超过15人。就像拯救深陷迅猛海浪之人的那80人一样，这些独立自主的游戏研发团队将优秀人才聚集起来，创造和回应市场机遇。

人才

随着"小规模，易管理"的管理理念得到广泛认同和最终确立，Supercell奉行严格筛选精兵强将的招聘流程。以技术美工的招聘为例，在某一年的招聘活动中，Supercell总共收到了2 000余份求职简历，而最终获得聘用的仅有10人。凭借着近乎苛刻的招聘流程，Supercell将杰出人才聚在一起。该企业坚信，一个杰出人才所能释放的能量相当于100个平庸之辈能量的总和。杰出人才集结完毕后，企业给予他们推进工作所需的自由决策权，并为他们扫清影响工作推进的一切障碍。

Supercell释放员工的创造性才能，给予员工充足的自由去尝试与众不同的想法，并消除员工因尝试失败而产生的羞耻感。当某个游戏想法并未达到预期效果，研发团队会开一瓶香槟庆祝此次"失败"，并与团队成员们分享从其他团队中获得的经验教训。

兵熊熊一个，将熊熊一窝。"就游戏开发领域而言，成功的团队往往发端于具有丰富业界经验的团队负责人。"斯内尔曼表示，"如果团队负责人认为自己有一个非常好的想法，他可以对此进行内部力荐，并让其他研发团队的成员甚至企业外部人士加入该想法的实践工作中。团队负责人不需要获得官方许可即能组建团队，每个有想法的员工都能组建自己的团队。"事实上，在Supercell内部，始终活跃着一个如永动机般的岗位和点子市场。

研发团队之间的交流与沟通

然而，独立自主的游戏研发团队并不会以孤岛的形式存在于企业内部。在Supercell，通过对共享平台资源的使用以及跨团队想法的互学互鉴，游戏研发团队之间存在着千丝万缕的联系。游戏设计师可以根据自身兴趣的转变从一个团队进入另一个团队。斯内尔曼说："《皇室战争》是阐释上述情况的最佳例子。当这款游戏从理论构思进入内测（游戏完全向玩家开放之前的关键步骤）时，许多人对这款游戏充满期待。为此，另外一个游戏团队主动提出暂时搁置本团队的游戏项目，加入《皇室战争》研发团队。他们的加入使得该款游戏的开发速率获得大幅提升。'公司利益优先，团队利益次之'，上述例子是对这一企业理念的生动反映。'己欲立而立人，己欲达而达人'，他们将这句话的深刻含义入脑入心。"正如斯内尔曼解释的，Supercell的成功并不只取决于某一款杰出的游戏作品或某一个出色的研发团队，而是源自团队之间的互通互联、互帮互助，用最好的资源组合拥抱全新的机遇。

企业文化

为了让这一组织架构在Supercell发挥作用，"尊重包容"成为该企业压倒一切的文化价值观。斯内尔曼说："我们大力营造平等相待的工作环境和尊重包容的人际关系。在Supercell，每个人的工作都很重要，人与人之间的关系也不是国王与仆从的从属关系。无论是共享平台的工作人员还是游戏研发团队的成员，都享有同等的奖金级别待遇。"

在本书中，我们将研究过的诸多企业与读者们进行分享，分享它们在应对瞬息万变的经营环境时所采用的原则和实施的方略，并将这些原则和方略归纳总结为一个包含六大步骤的完整框架。在我们研究过的这些企业中，Supercell是规模最小、成立时间最晚的企业。就像前文所提及的那样，比起对传统企业进行革新，构建一个全新的企业要容易得多。然而，无论企业成立于何时或者企业规模如何，这些原则和方略都将对企业革新大有裨益。本书将告诉你该怎么做。

从你的企业开始：什么模式最能描述你的组织架构？

倘若你想革新企业，你首先需要了解不同企业的组织模式设计和它们背后的假设，然后判断你的企业目前最类似于哪一种组织模式（见图1-2）。传统的主流组织设计模式有三种：科层架构

（hierarchies）、系统思维（systems）和组织能力（capabilities）。

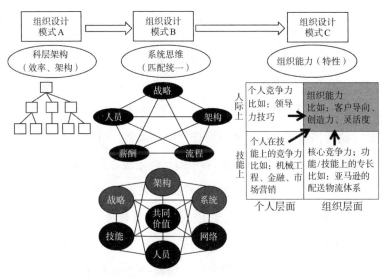

图 1-2　组织形式的演变

科层架构

倘若你的企业的组织设计最能以树形结构描述，主要是依靠具备不同专长、权力和掌控力的管理层级和部门来运作，那么你们正在使用科层架构（图 1-2 中如组织模式 A 所示的传统组织架构）。组织模式 A 的领导者们强调岗位职责和规章，并想通过精简的层级、明确的岗位职责和消除部门墙来提升企业效率。尽管摒弃森严等级的相关言论甚嚣尘上，但当下大部分企业依旧在这一类组织模式中徘徊。

系统思维

倘若你的企业抛弃了科层结构模式以及支撑其存在的若干假设，取而代之的模式或许会是系统思维模式（图 1-2 中的组织模式 B）。作为一名领导者，你关注的是系统（比如战略、架构、人员、薪酬和流程）间的匹配统一，通过这种方式提升组织健康状况。[3] 倘若你的企业以这些假设进行组织运转，虽然企业的组织运转更好，但是对于外部干扰因素依旧反应迟缓，而且企业员工也没有完全参与组织运作。试想，倘若那 80 名救援者在决定以手拉手的形式拯救落水者之前，先坐下来进行"责任分配矩阵"〔执行人（responsible）、负责人（accountable）、咨询人（consulting）和知会人（informed），RACI〕系统分析，场面将会多么可笑，后果又将多么严重啊！

组织能力

或者，你可能认为自己的企业既不是科层结构模式也不是系统模式，而是能力模式（图 1-2 中的组织模式 C）。在能力模式中，你会假设自己的企业之所以卓越是因为它因具备某方面的独特能力和名声（如以创新或速度闻名）。换句话说，这一组织模式的运转关键在于企业自身独有的特性，很少考虑与外部伙伴的协同。[4] 遵循该组织模式的企业专注于自己所擅长的，以及如何构造组织活动才能创造价值。你强调的是为公司创造独一无二的特性，并以此来影响所有利益相关者。

评估你的企业

倘若你想实现企业革新构想，你需要根据上述三个常见的组织模式认清自己企业的偏向以及它的短板。你能认清楚自己企业的组织模式偏向吗？你的企业是否过度强调等级和明确的岗位职责，还是强调系统和配置统一，抑或强调某种自身能力和专长？一旦你明确认识到自己企业的主导组织模式和相应侧重和偏向后——无论你遵循的是组织模式A、B还是C，你都需要优化这些短板，纠正自身偏向。

很明显，上述组织运转方式的设计都无法阐释那80名救援人员或者Supercell所取得的成功。三个传统组织模式的共同侧重点包括：比起对瞬息万变的外部环境的关注，更强调内部角色分工和运转；与采取敏捷灵活的举措相比，更加偏重采用稳定和可预测的解决方案。近年来，许许多多的企业经历了如同史诗一般的惨败——百事达（Blockbuster）、柯达（Kodak）、诺基亚（Nokia）、西尔斯（Sears）等等，而每每对这些惨败进行追根溯源，我们所发现的症结总是惊人相似：领导者们未能使企业对市场需求或机遇做出快速反应。

你做好准备了吗？让那些传统组织的假设随风而去，让我们重新思考如何从根本上使企业创造和释放更大价值。现在，让我们向着这一转变迈进吧！

迈向全新的组织模式：市场化生态组织

在对诸多企业进行深入研究的过程中，我们形成了若干洞察和原则，为构建更具创造力、更加敏捷灵活的组织模式，使企业从根本上创造更大价值提供了新思路、新方向。回顾过去二十年产学界的发展，我们显然不是最早发现和倡导企业更加以客户为导向、创新敏捷和进行员工投入的人。在后科层架构时代，许多企业已试图重新定义自己，它们也对我们提倡的全新组织模式进行了部分尝试和探索。你或许听说过，甚至亲自尝试过以下某些创新想法。

为了减轻企业员工内部流动阻力，有些企业试行格子型组织模式，鼓励人员横向流动并打通相应通道。有些企业以网络型组织的形式革新自己，深化内部交流与沟通。倘若我们想开拓第二曲线业务，同时兼顾新旧业务发展，采用二元性组织是否有效？倘若我们想减少内外部组织边界隔阂，无边界组织是否是正确的选择？合弄制组织能否成为去中心化组织架构中的另一种备受追捧的类型，弥补科层架构的不足和弊端，为过度集权的企业提供一剂灵丹妙药，好让自主管理和自行组织的团队成为组织架构的灵魂与核心？阿米巴组织或将传统科层组织的正三角架构倒转的小微公司的效果又将如何呢？指数型组织是否能使企业对经营环境的变化进行快速反应？在组织模式探索的清单上，我们进行了一些简单的罗列（见图 1-3）。

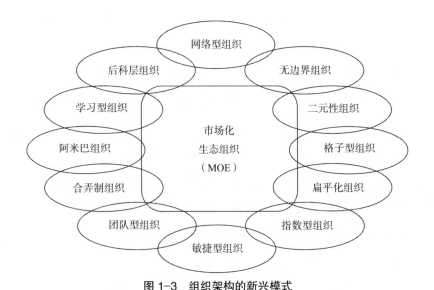

图 1-3　组织架构的新兴模式

　　我们对这些勇于进行组织模式实验的拓荒者和相关组织创新的早期使用者们所做的贡献和努力献上崇高敬意。然而，他们的这些尝试很多时候是零碎的，而非整合的解决方案。他们创新了组织模式中的一些具体措施，却并未从根本上革新组织。

　　在本书中，我们将为你提供一条综合、完整的组织革新路径。该路径基于全新的组织设计原则，并可通过创新的配套措施付诸实践。对很多企业领导者来说，最终追求的不仅仅是进行组织实验，而是为企业带来实实在在、可持续的影响力。

　　通过对八家案例企业的深入研究，一种新兴的组织形式逐渐浮出水面。然而，我们一度纠结于如何为该组织形式命名。经过反复讨论，我们决定将这种组织模式称作"市场化生态组织"（market-oriented ecosystem，MOE）。虽然这个称谓不是很朗朗上口，但随着本书内容的渐次推进，我们使用这个称谓的原因将逐渐显现。

"市场化"是指这个新兴组织的最核心导向是鼓励大家聚焦外部市场：不仅是提升现有市场的份额，更多是创造全新市场的契机。定义和创造全新市场的契机能够产生凝聚人心的崇高目标，并让人们团结一心向着这个改善客户痛点甚至人类生活的目标进发。对于前文提及的 80 名救援人员而言，他们的目标是拯救遇溺者的生命；对于 Supercell 的员工而言，他们的目标是开发出能够抓住玩家想象力的游戏。你的组织设想应该从了解和创造市场机遇开始。

"生态组织"指的是将资源与人员进行最高效安排，并以此赢得市场的组织形式。生态这个概念有时会被过度使用，在不同的情境下呈现出不同含义。然而，在本书中使用这一术语时，我们仅限于上述所明确的定义。例如，对于救援人员而言，他们的生态组织将具有不同技能的人聚合在一起，向着共同的目标进发。在 Supercell，生态组织并不是某一款游戏或某一个团队，而是使团队之间通过互联互通、互学互鉴，制作出风靡全球数十年的强大游戏的组织。当人员和想法从一个团队移动到另一个团队时，从一个游戏研发中获得的教训也将分享和转移到其他团队。Supercell 的组织能力并不仅仅嵌入共享平台、游戏研发团队或者战略合作伙伴，而是在所有这些组织单元之间的连接处和组织单元内部繁荣发展。这个生态组织逻辑使得企业崇尚流动性和灵活转变的能力。

倘若你希望企业的组织模式更像市场化生态组织，你的许多有关组织架构的假设都需要进行转变。生态组织的逻辑需要你进行这样的思考：通过各独立组织单元（包括游戏研发团队、共享平台、外部伙伴）的互联互通和共享，提升顾客导向、创造力及敏捷灵活性。单一强调效率、匹配或者内部组织能力，企业并不能实现预期目标。企业之所以获得成功，是因为它植入了由内部团队和外部合作伙伴组成的更广阔的信息、资源和能力网络，能够对瞬息万变的情况做出更加迅速的反应。有关组织模式的演变可以在表 1-2 中看到。

表 1-2　组织架构逻辑的演变

组织架构趋势	定义引语	象征或隐喻	关注点	当下应用
科层架构：效率和架构	"只要他购买了黑色的车辆，他就可以随心所欲地为车辆改换任何颜色。"（亨利·福特，1909） "拿走我所有的财产，但请留下我的组织架构。5 年后，我又能重回巅峰。"（艾尔弗雷德·斯隆，1926）[a]	• 由各种零部件拼成的机器 • 明确的岗位职责和分工	• 标准化运转流程 • 岗责明确，分工明确	• 驱动效率的流程再造、六西格玛、精益生产 • 多部门公司、战略业务单元、矩阵、精简层级
系统思维：统一匹配	"我们并不十分关注房间里最聪明的家伙，而更加看重集体智慧。"（彼得·圣吉，1990）[b]	• 组织内的整合系统与商业环境匹配统一	• 确保系统间相互联系 • 分析判断系统所存在的问题	• 健康型组织 • 组织协调审核

（续表）

组织架构趋势	定义引语	象征或隐喻	关注点	当下应用
组织能力：组织特性	"名声和所擅长的技能，为企业创造了旁人无法复制的隐性价值。"（戴维·尤里奇和诺姆·斯莫尔伍德，2004）	•组织内所拥有的能力塑造其特性和隐性价值	•对核心组织能力进行明确且有针对性的投资	•企业文化制度 •流程优化
生态组织：在由合作伙伴组成的网络下互联共生	"腾讯只留给自己半条命，还有半条命掌握在生态系统内的合作伙伴手中。"（马化腾，2015）	•组织能力存在于生态系统内 •市场化生态组织	•打造灵活型团队，并保持团队间的紧密合作；依托强大平台，将位于企业内外的团队和合作伙伴紧密联系在一起	•构建具有创造性和灵活度的组织，激励员工在市场中取得成功

a. Thomas S. Bateman and Scott A. Snell, *Management: Building Competitive Advantage* (Homewood Park, IL: Richard D Irwin, 1999), 276.

b. Peter Senge, *The Fifth Discipline* (New York: Doubleday, 1990).

组织革新六步骤

当我们整合前人的组织研究成果，实地探究走在时代前列的企业，吸收长达数十年的执教经验及为大量企业高管辅导的宝贵经历时，我们开始对领导者们创造一个市场化生态组织所需要做出的关键抉择进行整理、说明和建议。特别是针对走在时代前列的八家企业的案例，我们进行了全面且深入的研究。我们仔细阅读有关这些企业的公开资料，并对现任及离职高中层主管开展一系列深度访谈。我们行走在企业的走廊过道上，参观办公场所，与员工亲切交谈。我们研究企业所处的竞争环境、制定的应对战略、刻意培养的组织能力，以及贯穿于组织的领导力情况。通过收集和提炼上述资料，我们确定了构建市场化生态组织的原则和具体措施。

　　我们的目标不仅仅是介绍这种全新的组织形式，更希望为领导者们阐述用于组织革新的背后原则和具体措施。图 1-4 概述了构建市场化生态组织的六大环节。

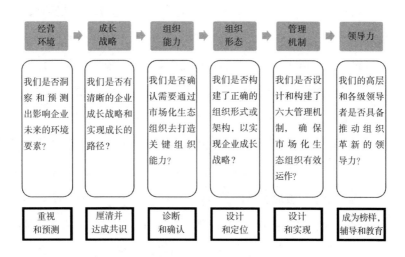

图 1-4　构建市场化生态组织的六大环节

　　组织革新框架包含六大组成部分，我们下面概括介绍在每个环节中，市场化生态组织领导者需要关注什么重点和扮演什么角色。

环境因素：成功的市场化生态组织应关注和预测自身所处经营环境的趋势和变化。经营环境包括诸多方面：社会、科技、经济、政治、环境和人口。这些不同环境领域日新月异的变化要求企业的反应能力和创新速度持续提高。为了预测、抓住和创造经营环境中所蕴含的机遇，成功企业的视野往往超越当下市场状况，洞察未来发展趋势。在第2章中，我们会提供5个工具，帮助企业的领导者和员工更好地理解、回应或预测经营环境中的变化。

战略探究：市场化生态组织领导者应明确公司成长方向和赛道，遵循什么样的路径以促进企业成长。这些成功领导者所关注的不仅仅是现有的市场份额，还有如何预测和创造未来市场的机遇。他们清楚地知晓，如何提高战略的敏捷灵活性，以抓住转瞬即逝的市场机遇。在第3章中，我们将探究企业战略的演变，从"计划永远赶不上变化"的静态规划到"顺势而为，灵活掌握"的动态调整，并介绍8项具体措施，使企业战略变得更加敏捷灵活。

生态组织能力：市场化生态组织领导者晓得如何发挥和分享每个员工或团队的智慧和专长，从而从真正意义上建构以客户为中心、创新优化和敏捷灵活的关键组织能力。这些优秀企业更倾向于借助和利用生态网络中丰富的资源、能力和信息，而非龟缩在自己的"一亩三分地"。在第4章中，我们将以传统的"组织能力"为起点，以新型的"生态组织能力"为终点，追溯这一演变进程；通过展示四大核心组织能力，生动说明为何这些能力对于企业革新至关重要。

组织形式和架构：优秀的市场化生态组织通过构建全新组织形式，鼓励和赋能人才充分利用他们的才华和智慧灵活捕捉市场变化和机遇，迅速形成创意，积极进行尝试，并果断放弃无法赢利的"实验"，最终将那些成功的尝试做大做强。在这方面，最有用的组织形式是由共享平台、业务团队和战略伙伴组成的。这一全新的组织形式不是单纯的矩阵式，不是事业部制，也不是控股企业。我们将在第 5 章中对这一全新组织形式进行阐述。

管理机制：优秀的市场化生态组织通过文化凝聚、绩效激励、创意孵化、人才供给、信息共享和生态单元间的协作，在真正意义上达到互联互通，发挥生态组织的整体战斗力。这些管理机制将引导和巩固企业的使命、愿景和组织运营。从第 6 章到第 11 章，我们将逐一为你阐述六大核心管理机制，并向你展现市场化生态组织是如何依靠这些管理机制有效运作的。

各个层级的领导力：市场化生态组织的高层领导者需要重建组织架构，并为各个自我驱动的团队营造良好氛围和设立游戏规则，以便它们通过市场化的关系沟通合作。对于领导者来说，如何营造一种能够实现授权、激励和引导员工的企业文化，也是他们所面临的挑战。除此之外，成功的企业在各个层级能够培育强大领导力，鼓励员工发扬自发精神，就像在巴拿马城海滩上的那群陌生人一样。在第 12 章和第 13 章中，我们着重探讨如何领导好市场化生态组织。

通过对这六大方面进行了解掌握和有条不紊地落实，任何企业领导者都可以构建以客户为中心、持续创新升级、敏捷灵活应对机遇和挑战的新型组织能力。这正是你在本书中所能学到的知识。我们将从这六个环节入手，全面探究深化企业应对瞬息万变经营环境能力的原则、具体措施和其他相关工具。

组织革新路线图

本书讲述的是，我们能从阿里巴巴、亚马逊、滴滴、脸书、谷歌、华为、Supercell和腾讯这样的企业中学到的成功因素。这些企业源于大胆无畏的想法，成于顺应未来需求的全新组织模式：既有大企业的规模优势又发挥小企业的灵活多变，为企业成功创造了必要条件。对于这些企业而言，获取稀有资源（如资金、前沿技术和天赋异禀的人才）当然是富有挑战性的，但更具挑战性的莫过于组织和整合这些资源，创造出具有差异性的竞争力。企业革新没有捷径，但愿本书所提供的这张整体路线图（见表1-3）能成为你远行路上的定心丸和指南针。

市场化生态组织模式及其背后的假设不仅适用于互联网企业和高科技企业，也适用于任何行业的企业，包括零售、制造、医疗、金融、咨询以及其他专业服务领域，特别是在数字科技蒸蒸日上的新时代。通过使用本书中的理念和工具，你能够对企业进行数字化转型和组织革新，为所有利益相关者创造巨大价值。

表 1-3　组织革新路线图

市场化生态组织的各个维度	自我/组织评估问题	得分 (低、中、高)[a]	所在章节、核心要义和工具
第一部分　大背景：回应瞬息万变的市场			
经营环境	我们是否对行业和企业面临的变革力量有所了解和预测？		第 2 章： •遵循系统方法论，判断环境大背景 •面对 VUCA[b]环境和增速的变化
成长战略	我们是否有清晰的企业成长战略，是否有实现企业成长的路径？		第 3 章： •定义实现企业成长的路径 •提升战略的敏捷灵活性
第二部分　全新组织形式：市场化生态组织的真实全貌			
组织能力	我们是否有创造生态组织特性的相关能力？这些能力是否强调信息、顾客、创新和敏捷？		第 4 章： 打造生态组织的四种关键能力 •外部环境感知 •客户至上 •贯穿始终的创新 •无处不在的敏捷灵活
组织形态	我们是否构建了正确的组织形式或架构以实现企业成长？		第 5 章： 明确生态组织运转所需要的各个部分 •共享平台 •业务团队 •战略合作伙伴

（续表）

市场化生态组织的各个维度	自我/组织评估问题	得分 (低、中、高)	所在章节、核心要义和工具
第三部分　管理机制：市场化生态组织的运转机制和管理抓手			
文化凝聚	我们是否将正确的文化嵌入企业？		第6章： • 将正确的文化深化定义为一种企业特性（我们希望企业因什么而名扬四海？） • 将文化嵌入企业的骨髓之中
绩效激励	对于行动和结果，我们是否有明确的问责制度和积极的激励措施？		第7章： • 将标准和奖励与关键结果挂钩 • 运用东西方理念，使人们主动担当
创意孵化	我们是否通过试验和持续优化不断探寻新的想法？		第8章： • 通过试验和好奇心，建立提出和转化创意的机制 • 通过有序分享，扩大创意的影响力
人才供给	我们是否将具有合适专长的人才放到合适的岗位，并有适当的投入？		第9章： • 将合适的人才引入，并进行培养和流动 • 员工在工作中找到意义和目标
信息共享	我们的内部信息是否高度透明，数据、技术、工具是否共享？		第10章： • 鼓励信息高度透明 • 打造分享数据、技术、工具的共享平台和途径

（续表）

市场化生态组织的各个维度	自我/组织评估问题	得分（低、中、高）	所在章节、核心要义和工具
协同合作	我们是否能进行跨单元精诚协作，发挥协同综效？		第 11 章： • 提供团队和员工配合融洽的机制和工具（共同目标、合适人才、共享流程、恰当的激励） • 在企业内部跨越部门边界，实现想法共享（学习矩阵）
第四部分　将想法转化为影响力：如何领导市场化生态组织			
领导力	我们是否在高层以及各层级中拥有领导力，推动市场化生态组织的实现？		第 12 章： • 高层领导者的角色 • 确定关键的领导力能力，培养贯穿企业的领导力深度
组织革新	我们是否明白如何将成功市场化生态组织中的想法用得恰到好处，创建更具创造力的企业？		第 13 章： • 将重要的市场化生态组织原则进行适当调整和应用，转变传统企业 • 让企业变得更具创造力

a. 对于得分低的领域，你需要进行额外关注。

b. VUCA 指的是波动性（volatility）、不确定性（uncertainty）、复杂性（complexity）和模糊性（ambiguity）。

对于肩负企业革新使命的你，我们希望以下这些善意提醒能够有所帮助：首先，放眼全局，但可以先从某些环节切入推进。作为一本内容全面的指导手册，本书将帮助你看清企业革新所需的各个部分，以及这些部分是如何整合在一起形成合力的。图1-4中的六大步骤明确了全新组织模式的整体思维逻辑，并为构建市场化生态组织提供了完整的指导路径。针对每一部分，书中囊括了相关原则，帮助领导者们对企业现行做法背后的假设有更多理解。为了生动展现这些原则的实际运用情况，我们将与读者们分享真实故事。我们也会提供评估工具，使领导者们准确知晓企业在六大方面的情况，同时提供若干行之有效的优化升级工具。

我们承认，这里所提供的信息或许看上去像一大串原则和具体措施的集合，让人感觉喘不过气。然而，你不应该指望自己能够"一口吃成个胖子"，而应将这些信息掰开揉碎，循序渐进地摄入并消化。可以选取六大方面中的一个方面，尝试其中一个评估方式，或者将章节中的某些问题用于与团队的沟通交流中。倘若某个想法或做法是奏效的，尝试使用本书中的其他部分或环节去深化变革。倘若你所尝试的想法或做法并不奏效，关注一下其他部分或环节的情况。你是否找到了能够发生转变的组成部分？持续关注革新企业所面临的根本性挑战，并依托全新的假设和具体措施予以解决，这才是最重要的。

其次，就所处行业、成立年限、规模、发展历史或企业文化而言，我们所深入探究的这八家企业肯定不会与你的企业的情况百分之百吻合。就像我们之前说的，相比于对传统企业进行革新，构建一个全新的企业要容易得多。然而，我们将向你展示，如何因地制宜地使用某些原则和具体措施揭开企业革新的序幕。从小事入手，在身边事上发力。在企业中选取一块最适合探索尝试的"试验田"，学习、践行并调整这些原则。我们希望本书能为你的企业革新之路提供指导。"合抱之木，生于毫末；九层之台，起于累土；千里之行，始于足下。"要始终对自己充满信心，建立成功的正向循环，坚信终有"量变引起质变"的一天。

再次，在瞬息万变的经营环境中，我们所研究的八家企业同样面临着持续不断的挑战。事实上，在我们撰写本书时，这八家企业都在经历着剧烈的变化。由于庞大的组织规模和广泛的业务覆盖范围，某些企业经常以头版头条的形式出现在新闻平台上。当政府审查和监管貌似成为不可逆转的现实时，不确定性便逐渐"逼近"。就像老话说的，"能力越大，责任越大"，由于能够即时访问多达数以百万计的用户数据，涉足诸多全新的市场领域，具有通过生态组织获取的扩展能力，以及对用户、行业和社会更大的责任，这些企业的影响力与日俱增。市场化生态组织需要明智且谨慎地运用能力和相关数据，否则将最终丧失顾客信任和社会信心。当企业状况变得更加透明时，企业该如何应对公众监督？企业该如何应对公众对于普及性技术和个人隐私的担忧？为了确保可持续的成功，以上所提及的这些挑战皆是这些开拓型企业需要进一步化解的。

最后，我们所选取的这些企业并非完美无瑕。通过研究这些企业，我们不仅提炼出本书所囊括的所有原则，也清楚地认识到，这些企业并非在各项原则上都表现卓越。对于那些想要运用本书所提及原则的领导者来说，更应该关注这八家企业信奉的原则，以及它们采取的具体措施，而不是浮于表面，试图机械模仿那些企业故事中的某些情节。面对不可预知的变化，这八家企业中的某些企业可能会面对挑战。该来的终究会来，只是时间问题，而面对这些挑战，它们所采取的具体措施也会持续不断地发生变化。然而，我们深信这些企业遵循的原则还是相对稳定的。我们应该以发展的眼光展望未来，成功企业是如何规避自身成功所带来的不利因素的，又是如何时刻牢记"不断革新自我"的初心与使命的？成功企业是如何将组织成功模式传承给下一代领导者的？有一件事情是我们可以预见的：在这八家企业中，虽然有些企业在未来仍旧会占据行业领导地位，但有一些企业可能会落后，甚至被淘汰。正因如此，企业组织模式背后的基本原则和具体措施比企业故事本身更加重要和更有意义。

第一部分

大背景

回应
瞬息万变的市场

企业革新的第一步便是了解你所从事行业的大背景。忽略行业大背景就像是在不了解建筑物实际用途的情况下火急火燎地进行设计。这个建筑物是居民住宅楼、办公地点、商业零售中心，还是社区活动中心？大背景决定着全新组织设计，以及采用何种战略来实现预定目标。

在本书的这一部分，我们着重探讨市场化生态组织的大背景相关问题（见图 I-1）。在第 2 章中，我们探究产生"市场化生态组织"这种新型组织形式的动态环境，并提供相关模板和方法，帮助你审视自己身处的大背景。掌握大背景有助于你和你的员工知晓企业革新的动机是什么，以及企业面临着怎样的"激流"。正如第 1 章提到的那些落水者，如果他们对大背景（激流的危险性）有所了解，就不会下海游泳（或者做更加充分的准备，以应对危险情形的发生）。

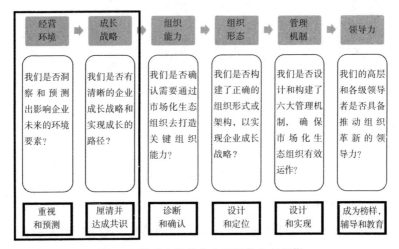

图I-1　构建市场化生态组织的六大环节

毫无疑问，在个人与组织生活中，我们所面临的实际情况更加动态和复杂。这种复杂性需要我们拥有与塑造市场化生态组织相匹配的组织设计逻辑。你的企业要成功，不仅仅依靠科层结构（清晰架构和明确的岗责关系）、系统思维（匹配统一）或者组织能力（企业内部特性），还要拥有识别和回应环境变化的能力。

或许，就像你在企业中所了解到的那样，伴随着互联网的普及，竞争对手可能来自世界的任何角落。在当下，客户可以通过多元的选择渠道获取商品或服务，员工对多元生活方式有极高的期望。除此之外，通过像TED演讲这样的论坛平台，好的想法和理念能够迅速分享到世界各地，大大缩短了新理念的传播周期。第2章中所囊括的框架和工具有助于你了解和回应这些环境变化。

大背景也包括企业内部战略选择，这些选择对于定义企业组织架构至关重要。战略性选择为企业的赛道选择和制胜之道描绘了蓝图。为了清楚表达一家企业的未来发展重大事项，大量术语被使用过：使命、愿景、志向、目标、目的、动机、主题、重点、计划、价值观、初心等等。虽然这些术语的含义略有区别（有些强调"为何做"，有些注重"做什么"或"怎么做"），但它们所关注的皆是如何让自己的企业在虎狼环伺的未来市场中与众不同、脱颖而出。

倘若你想革新企业，你需要将侧重点放到战略灵活性上。以市场为导向的企业冲击着传统意义上的竞争规则，它们将更多的精力放在全新的市场契机，而不仅是现有市场份额的增长上。它们更关注创造新的发展机遇，而不是简单地对行业现状进行被动回应。在第3章中，我们将对这些新兴的战略选择进行回顾，并向领导者们推荐一些提升企业战略灵活性的方式和方法。

第2章和第3章的内容将帮助你了解企业的大背景，以及如何进行恰当的战略选择，引导你向着企业革新的路径进发。

第 2 章

经营环境：
如何掌握、回应和塑造环境

"拿了商品就走？"这样一个极具颠覆性的商业理念真实地发生在亚马逊无人智能零售商店（Amazon Go store）。

在亚马逊无人智能零售商店里，手机应用程序引导顾客选择需要的商品。[1]物联网技术实时追踪商品变更轨迹，对订单和存货情况进行智能管理。商店随处可见的智能机器人与顾客打招呼，填充货架所缺商品，并清洁过道。虽然亚马逊将仍在试验阶段的智能零售商店推向市场，但这仅仅是一个开始。在研究过程中我们发现，与其他那些极度成功的企业一样，亚马逊有着强烈意愿进行大胆的试验，并以此为契机快速学习，创造具有成功潜质的全新业态。面对试验过程中出现的情况，亚马逊会及时进行技术更新。即使试验遭遇"脱轨"状况——这种情况时有发生，如亚马逊推出的智能手机 Fire Phone、亚马逊钱包（Amazon Wallet）、亚马逊网络支付系统

（Amazon Pay）、亚马逊团购网站（Amazon Local）——亚马逊也会积累经验，就问题的根源进行探讨，将企业置于公众视野中，构建品牌效应。从战略层面上看，这些试验充分反映了该企业对不断学习的重视。

换句话说，这些成功企业已经创造出许多人在会议、研讨和TED演讲论坛上所提到的"未来工作或企业"。而事实上，在这些成功企业的不懈努力下，这些未来概念正鲜活地存在于当下。

亚马逊所构建的市场化生态组织之所以能取得成功，是因为其领导者能够准确预测经营环境的变化，并将这些变化转变成发展契机。"着眼于未来，而不是躺在辉煌过往故步自封"，这是该企业构建市场化生态组织的逻辑。[2] 在本章中，我们将为你提供 5 个方面的洞察，并辅以模板和工具，帮助你聚焦和回应这些发展契机。当你预测和拥抱未来时，你一定能够感受到变革的急迫性，并逐渐摸索出企业效益增长的合适路径。

环境对企业未来的影响

关于环境变化，你和你的员工需要知道什么？又该如何应对？你是否能洞悉并拥抱这些变化，构建具有高度适应能力的企业，并为那些奋力应对变化的员工提供持续不断的支持？倘若你未能对塑造企业未来的大背景予以足够重视，你将很难做出恰如其分的反应。

无论是立足当下还是放眼未来，最危险的境地莫过于在你还未意识到自己处于已然过时的业态中，依旧认为自己能力充足并自信满满。请按图 2-1 进行思考。

		我们做了什么	
		正确的事情	错误的事情
我们做得如何	优秀	1 我们将正确的事情做得很好	2 我们将错误的事情做得很好
	糟糕	3 我们将正确的事情做得很糟糕	4 我们将错误的事情做得很糟糕

图 2-1　认清环境变化

毋庸置疑，我们都想待在第一象限：将正确的事情做好。那么，最危险的象限是哪个呢？大多数人会认为是第四象限（将错误的事情做得很糟糕），但实际上，在变幻莫测的世界里，最危险的境地位于第二象限：将错误的事情做得很好。为什么？因为许多曾经一度非常成功的企业，比如柯达、诺基亚、西尔斯、百事达、聚友网、雅达利（Atari）等，都陷入了"卓越泡沫"（misguided excellence）的怪圈，却并未迅速采取恰当的方式跳出来。外部环境的快速变化让正确的事情不可避免地变成错误的事情，这一变化速度往往是很快的。即使待在第一象限，你也不能让自己过于安逸，过于自满。时刻如履薄冰是企业革新的关键。

在我们这个时代，存在着这样一个根本性"悖论"：你需要为你的业务和员工提供可持续性和一定程度的安全保障；与此同时，你还需要时刻保持警惕，对你正在做的事情以及做事方式进行及时调整。为了确保你和你的员工真正了解为什么企业已经到了需要革新的关键节点，你需要时常分享有关颠覆所有行业（当然也包括你自己所处行业）的外在环境压力。

在这里，我们为你和你的员工提供五种掌握环境变化的具体方法，以便坚定你进行企业革新的信心和决心。这些方法将帮助你留在第一象限。

感知不同行业正在被颠覆

很多未来企业的概念已然走进现实。我们见证了重大变化从一个行业蔓延到另一个行业：随着科学技术的进步，众多新型商业模式浮出水面，不断刷新和颠覆着人们对行业现状的认知。没有哪个行业能够稳如泰山：服务业、汽车制造业、零售业、金融服务、医疗保险、教育、媒体，甚至食物外卖等行业，都经历着巨大变化。通过表 2-1 所概括的行业变化，你和你的员工应该能够意识到推进企业革新的必要性和迫切性。

表 2-1 行业变化

行业	变化
服务业	• 爱彼迎（Airbnb，成立于 2008 年）所提供的出租房屋远超世界上任何一家连锁酒店（希尔顿、万豪、凯悦、洲际酒店）。令人感到惊讶的是，这家全球最大的房屋短租企业旗下并未实际拥有任何一间旅馆客房 • 爱彼迎的客户拥有更多的选择。他们能够直接与房主进行沟通，拥有更加亲密的客户体验
汽车租赁和出租车服务	• 优步（Uber，成立于 2009）、来福车（Lyft，成立于 2012 年）、滴滴（成立于 2012 年）提供拼车服务，对传统出租车和汽车租赁行业产生影响。当下，世界上最大的出租车企业却并未实际拥有任何一辆汽车 • 滴滴提供出租车和私家车打车服务 • 顾客参与到共享经济中，让价格、服务和车辆使用率拥有更大的灵活性 • 司机（独立承包人）拥有灵活的出车时间，以及其他一些自主权
无人驾驶汽车	• 许多企业竞相研发无人驾驶汽车，包括威摩（Waymo，谷歌生态组织的一部分）、优步、特斯拉（Tesla），以及最传统的汽车企业（比如宝马、福特、通用汽车、梅赛德斯奔驰、日产和丰田）。传统汽车模式经历了巨大的变革，当下的汽车居然不需要司机驾驶 • 无人驾驶汽车依托人工智能、人工神经学习、传感器和其他技术手段实现自动驾驶 • 对于整个出行行业而言，所有客户，包括司机、运载、保险、汽车制造等，都会受到影响
电子商务、网上购物	• 每个零售企业（实体零售如食品杂货、药店和旅游）都需要整合线上电商业务。线上线下多渠道将持续扩围，零售模式还将革新，为顾客提供与众不同的购物体验。现在，你往往不会在实体商店留下购物足迹 • 聪明的零售企业善于利用大数据、物联网、大规模定制、机器学习、人工智能、机器人、资产–运营–员工数字化等科技 • 顾客拥有更大的灵活性和更广的选择范围，享受产品和服务的定制化服务
教育	• 大量线上公开课程（MOOC）和其他形式的数字化学习使得高质量教育资源得到全球普及；绝大部分大学都提供某种形式的线上教学。你的学习场所或许不再是传统意义上的教室 • 可汗学院（Khan Academy，一家从事线上授课的教育性非营利组织）、TED 演讲、维基百科（Wikipedia）和其他一些信息来源的出现使得用户更容易获取信息 • 通过混合式学习（blended learning），用户可以获得实时信息

（续表）

行业	变化
金融服务	• 各种形式的银行业务正发生着变革，包括存款与投资、服务支付方式（无现金社会）和保险，"带着现金去银行"迅速成了老皇历 • 信息技术，比如区块链、云计算、大数据、预测分析、智能机器人和人工智能的出现正塑造着顾客的金融体验 • 顾客对理财拥有更大的掌控权
医疗保险	• 垂直整合正在发生，例如西维斯健康公司（Consumer Value Stores，CVS）收购安泰保险（Aetna） • 科学技术正在创新诊断与看病模式（比如远程医疗）。不用面对面接触，医生就能为你看病 • 因为顾客对于自己的健康状况比以前了解得更全面，所以他们能够为自己的健康需求做出更明智的选择

那么，为什么这些行业变化与你的企业革新息息相关呢？首先，这些行业变化加深了我们对变化速率和波及广度的清醒认识，正所谓"变化来得太快，就像龙卷风；置身于暴风圈，无处可逃"。作为一名领导者，你对于塑造未来的诸多环境因素的掌握和预测究竟要到何种程度？你和你的员工越频繁地环顾四周，越持久地对全新发展趋势进行掌握，你们就会越淡定从容。其次，倘若你对市场化生态组织中的原则和具体措施尽早付诸实施，你将能更好地服务顾客，超越竞争对手，激励员工斗志，并吸引投资者。倘若第 1 章中的落水者知晓湍急海浪的威力，他们就能规避风险。倘若那 80 名救援人员对于落水者所面临的实际困境毫不知情，他们将丧失拯救落水者的绝佳时机。

接受"变化的必然性"

在当今世界，企业领导者们必须为自己画出一条底线：你的企业必须回应变化并采取全新的处事方式；虽然这会导致企业短期效益的下降，但这样的短期挫折将使你虚心学习、吸取教训、不断成长。一名睿智的企业高层管理人员曾经告诉我们："我们花费了50年的时间去构建和经营一家企业。而在当下，倘若我们保守僵化，故步自封，不出两年，这家企业就会倒下。"

就个人层面而言，"知识半衰期"（我们50%的知识和做法过时所需的时间）正在缩短。即使是在知识更新速率相对平缓的管理学领域，笔者戴维发现，每隔18~24个月，就需要大幅度调整（一半的内容）关于某个话题的教案，而在过去，"知识半衰期"为3~4年。

你的转变速率究竟需要多快？"至少不能滞后于所处环境的变化"，这是我们对企业和个人的要求。缺乏适应变化的能力，即使是大型企业也会倒退或消亡。试想一下Circuit City（北美地区最大的电器与数码产品专业店零售商之一）、康柏电脑、DEC、美国东方航空、安然、吉列、海湾石油、柯达、摩托罗拉、诺基亚、菲利普·莫里斯烟草、西尔斯、玩具反斗城、环球航空和Woolworths（澳大利亚最大的食品零售商）。过去15年间，我们发现标准普尔中50%的企业已经销声匿迹；在接下来的10年间，预计有40%以上的企业濒临倒闭。同样，那些忽略新技能学习的员工可能将失去竞争优势，面临失业或者依赖他人获取机遇的境况。即使是当下，谁又愿意高薪聘请观念落伍的技术人员呢?

这一切意味着什么? 在当今世界, 新兴企业拥有与众不同的经营管理模式。如表 2-2 所示, 六家最具市场价值的企业都是在 20世纪 90 年代中期及以后成立的。那时, 科学技术以及互联网的商业化渐成井喷趋势, 随之而来的是全新的理念和产品。[3]

当今世界面临着不可避免的迅猛变化, 关键点不在于信息, 而在于如何获取和运用信息。企业的反应迅速、灵活比其规模和稳定性更重要。许多现有职业将销声匿迹, 而大量新兴职业将应运而生, 这一趋势同时适用于企业和个人。

表 2-2　全球市值最大的十大企业

企业和排名	截至 2019 年 4 月 12 日的市值（10 亿美元）	成立年份
1. 苹果	938	1976
2. 微软	928	1975
3. 亚马逊	905	1994
4. 字母表（谷歌）	847	1998
5. 伯克希尔-哈撒韦	515	1839
6. 脸书	511	2004
7. 阿里巴巴	490	1999
8. 腾讯	478	1998
9. 强生	362	1886
10. 埃克森美孚	343	1999（1870）

资料来源: 各企业的官方网站和财务报告。

　　进入新时代，我们所提供的最佳建议是这样的：远离舒适区并扪心自问，新兴技术将为世界带来什么样的发展契机，又为我提供了什么样的机遇？然后，认清上述那些行业变化（零售业、制造业、金融、医疗保险、教育），看看自家企业是否正面临着类似的变化。预测自己身处行业的发展趋势，不要企求从过往的惯性思维中寻找完满的答案，而要以未来为基准聚焦当下。将自己化身为未来主义者，预知众人看不到的微妙变化。让自己身处各种与自己迥然不同的人之中。多花些时间与青年一代打成一片，了解这一群体的想法和感受。与热衷于技术的怪才和鬼才建立关系网。与初创企业的创始人多多交流。涉足并不让自己感到舒服自在的地方。定期前往美国硅谷、以色列或者中国，细心留意这些地方的特有想法和具体做法。持续不断地探究企业缺少什么，需要什么样的人才。

　　对于企业和个人而言，需要接受"变化的必然性"，而不是畏缩不前，瞻前顾后，首鼠两端；要将变化看作发展机遇而非威胁，拥抱而非规避变化，并将这份对变化的热忱传递给身边人。

学习新兴商业语言

　　每一个工业时代都伴随着各自独有的语言。第一次工业革命是机械生产的时代，主要聚焦蒸汽机、机械工具和工厂生产。第二次工业革命是科研和大批量生产的时代，伴随着汽油机、飞机、装配线和电力的相继问世。第三次和当下正在经历的工业革命是连接性、数字化和大数据的时代。科学技术促进了人们对数字信息的获取，大大提升了分析和决策能力。信息时代产生了许多独一无二的词汇，这些词汇成了新型企业架构参与者的"压舱石"和"必修课"。为了适应日新月异、瞬息万变的经营环境，领导者和员工都需要学习和掌握塑造信息时代的那些核心理念。你和你的员工能够准确知晓多少个表 2-3 中的专业术语的定义？在你的企业中，又有多少个概念正在被使用？（虽然这并不是一张面面俱到的完整表格，但表格中的词汇是具有代表性的，是我们当下经常听企业高层管理人员提及的。）

表 2-3　数字和信息变革的相关术语

三维打印（3-D printing）	收敛理论（convergence）	千禧一代（millennials）
高级材料（advanced materials）	深度学习（deep learning）	纳米技术（nanotech）
新能源（alternative energy）	设计思维（design thinking）	量子计算（quantum computing）
数据分析（analytics）	数字化（digitization）	再生能源（renewable energy）
人工智能（artificial intelligence，AI）	无人机（drones）	机器人技术/聊天机器人（robotics/chatbots）
大数据（big data）	体验经济（experience economy）	传感器（sensors）
生物技术（biotech）	游戏化（gamification）	社交媒体（social media）
区块链（blockchain）	物联网（internet of things）	社交网络（social networks）

（续表）

云计算（cloud computing）	机器学习（machine learning）	可持续性（sustainability）
认知自动化（cognitive automation）	机器视觉（machine vision）	可移植性（transportability）
连接性（connectivity）	大规模定制（mass customization）	虚拟现实（virtual reality）

使用框架思维梳理环境变化所带来的"混乱"

我们将纷繁复杂的外部环境的变化分为六大主要类型（STEPED）：社会（social）、科技（technical）、经济（economic）、政治（political）、环境（environmental）和人口（demographic）。为了集中注意力，问问自己，以下哪两个变化趋势对我们所处的世界影响最大？

- 社会：人们生活方式的变化，社会发展趋势（城镇化、更加灵活的工作地点、工作与生活的平衡、社会流动性、全球化）
- 科技：数字化程度的激增，利用技术提高效率，创新，信息连接（参考表2-3的相关术语）
- 经济：全球市场中新兴竞争对手的出现，经济周期，全新商业模式
- 政治：政治局势动荡，监管政策的出台与转向，民族主义或民粹主义情绪激增，贸易战

- 环境：社会责任感，社会声誉，气候变化影响，可持续性
- 人口：劳动力结构变化，千禧一代的影响，处于领导职务的女性，下意识里的偏见和认知方式，老员工群体

　　对照这六大变化趋势，你能够对企业所面临的外部环境的相关信息进行梳理整合。例如，我们要求领导者们完成STEPED评估训练（如表2-4所示），以便准确描述环境中的各个变化因素。为了完成这项评估训练，你该通过何种途径去获取外部知识和理念呢？对此，我们给出了一个简化流程：通过查找漏洞，确认需要学什么；应采取哪些具体措施才能获取这些知识；学习这些知识，应达到什么样的效果。

表 2-4　评估环境变化因素：STEPED 评估工具

变化因素	从不同因素看，行业趋势是什么样的？	这些行业趋势将会带来哪些机遇和挑战？	我们应如何预测和应对这些趋势？
社会			
科技			
经济			
政治			
环境			
人口			

　　在研讨会上和咨询辅导过程中，我们常常问大家这样一个问题：在这六大主要类型中，哪一个类型对企业未来成功影响最深

远？他们不约而同地选择了科技，尤其是数字化，它正在改变周遭的一切。就像我们之前探讨的那样，数字化渗透到商业的各个方面。数字化高速发展的同时，也使其更有能力以更低的错误率处理好更高体量和复杂的业务问题。在行业转型过程中，我们见证了资产（基础设施、连接机器、数据、数据平台）、业务操作（流程、支付、商业模式、顾客与供应链的互动）和员工方面（数字工具、掌握数字化技术的劳动力，以及新的数字化工作和角色）的数字化变革。

　　未来已来，我们需要有所准备，花点时间留意一下这六大方面的趋势变化，并分析这些变化将如何影响你的企业。对世界变化做到心中有数，才能使你和你的员工不惧于即将面临的变化，而是做好一切准备，以激动的心情等待着它的到来。

帮助员工体验迅猛变化所带来的积极影响

　　在考虑企业革新必要性的六大趋势中，最重要的或许是这些趋势对于企业革新具体推进人员的影响。在研究过程中，我们发现，当员工拥有积极工作体验时，顾客忠诚度和更好的投资回报将随之而来。大量研究数据显示，虽然员工敬业度一直稳定在 60%~65% 的区间里，并在近几年有所攀升，但离理想指标还有一定距离。[4]

　　优化员工工作体验会遇到许许多多阻力和障碍。然而，有些障碍显然根植于传统组织架构中。传统组织架构束缚了员工的手脚，限制了他们的成长空间、工作干劲和创造激情。一家经历过革新的企业更能够释放员工潜能，让他们参与到令人兴奋不已的事业中。企业鼓励员工跳出限制其发展的条条框框，引导他们进入充满成长机遇的开放区域。

数字化技术虽然能够引领企业实现跳跃式发展，但它对员工潜力的限制比之前的时代有过之而无不及。从多个方面来看，那些创造无数机遇的科学技术也使人们在这个世界变得更难以生存。社交媒体常常被当作个人萎靡和社交孤立的始作俑者。在针对千禧一代的相关调查中，研究者发现，社交媒体平台使用率（一天超过两小时）的攀升导致社交孤立的进一步加深，以及幸福指数的持续走低。[5]

此外，比起高血压、高胆固醇、缺乏锻炼、酗酒、焦虑和抑郁，孤独感是更常见的死亡原因。[6] 本应该成为人类桥梁的科学技术却成了孤立人类的罪魁祸首。美国卫生总署（US surgeon general）最近表示，比起鸦片制剂，孤独感是更严重的健康问题。[7] 英国任命了一位孤独部长，负责制定政策，应对社交孤立所带来的挑战。[8]

那么，员工的个人萎靡与企业革新有什么关系呢？对于员工而言，企业是他们树立信念（意义和使命感）、锤炼自我（学习和提升）以及获取团队归属感（联系和团队）的主要场所。[9] 革新后的企业能够传递信念，促进学习与成长，并提升团队归属感，这一切所带来的幸福感、满足感和获得感将为员工工作效率的提升打下坚实基础。让我们再一次回想那 80 名救援人员，当他们成功救起困于海浪中的那家人后，试想一下他们当时的内心感受。你认为，这种感受与第二天去上班时的感受一样吗？

在这里，我们谈一谈腾讯公司推出的微信。它的员工关注的不仅仅是提供给用户的功能和体验，更重要的是试图了解用户使用微信的深层次原因，以及微信能够为用户带来哪些意义。在为微信的创新功能和软件应用进行头脑风暴时，他们并没有将微信简单定义为一个即时通信工具，或者仅仅从效率、用户友好度或者软件稳定性方面提升用户体验感，而是以微信为契机试图连接用户于一个互联互通的虚拟世界，满足用户的社交需求，减少他们的孤独感，提升他们的自信心。[10] 从"满足即时通信"到"聚焦用户体验"，再升级到"追寻使用意义"，员工依托海量用户数据和先进科学技术不断满足用户更深层的需求。对于员工而言，当他们帮助用户找到使用微信的意义时，也提升了自身工作的意义。

在我们所研究过的大量市场化生态组织中，"强烈的使命感"是它们给予员工的共同礼物。将员工目标与企业使命有机结合起来，并为员工在工作中发光发热提供机会和平台，这会让员工变得更有参与感和成就感。

管理启示

企业的兴衰成败皆源自大背景。当你和你的员工重视大背景的变化，你们将会下定决心进行企业革新，并将企业发展与变化对标，实现变革。我们建议你对表 2-5 所提及的五种行为进行评估和探讨，以便加强对环境趋势的掌握。

表 2-5   自我评估：企业对于周遭环境的关注和预测程度

诊断问题：以下行为，我们做到了何种程度	分数[*]	如何提高
感知不同行业正在被颠覆		
接受"变化的必然性"		
学习新兴商业语言		
使用框架思维（STEPED）梳理环境变化所带来的"混乱"		
帮助员工体验迅猛变化所带来的积极影响		

[*] 用 1~5 分进行衡量，1 分为非常糟糕，5 分为非常卓越。

第 3 章

战略灵活性：
如何定义和实现企业增长的路径

遥想 1999 年，那时的中国正飞驰在高速发展的快车道上。运用前一章中提及的 STEPED 评估工具，我们发现 1999 年的中国在六大方面正经历着如下变化：社会上，随着越来越多的人从乡村迁入城市，城镇化有一个很好的发展势头，同时双职工家庭数量攀升；科技上，互联网正被逐步拓宽并广泛应用；经济上，中国的国内生产总值与个人可支配收入呈上升趋势；政治上，中国正进一步加大开放力度，加入国际社会，消除阻碍改革开放和国际交往的诸多不利因素；环境上，经济腾飞也给中国带来了一些不利因素，比如在大城市，交通阻塞导致各类商业活动的开展费时费力；人口上，影响一代中国人的计划生育政策导致贫困率骤减，独生子女正享受着更多的财富和更优质的教育资源。更好的城市就业机会推动中产阶层的迅速增长。就像世界其他地方一样，伴随着中国的繁荣富强，国民消费水平也在不断提高，遍观华夏大地，似乎人人爱上了购物。

现在，设想你就是鼎鼎大名的马云——阿里巴巴创始人。你英文流利，相信互联网的强大力量，并辗转于多家小规模创业投资公司小试牛刀。虽然结果不尽如人意，但你获得了宝贵的经验教训。你拥有强烈的好奇心，孜孜不倦地探寻更多的信息和观点。你满怀激情，竭力帮助中国小微企业发展壮大，渴望通过自己的双手成就自我。根据过往经验，你预见了一个将浩如烟海的中国生产商与大量来自世界各地的潜在的买家连接起来的巨大契机：无限大的线上贸易市场。怀揣着"帮助中国小微企业将产品远销海外"的愿景，你在自家公寓创办了阿里巴巴批发网（Alibaba.com），开启了自己的创业之路。

时光荏苒，转眼间来到了2019年。如今，在中国电子商务领域，你所创建的阿里巴巴常年占据主导地位。公司的市值大约为4900亿美元，服务来自200多个国家和地区的大约4.5亿客户，并提供一系列卓有成效的电商业务。当下，阿里巴巴已成为全球十大市值最高的企业之一。

短短20年时间，你是如何达到如此高度的？

大背景创造发展空间。战略确立了填充发展空间的选择，而企业是让战略落实到位的主体和载体。在不断变化的经营环境中——就像使阿里巴巴发展壮大的中国这片热土——企业面临的最大战略挑战莫过于使自身的进化速度大于或等于环境变化速度。"迅速、创造性且明智地做出必要战略选择"，我们将这种能力称作战略灵活性。常言道，最佳的企业组织设计莫过于实现预期目标。在市场化生态组织中，战略塑造组织，并运筹于帷幄之中，决胜于千里之外。有时，当战略所蕴含的能量如同阿里巴巴那样足够巨大时，企业甚至能够反过来影响竞争环境，引领（甚至创造）行业的发展。那么，作为一名领导者，如何从市场化生态组织中感知和预测环境变化，提供企业的战略灵活性？

战略关乎选择

战略的根本目的就是做出明智选择，助力企业获取成功。没有哪个企业能拥有无穷无尽的资源。凭借专业技能和判断能力，企业对有限资源进行优化配置，抓住发展契机，实现利润增长。企业濒临破产常常是因为它们在无法赢利的业务领域停滞太久。事实上，正如第 2 章中所提到的，当你对当今世界上最成功的十家企业进行细致分析时，你会发现，大多数企业都是因过去数十年间计算机应用和通信技术的进步而产生的（见表 2-2）。就企业创建时间来看，1975 年微软公司诞生，1976 年苹果公司创建，1994 年亚马逊公司成立，紧接着是 1998 年的谷歌和腾讯，以及 1999 年的阿里巴巴。唯一的例外是脸书，成立于 2004 年。21 世纪的新生代巨人在哪里？也许有，但是并没有达到巨人的高度，有些"巨人"甚至还未出世。

从战略选择到战略灵活性的转移

倘若你想革新企业，你需要提升选择能力，提升战略灵活性。试想，企业曾经是如何形成战略的，将其与组织模式演变对比，看看你正处于战略演变的哪一个阶段（见图3-1）。也请留意这样的战略演变过程与组织构建逻辑和架构演变（见图1-2和表1-2）之间的关系。搞清楚这种关系是有意义的，因为从大体上看，战略决定着组织架构。现在，让我们对战略演变的四个阶段进行详细阐述。

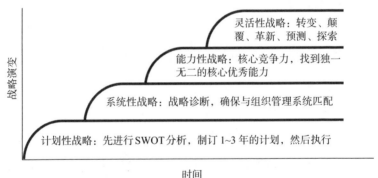

图 3-1　战略选择的演变

阶段一　计划性战略：这一阶段的战略规划常常与自上而下的传统科层模式（甚至是官僚组织模式）紧密结合。在科层式组织中，战略规划集中在资历较深的小决策团队生成。这个团队主要专注于企业组织的内部逻辑（按过去发展速度制定明年目标，再进行部门间的资源分配），而对外部因素（如竞争对手或者客户）的关注则相对有限。领导者们经常通过封闭会议，运用SWOT（strength，优势；weakness，劣势；opportunity，机会；threat，挑战）等分析法进行战略规划。一旦战略计划达成共识，商定的战略有效时限将被认为是神圣不可侵犯的：一年、三年，甚至五年。战略通常被当作商业机密，企业知情者寥寥无几（我们合作过的一家企业曾经有这样一个现象：对战略计划的所有复印件进行编号管理，领导者们只能借阅战略计划，之后需如数归还）。随后，战略被细化为具体绩效目标，并通过科层结构自上而下进行传达和落实，但这些目标与市场机遇缺乏关联。组织体系围绕常规战略进行架构，企业极少将全新市场机遇纳入战略考量。

阶段二　系统性战略：在这一阶段，企业领导者们充分考虑战略对企业内部运作（如架构、系统和文化等）的直接或间接影响。只有当组织架构与战略执行达到匹配统一时，战略效力才算告一段落。负责整合的企业高管根据自己的判断就匹配统一的相关议题形成决议。经典分析框架，例如星模式[①]、7S模式[②]等，都提供了关键管理杠杆的清单，并将这些杠杆与战略相互匹配起来，以求强化战略的执行力。至于这些组织杠杆如何与战略匹配，企业绝大部分员工只能通过捕风捉影所获得的蛛丝马迹进行主观臆断。更有甚者，

---

① 星模式（star model），20 世纪 70 年代提出，注重战略、架构、流程、奖励/回报、人力资源五方面的匹配。

② 7s模式，20 世纪 80 年代初的麦肯锡管理模式，强调 7 个以 S 开始的名词的匹配：战略（strategy）、结构（structure）、制度（system）、风格（style）、员工（staff）、技能（skill）、共同价值观（shared value）。

在大多数匹配模式中，企业的外部因素是没有被考虑的。

　　阶段三　能力性战略： 在更加近期的学术研究中，大量学者，如 C. K. 普哈拉（C. K. Prahalad）和加里·哈默尔（Gary Hamel），将战略重新定义为核心竞争力或能力，并意识到企业需要为顾客提供关键技能或其他无形资产——一些顾客在乎的竞争特质，比如创新或者响应速度。这些核心竞争力源自企业的集体技能和专业知识，并反映出人才与资源有机结合起来完成工作的方式。通过明确企业的内部资源或能力优势，它们构成了企业特性和风格，并最终定义了企业的核心灵魂（如苹果的设计、丰田的质量）。在核心竞争力模式中，只有企业的组织管理系统聚焦于企业（内部的）若干核心竞争力的打造，战略制定工作才算告一段落。在这一类组织中，战略选择的关键问题是：企业需要具备哪些核心竞争力才能获得成功？

　　阶段四　灵活性战略： 在我们所研究的这些高绩效、高增长企业中，战略灵活性——迅速定义、预测和洞察全新市场机遇的能力是它们的共性。它们专注外部多于内部，留意利益相关者多于流程，聚焦灵活应对多于准确无误。这些具有灵活性的企业以它们的使命和战略方向为指引，以外部导向认清自我，并将生态的组织能力（详见第4章）作为凝心聚力的黏合剂。它们充分利用促进信息共享、即时反馈和广泛收集数据的工具。提升战略灵活性，领导者的关键问题是：我们如何借助生态组织，通过迅速、自发性探究和试验（就像那群抗击海浪的救援人员一样），做出迅速和动态的战略选择？在更新迭代极度频繁的新时代，战略与执行必须同时进行，而不是在年度计划中制定战略，然后按部就班地执行。

"赢在未来"的思维模式造就了战略灵活性。表3-1展现了市场化生态组织提高战略灵活性所需要的思维模式转变。你可以从表中任选2~3种你的企业必须转变的思维模式，逐个击破，稳步推进。

表3-1　市场化生态组织中的战略灵活性思维

转变前	转变后	如何实现	优先考虑项（选择其中2~3项）
行业专家	行业领导者	将自己打造成行业创新者，而不是行业追随者	
市场份额	市场机遇	关注与掌握重要环境趋势（请参考第2章）	
聚焦当下的企业定位	聚焦未来客户对企业的定位	以未来客户的角度定义企业内部特性（声誉、价值观、文化）	
企业自身的目标或想法	客户会如何回应企业的目标或想法	与目标客户共创企业的目标和产出	
打进现有市场	开拓市场处女地	对新想法进行探索试验	
击败竞争对手	关注客户需求，而不是竞争对手的做法	试图从格局和创新上超越对手，对竞争对手目前掌握的机遇少一些关注	
固化的行动蓝图（从SWOT分析制定战略和关键绩效指标）	动态的战略选择和调整（基于使命和战略方向的指引）	采用战略灵活性，不要拘泥于既定的计划	

显而易见，战略选择的转变受企业所在的大背景驱使。杨国安于20世纪90年代担任宏碁集团首席人力资源官时，发现个人电

脑行业每隔十年就会经历一次根本性的重大战略转变。对于那时的宏碁而言，系统性战略或能力性战略足以应对市场竞争环境。然而，当经营环境变得更加波动、不确定、复杂和模糊时，对于战略灵活性的需求便与日俱增。他过去十年担任腾讯集团高级管理顾问时，亲历了互联网行业更频繁发生（大概每三年一大变）的根本性变化。要么拥抱变化，要么走向死地。在中国，许许多多互联网的龙头企业落伍或消亡，仅仅是因为它们无法在当下这个波动、不确定、复杂和模糊的世界中做出正确的战略性选择。有些企业冒险进入错误的领域（例如，百度进入外卖领域），或者在尽显颓势的市场逗留太久（例如，新浪专注于电脑门户网站），或者过度激进投入超出其资源或能力的新兴市场（比如，共享单车领域的OFO、团购领域的高朋）。知晓哪个阶段最能反映你当下所采取的战略（见图3-1），哪种思维模式必须要转变（见表3-1），能够帮助你革新企业组织架构，决胜于瞬息万变的市场。

阿里巴巴的战略灵活性

为了说明战略灵活性的重要，我们可以看看阿里巴巴基于对互联网力量的坚信以及对使命的坚守所成就的19年的飞速发展（1999年至2018年）。成立伊始，"让天下没有难做的生意"[1]成了阿里巴巴的使命。以下是阿里巴巴成长历程中的若干重要节点，彰显了市场化生态组织的战略灵活性：

1999 年　马云创立中国首个 B2B（企业对企业）电子商务平台——阿里巴巴批发网。

　　　　愿景：依托电子商务平台，帮助中国小微出口企业实现贸易全球覆盖。

2003 年　阿里巴巴开通了 C2C（个人对个人）电子商务平台——淘宝网。

　　　　新愿景：使中国中小型企业能够抓住国内消费市场的巨大商机。

2004 年　阿里巴巴发布支付宝（安全支付系统）和阿里旺旺（买家与卖家用于协商合同条款的即时通信软件）。

　　　　新愿景：建立电商基础设施，提升顾客对于线上交易的信任度和安全感。

2010 年　阿里巴巴开通在线零售服务平台——全球速卖通。通过此平台，中国企业可以向国际买家提供货物。

　　　　新愿景：全球化。

2011 年　淘宝被拆分为三部分：C2C 电商平台淘宝网、B2C 电商平台天猫商城和促销类导购平台一淘网。

　　　　新愿景：探索未来线上电商中多元的商业模式。

2013 年　阿里巴巴构建从事国内外物流服务的菜鸟智能物流网络。

　　　　新愿景：为电子商务建立物流基础设施。

2014 年　阿里巴巴决定将支付宝拓展为蚂蚁金融服务集团。

新愿景：优化电子商务平台的支付和金融基础设施。
进军支付功能之外的新兴领域——消费金融、中小型
企业贷款、理财产品和理财服务。

2015 年　大力发展阿里云。

新愿景：通过科技对企业进一步赋能，拓展和深化电
商基础设施，助推线上线下业务。

2017 年　提出"五新"战略，包括新零售、新技术、新金融、
新制造和新能源，利用数字技术升级传统产业。

新愿景：建立全新的商业生态，扩围基础设施，推动
传统行业转型。

关键战略的数次转移，重大事件的多次锤炼，成就了阿里巴巴的
今天。一直以来，阿里巴巴所秉承的使命是一致且明确的：将中小型
企业定义为自己的目标客户群体，"让天下没有难做的生意"。从 B2B
电子商务平台（阿里巴巴批发网）到 C2C 电子商务平台（淘宝网），
从支付宝（还有蚂蚁金融服务集团）到物流（菜鸟智能物流网络），
再从天猫商城迈向新零售，这些一直展示了阿里巴巴的战略灵活性。

将市场化生态组织的原则和措施运用于你的企业

从阿里巴巴身上我们学到了什么？如何在自家企业中实现战略
灵活性？以下是我们在研究阿里巴巴及其他市场化生态组织的过程

中所得出的 8 个重大原则，请逐一进行考虑。

明确贯彻始终的优先考虑项

具有战略灵活性的企业设立和维系贯彻始终的优先考虑项，使之与企业使命紧密呼应，以免像无头苍蝇一样冲动。大多数企业都有使命愿景，但使命愿景之于具有战略灵活性的企业，就像空气之于人类。"让天下没有难做的生意"，阿里巴巴始终聚焦于自己的使命：首先关注小微企业，然后拓展到消费者个体以及更具规模的老牌企业。亚马逊在 1994 年创立初期有着与阿里巴巴相同的三大优先考虑项：客户至上、创新和培育市场的耐心。无论拓展何种业务领域，亚马逊始终坚持与使命一致：成为地球上最以顾客为中心的企业。在这个电商平台上，没有顾客买不到的，只有顾客想不到的。谷歌的使命：整合全球信息，供大众使用，使人人受益。脸书的使命：通过脸书，人们能够与朋友和家人互通互联，探索世间百态，将对自己重要的东西进行分享和表达。华为的使命：聚焦客户关注的挑战和压力，提供有竞争力的通信解决方案和服务，持续为客户创造最大价值。[2]

就像这些市场化生态组织的使命一样，无论企业如何转型升级，它们的优先考虑项都相对保持稳定。因此，为了实现企业革新，你需要一个发展方向明确、员工普遍理解的使命或宣言，并以此为纲持续引领企业行为。

预测环境发展趋势，创造未来

具有战略灵活性的企业总是领先市场一步。它们预测和回应对未来成功至关重要的市场趋势（见表 2-4 的 STEPED 分析法）。在我们所研究过的优秀企业中，领导者们总是勇立潮头，预想未来发展。亚马逊首席执行官杰夫·贝佐斯（Jeff Bezos）认为，当你所考虑的是三年后的商业趋势时，你会面对不计其数的竞争者。倘若你所思考的是七八年后的商业趋势，你将经受极少的竞争考验。[3] 为了预想未来发展，市场化生态组织不仅要依靠具有战略灵活性的高层管理人员，还需要企业具备拥有分布式领导力的睿智员工——鼓励其思考，而不仅仅是被动执行。在市场化生态组织中，任何人看见一个机遇，他都会大声说出来，提出建设性意见，并具有冒险精神，因为他们明白，自己的奇思妙想会得到企业大环境的充分尊重和支持。

回顾亚马逊、阿里巴巴、谷歌、脸书、腾讯等企业的发展历程可以发现，当旁人甚至还未察觉到未来趋势时，这些企业已经不失时宜地创造了未来。它们是怎么做到的？首先，牢记企业宗旨，将它放在最重要的位置。

其次，忘记过去。你不需要依靠过去以创造未来，除非未来发展需要你这么做。不要用过往表现或曾经功效显著的改良产品来影响你的预算规划。这种战略思维模式直接让诺基亚坠入万劫不复的深渊。

再次，预测未来趋势时，需将一切过时落伍、鲁莽冒进、智巧伪诈或恒定不变的想法和做法尽早摒弃。请记住，沧海桑田，唯企业原则永恒。对于企业来说，产品、服务、商业模式和科技皆有保质期，这是必须认清和接受的事实。这意味着企业需要积极应对，将传统组织构架、系统和文化中的多余负重剔除出去。将自己置身于未来潮流中，思考如何把握未来发展命脉，而不是拘泥于过往思维和做法。

在首席执行官萨提亚·纳德拉（Satya Nadella）的领导下，微软走在了正确的道路上。依托微软在Windows操作系统和办公软件系统的市场领导地位，纳德拉重新定义微软的使命：赋予全球每个人和每个组织强大的力量，使其取得更大成就。没有继续深陷"个人电脑思维"无法自拔，纳德拉拥抱变化，将企业的战略优先考虑项转移到移动平台和云计算上。也没有继续以高人一等的态度蔑视其他企业开发的操作系统（比如Linux和苹果的iOS操作系统），纳德拉采取开放的战略，与其他平台和业界同行进行合作。可以肯定的是，未来绝非过去的翻版。纳德拉尊重过去，面向未来，挽救了行走在迷茫泥沼中长达二十年的微软。在纳德拉执掌微软的四年时间里，微软股票价格涨了三倍，超越谷歌成为世界上最具市场价值的企业之一。[4]

最后，接受不确定性是开拓者的必修课。开拓者需要一个明晰的方向，却不苛求到达明确的目的地。作为一名具有开拓精神的领导者，你常常看见地平线在眼前持续不断地消退，因为战略灵活性的本质就是变化，变化，再变化。只要企业的市场方向——就连市场本身都是在不断变化的——是正确的，这种不确定性是大有裨益的。在这样一个呼唤开拓进取的时代，我们要不改本色、不忘初心，发扬"逢山开路，遇水搭桥"的精神。

关注不同增长路径，实现获利与增长

对于企业持续增长，具有战略灵活性的市场化生态组织拥有清晰的战略侧重点。那么，你的企业究竟如何增长？为了实现真正意义上的企业增长，你必须对过往和当下所奉行的方式方法发起挑战，进行创造性的大破大立，以未来视角关注企业增长。

在对具有战略灵活性的企业进行研究的过程中，我们发现三条企业实现增长的主流路径——深刻理解客户、产品和区域。通过对三条路径的规划和延展，我们所研究的大多数企业都取得了飞速成长。表3–2展现了脸书、华为和亚马逊是如何借助这三条路径实现企业增长的。

表 3–2　具有战略灵活性的企业增长途径

	客户	产品	区域
脸书	利用个性化和新设备，发展新用户，增加用户活跃度	• 从校园社交网络延伸至其他社交网络 • 为实现这种延伸性，提供新的产品应用程序（WhatsApp、Instagram、脸书、Messenger）	• 从美国到全球，从发达国家到发展中国家，成为目前世界上最大的社交网络平台
华为	20世纪90年代早期，以小型企业交换机进入市场，再拓展到服务大型通信运营商、消费者、各行各业的企业	• 研发大型用户交换机、无线接入网、光网络等 • 业务拓展至消费者移动设备、企业服务（比如物联网和云计算）	• 从中国的三、四线城市逐步进入一、二线城市 • 2000年后，进入海外市场，从发展中国家逐步进入发达国家

（续表）

	客户	产品	区域
亚马逊	通过低廉的价格、多样的选择、便利性、个性化推荐和会员制，夯实顾客基础，提升顾客忠诚度	• 从以图书为主的自营性电商平台，拓展到拥有更多产品类型的综合电商平台；向其他商家开放亚马逊平台，让它们销售产品，并为这些商家提供物流和云计算服务 • 近年来，开始提供数字化内容、智能设备、数字化内容和智能零售商店解决方案（亚马逊无人智能零售商店），兼并全食超市	• 从北美地区扩展到十几个国家

资料来源：杨国安及腾讯研究团队进行的脸书、华为和腾讯案例分析，以及脸书、华为、亚马逊创始人和高管的公开发言。

让我们对亚马逊的增长路径做一深入探讨。亚马逊吸引顾客的过程是一个以"为顾客提供最佳价值"为出发点的良性"飞轮"。飞轮的三个能量来源包括：更低廉的价格、更广泛的选择和更多的便利。这些顾客价值吸引了更大的用户群，反过来吸引更多商家以更低廉的价格在亚马逊平台提供产品。[5] 除了顾客价值，亚马逊也执着于通过大数据、自动化等科技手段实现顾客体验的优化。亚马逊对于遇到的每个问题都试图通过软件研发，使解决方案更自动化。在亚马逊，自助服务是稀松平常的，尤其得力于亚马逊云计算服务平台的推荐引擎以及其他工具。[6] 这个飞轮逻辑不仅拓展了零售业务的规模和顾客群，在其他需要发挥网络规模优势的业务领域中（包括亚马逊云计算服务和亚马逊会员），也同样运用广泛并获得显著成效。

除此之外，亚马逊还追求以全新产品和服务为主的增长路径。用某位亚马逊前任总经理的话说："在亚马逊，创新的实质更倾向于执行力和持续性——大胆尝试，迅速反应。敏捷灵活是创新的一个重要因素。即使你尝试了 50 种想法，也可能不知道哪种想法能够带来最终成功。试验之后你才恍然大悟，'这确实是个很不错的想法'，然后你继续深化推广。起初，亚马逊会员的福利只是两天免费送达。五年后，会员福利已包括 5 万部电影、3 万部电视剧、400 万首歌曲和无限照片存储空间。会员福利在数字化增值服务中爆炸式增长。"[7]

虽然市场化生态企业在三条增长路径（客户、产品和区域）上都有所尝试，但各有侧重。你的企业侧重的成长路径是什么？你是否投入了资源，让路径发挥应有功效？

预测未来潜在客户，把需求转化为机遇

具有战略灵活性的企业犹如正在跑向足球预测落点的球员，正滑向冰球预计移动方向的球手，正用弓箭瞄准小鹿奔跑方向的猎人一样，正勇敢地涉足顾客还未体验过的全新领域。灵活性战略不拘泥于过去或当下，而是积极预测未来。因为市场一旦发生变化，灵

活性战略就会把你放在变化的风口浪尖，随时准备迎着机遇扬帆起航。具有灵活性的战略家需要做出的根本性转变莫过于从拘泥于服务当前顾客群或提升市场份额的围城中走出来。取而代之的是领导者们必须在全新市场中想象新的前景——持续不断地将企业带往蓝海领域，让市场机遇变为现实。

例如，依托互联网技术和人工智能个性化功能，VIPKID在线青少儿英语（目前已有超过 60 万名学生，这个数字还在迅速增长）发掘中国千禧一代这个未被开发的巨大市场，他们渴望学习纯正英语口语并拥有国际视野。通过将他们与 6 万多名来自北美的高素质老师连接起来，这种富有创造性的学习方式已经给老师和学生都带来了红利，许多老师热情洋溢地在YouTube上分享。[8] 想要成为一名富有灵活性的战略家，需仔细设想谁会是未来的客户，什么样的东西能给他们带来惊喜。

运用不同方式实现增长

通过内部构建、外部收购或者战略合作，具有战略灵活性的企业从客户、产品或者区域等不同路径实现增长。因为，从定义上，具有灵活性战略的企业往往要求组织的迅速变化和发展，所以大多数企业倾向于以组合的方式灵活运用这三种方式。你究竟选择哪种方式取决于你的战略、能力、时间紧迫性和财务实力。

内部构建：我们研究的企业都不遗余力地构建自己的核心业

务。我们这里所说的"核心"指的是企业特性和竞争力的根本源头。这一核心会迅速成为企业构建其他优势、开发衍生能力的依托平台。这样一个核心业务或能力必须与企业当下需求无缝连接，也要有利于企业未来转变和拓展。没有人能够代替企业构建核心业务和能力：核心业务和能力对企业愿景和使命至关重要。只有谷歌自己才能构建搜索引擎和广告基础架构。只有亚马逊自己才能构建核心的电商平台和亚马逊云计算服务。只有腾讯自己才能构建QQ平台和微信平台，并以此为依托搭建其他线上业务，包括游戏、音乐、购物、电影、支付和云服务。

外部收购：伴随着核心业务的夯实坚固，引入其他当下发展势头不错或未来潜力无限的业务或技术才有积极意义。"收购"能够加速核心业务的发展，这是企业发展的一个关键因素。我们研究发现，所有市场化生态组织之所以能够取得巨大成功，部分原因是它们收购新公司，并加大对收购业务的投资力度，助力其成长，使其迅速融入企业发展蓝图。通过收购YouTube、安卓和智能家居制造商Nest，谷歌才能够迅速进入目前广阔的前市场空间。为了加强游戏组合，腾讯投资了Riot和Supercell。亚马逊通过对新品类、新区域和新技术领域的企业进行收购（比如，英国的书页网站、中国的卓越网、美国的Zappos以及最近收购的全食超市），补强了电子零售、亚马逊云计算服务和数字化内容，加快了"飞轮"运转速度。[9]脸书收购了WhatsApp、Instagram和Oculus，迅速强化了自身在社交媒体和游戏领域的广度和深度。

战略合作：有的时候，对于企业核心竞争力以外的资源，收购一项业务、一种技术或其他资源并不合适，或许某些能力和专有技术无法通过收购迅速获得，或者仅仅是因为进行收购与业务整合极度耗费时间。倘若你需要充实顾客服务或者配套服务内容，有的时候，实现迅速增长的最好方式莫过于合资经营或者战略结盟。我们这里所说的"战略合作"指的是与其他企业保持密切合作，填补资源或产品的短板，并依托超越企业自身边界的生态伙伴拓展顾客群体。腾讯深谙其道，通过与京东、美团、滴滴、58 同城和 Netmarble 等优秀企业发展战略伙伴关系，充实了为用户提供的多样化配套服务。谷歌与外部开发者密切合作，充实自己平台的各种应用，与商业伙伴有效协作，构建广告业务。同样，亚马逊与外部合作伙伴保持密切联系，拓展了智能家居、数字化内容和电商开放平台等。

表 3-3 展现了亚马逊实现增长的方式。亚马逊不断拓展业务领域，采用内部构建、外部收购和战略合作三种基本方式在客户和产品路径上进行推进。

无论你选择什么路径（客户、产品或区域），采用何种方式（内部构建、外部收购或战略合作），不要让你的战略性描述过于复杂。革新企业的战略灵活性需要审视企业过往的增长方式，然后预测企业未来发展趋势。究竟你能使用什么样的增长路径和方式，帮助企业在未来市场中为潜在顾客带来崭新的改变和价值？战略描述越简单清晰越好！

表 3-3 亚马逊的成长路径和方法

产品或服务	通过内部构建，打造企业核心业务		通过外部收购和战略合作，提升"飞轮"运转速度	
	内部构建		外部收购	战略合作
	自上而下	自下而上		
零售	• 亚马逊门户网站 • 亚马逊物流配送	• Prime会员服务 • Prime会员即时送达 • Prime会员无人机配送 • 亚马逊无人智能零售商店	• 书页网站 • 卓越网 • Zappos • 全食超市	• 区域合作伙伴 • 生态合作伙伴：开放平台上的商家和第三方开发者
数字和娱乐	• 亚马逊出版 • 亚马逊视频	• 亚马逊音乐	• 互联网电影资料库（IMDB） • 网上唱片店CDNow • 有声读书平台Audible • 直播平台Twitch	
智能硬件	• 电子书阅读器Kindle • 亚马逊智能手机Fire Phone	• 亚马逊智能音箱Echo • 亚马逊智能电视Fire TV • 一键购物按钮Dash		
技术		• 亚马逊云计算服务	• 触摸屏企业TouchCo • 语音识别技术公司Yap • 自动化机器人公司Kiva	

资料来源：亚马逊的年度报告、代理人声明和致股东的信；腾讯研究团队对亚马逊的在任和离职主管的采访；Brad Stone, *The Everything Store: Jeff Bezos and the Age of Amazon* (New York: Little, Brown and Company, 2013)；AWS视频介绍，访问于 2014 年 11 月 11 日，www.youtube.com/watch?v=QZwo35viW3g。

激励员工的主动灵活性，提升应变和创新速度

具有战略灵活性的企业鼓励员工最好的方式莫过于给予他们激动人心的工作机会。通过我们的研究和观察：最好的企业拥有最投入的员工，尽管他们需要全力以赴，有巨大的工作量。为什么？这些备受信赖的员工乐意将自己的能力和才华毫无保留地奉献给企业，而不是期待在规范的小空间内完成工作。

一位思想深邃且业绩辉煌的企业高管曾告诉我们："战略随人动。"他说，倘若他（和他的公司）能够将拥有合适技能的领导者放到恰当的业务角色中去，正确的战略自然会随之而来。这些具有灵活性的人员会摒弃消极的说辞（"我做不了"），取而代之的是进行进取型交谈（"我目前做不了，但是……"）。他们具有成长型思维模式，持续不断地尝试、学习、失败（或成功）以及不断优化。对于那些需要发散思维与收敛思维相结合才能解决的两难问题，他们毫不畏惧。从"无所不知"的傲慢转变为"无所不学"的谦逊，这恰恰是纳德拉试图植入每一位微软员工脑海中的思维模式。

在亚马逊，令人感到意外的是，除了贝佐斯富有远见的领导力，许多引发全新战略选择的成功想法是通过自下而上的形式由各层级员工提出和确立的。这些想法包括极度成功的产品或业务，比如亚马逊 Prime 会员服务、亚马逊云计算服务、亚马逊智能音箱 Echo 和亚马逊无人智能零售商店（见表 3–3）。例如，Prime 会员服务最初

是由该企业一名叫查利·沃德（Charlie Ward）的软件工程师于2004年底发起的。[10] 通过内网的意见箱（点子工具），他提出了"免运费服务"的理念。通过对航空行业常飞旅客忠诚度计划的观察学习，沃德建议依据顾客对产品配送时间的敏感度提供服务。

为了实现战略灵活性，你需要不间断地学习和成长。你需要成为行业的开拓者，为你的企业开辟新的路径。当你富有好奇心，善于提问，勇于寻求解决方案并持之以恒进行尝试，你的学习敏锐度就会显露无遗产。你应该与企业的其他领导者们一起，花时间去理解第2章中所提出的六种环境机遇，拜访主要客户群并积极寻找市场机遇。对于想法和做法的成功与否，你必须对自己极度诚实。作为一名具有灵活性的领导者，你需要永不止步，永不停顿，永不着陆，永不懈怠。只有"早起"的开拓者（探索者）才能抓住最佳空间，并将其转化为具有深远影响的东西。

使用计分卡和数据，驱动企业成长思维

具有战略灵活性的企业拥有反映成长的计分卡。你如何知晓自己是否达成了目标——是否走在正确的道路上，是否滑向冰球的预计移动方向？有一句常常被误认为是彼得·德鲁克所说的谚语：衡量什么就得到什么。事实上，德鲁克对于测量以及精确测算的危害持审慎怀疑的态度。据说同样出自德鲁克之口的还有："如果你不能测量它，就不能改良它。"这是一个比较动态的说法，注重持续

不断的学习和提升，而非局限于目标达成与否。成功塑造过日本质量管理的美国统计学家爱德华·戴明（Edward Deming）有过一个诙谐幽默的说法（虽然这个说法的真实来源还未可知）："除非你是上帝，否则任何人都必须以数据说话。"不管它的真实来源是什么，值得注意的是，这句话中没有包含"测量"这个术语。数据的真正目标是揭示发展趋势，帮助业务主管了解行业大势，并做出迅速、系统和以数据驱动的决定，对企业业务产生实质影响。通过研究，我们发现所有市场化生态组织都采用指标（每天收入、每天和每月的用户活跃度、新增用户数）来评估不同产品或服务的日常情况，助力产品迭代更新，以及进行市场调整。

　　作为一名领导者，你应该及时调整计分卡，促使员工对企业未来发展进行深层次思考：我们今天所取得的结果将会如何影响未来决策？当下，你想在经济上获取利润，这是无可厚非的。但是，你的财务结果会如何影响明天、明年或者未来十年的企业定位？顾客的反馈告诉你在明天、明年或未来十年，企业将拥有什么样的市场机遇？对于未来潜在客户的需求和期望，你是否有足够的洞察？他们是否会看见你为了满足他们的需求所彰显的独特定位？还有谁会参与未来市场空间的竞争？

定位战略为动态的学习修正过程

　　作为企业革新的一部分，具有战略灵活性的企业认为战略是一个不断优化迭代的过程：发现、颠覆、尝试和学习。正因为如此，战略不是一个固定目标，而是动态的发明与创造。灵活性战略意味着你需要知道何时应该发散、放大并探寻多样解决方案，何时又应该聚拢、缩小并聚焦于优先考虑项。具有战略灵活性的领导者们对战略流程中的若干关键问题拥有清醒的认识。

谁参与战略的塑造？作为一名领导者，虽然你全盘负责战略制定，但你需要寻求更广泛的客户、投资者和员工参与。除此之外，你还要细心留意预测行业未来发展趋势的鼓动者和开拓者，并与之合作。你需化身为人类学家，花时间研究未来潜在客户可能看重，但还未被明确定义的服务。你要尝试并亲自体验准备提供给客户的产品或服务（例如，腾讯领导者们都是自己产品的忠实使用者，以便获取第一手的使用体验）。

在多大程度上鼓励对话和持不同意见？毫无疑问，市场化生态组织巧妙地在获取新想法的发散性思维与聚焦共识的收敛性思维之间寻求平衡并加以利用。作为一名具有战略灵活性的领导者，你应欢迎红红脸、出出汗的适度争辩而非喋喋不休的争执，或者友善平和地表达不同意见。你应鼓励各阶层的员工挑战经营现状并提出新想法。正确处理发散思维与收敛思维的平衡能够帮助你创造灵活性战略，在瞬息万变的市场环境中获胜。

战略将如何进化？战略不是放在演讲分享或报告中的固定内容，而是一系列制定、评估并重新修正的连续性选择过程。它是一个持续不断的过程，而不是一个已定的计划；是持续对话，而不是局限于某一时段的文献记录；是一系列学习实验，而不是一整套显性规则。我们研究的一家处于行业领导地位的企业拥有这样的战略灵活性座右铭：大胆想象，小步测试，快速失败，不断学习。

革新企业的战略灵活性

我们所研究的市场化生态组织将前面所讲述的八大原则嵌入其战略灵活性中。表 3-4 概述了阿里巴巴和亚马逊运用这八大原则的具体措施。

表 3-4　阿里巴巴和亚马逊实现战略灵活性的原则和具体措施

战略灵活性原则	阿里巴巴的具体措施	亚马逊的具体措施
明确贯彻始终的优先考虑项	• 使命：让天下没有难做的生意	• 成为地球上最以顾客为中心的企业 • 聚焦三大原则：客户至上、创新、培育市场的耐心
通过 STEPED 等工具预测经营环境发展趋势，创造新的市场机遇	• 相信互联网和科学的颠覆性力量 • 预想未来三十年零售行业的发展趋势；形成"五新"战略（新零售、新金融、新制造、新技术、新能源） • 预测人口和消费者生活方式的变化（比如中产阶层的崛起、消费升级）	• 相信互联网和科学的颠覆性力量 • 深入洞察客户在价格、选择和购物便利性方面还未被满足的需求

（续表）

战略灵活性原则	阿里巴巴的具体措施	亚马逊的具体措施
关注不同增长路径（客户、产品、地域），实现获利与增长	• 早期聚焦于获取新用户 • 通过个性化推荐，提升客户购物转化率和购买力 • 拓展毗连业务，构建电商基础设施（如支付宝、菜鸟、阿里云） • 勇闯东南亚、日本及其他地区的海外市场	• 通过"飞轮"提升客户价值和客户数量 • 通过技术、数据和自动化提升客户体验 • 通过精准推荐和会员制，提升消费水平 • 借助核心平台延展毗连业务（如开放平台、物流、云计算服务、数字化内容、智能硬件） • 拓展到十多个海外市场
预测未来潜在客户需求，始终领先市场一步将需求转化为全新业务	• 在时尚领域，着重关注使用线上购物的女性顾客 • 将线上购物能力拓展至线下购物体验	• 从单一类别到多个类别，从自营业务到市场业务，从实体产品到数字产品，从线上到线下，不断开拓全新业务
运用不同方式（内部构建、外部收购或战略合作）实现增长	• "构建"电子商务核心业务平台：B2B批发平台、淘宝网和天猫商城 • 通过"收购"，涉足全新领域，比如电影和游戏 • 通过"战略合作"，健全物流体系和海外市场的业务拓展	• "构建"电子零售和亚马逊云计算服务核心业务 • 通过"收购"加快飞轮运转速度：填补全新商品类别，比如鞋子；进入新区域，比如中国；"收购"不同类别的科技企业，补强亚马逊云计算服务 • 通过"战略合作"，充实亚马逊云计算服务开发者社区以及开放平台的商家群体
激励员工的主动灵活性，提升企业的应变和创新速度	• 在更小规模的业务团队中，激发员工更大的自主灵活性（小班委） • 利用月度业务会议，吸纳来自业务一线的好想法	• 用PR&FAQ*鼓励员工随时提出新想法 • 鼓励自下而上的想法，比如会员制、亚马逊无人智能零售商店这些成功创意
使用计分卡和数据，驱动企业成长思维	• 使用数据明晰趋势，审查进度，并对产品或战略进行修正	• 使用数据明晰趋势，审查进度，并对产品或战略进行修正（贝佐斯只根据事实和数据进行决策）

（续表）

战略灵活性原则	阿里巴巴的具体措施	亚马逊的具体措施
定位战略为动态的学习修正过程	• 在不同的小型业务部门中，领导团队（班委）集体快速决策和修正业务进度 • 与客户共创全新业务或想法（比如双十一购物狂欢节）	• 组建战略决策机构 S-team（核心高层领导力团队的缩写），使用领导力原则开放辩论式决策 • 持续不断推进各阶层领导者为企业未来发展（如年度规划中的未来三年趋势展望）建言献策 • 鼓励各层级使用 PR&FAQ，在数据和顾客洞察的基础上进行辩论和修改创新想法

* PR&FAQ 是亚马逊内部一种提出创新想法的方法，通过撰写模拟新闻稿（PR）和常见问题（FAQ）文件，帮助进行所有创新尝试的研发团队对顾客价值有清晰认知。

资料来源：杨国安和腾讯研究团队对阿里巴巴和亚马逊进行的案例分析；阿里巴巴集团网站主页（英文），访问于 2019 年 1 月 15 日，www.alibabagroup.com/en/global/home；亚马逊网站，访问于 2019 年 1 月 15 日，www.localamazon.com/our-company；Martin Reeves, Ming Zeng, and Amin Venjara, "The Self-Tuning Enterprise," Harvard Business Review, June 2015；Jeff Bezos, quoted in Paul Farhi, "Jeffrey Bezos, Washington Post's Next Owner, Aims for a New 'Golden Era' at the Newspaper," Washington Post, September 2, 2013；亚马逊的年度报告、代理人声明和致股东的信。

管理启示

在瞬息万变、极不确定的经营环境中，进行革新的企业必须提高战略灵活性，以应对外部环境的变化。具有战略灵活性的企业旨在定义全新市场的机遇而不仅仅是追求现有市场的份额。它们预测未来会发生什么，而不是只顾继续重复过去的成功模式。它们敢于冒险，不断学习，而不是执着于预定计划和规定动作。战略灵活性的八大原则展示了我们从诸多市场化生态组织中所学到的经验教训，这些经验教训重新定义了战略的本质。通过比照这八大原则并进行优化完善，你在战略灵活性的阶梯上将越爬越高。

表 3-5 提供了一个诊断工具，供企业对自身的战略灵活性进行评估。你和你的领导团队可以坦诚认真地评估公司在战略灵活性八大原则和具体措施运用中的现状。只有了解了真实情况，才能有的放矢地优化提升。

表 3-5　企业战略灵活性的自我评估

战略灵活性的原则和具体措施：我们在以下方面表现如何	打分*	如何提高
明确贯彻始终的优先考虑项，引领战略选择		
通过 STEPED 等工具预测经营环境发展趋势，创造新的市场机遇		
关注不同增长路径（客户、产品、区域），实现企业获利与增长		
预测未来潜在客户需求，始终领先市场一步将需求转化为全新业务		
运用不同的方式（内部构建、外部收购或战略合作）实现增长		
激励员工的主动灵活性，提升企业的应变和创新速度		
使用计分卡和数据，驱动企业成长思维		
定位战略为动态的学习修正过程		

*用 1~5 分进行衡量，1 分表示非常糟糕，5 分表示非常卓越。

第二部分

全新组织形式

市场化生态组织的
真实全貌

第一章回顾了企业组织模式的演变过程：从聚焦科层架构（效率）到注重系统思维（匹配统一），从关注内部组织能力（企业特性）再到看重市场化生态组织。在第一部分中，我们详细剖析迫切需要一个全新组织形式的深层原因，以及本书中着重研究的那些企业是如何对经营环境进行动态了解的。

组织形式随战略而动。当下，错综复杂、瞬息万变的经营环境呼唤全新的战略性思维：从计划性战略到系统性战略、能力性战略，再到灵活性战略。

在这一部分，我们深入探讨革新企业应具备的能力和形式（图Ⅱ-1）。第4章将厘清在充满不确定性、颠覆性和变化的时代背景下，企业必须通过生态组织升级加强的关键能力。我们将在过去的学术研究定义组织能力为组织核心关注点的基础上，进一步把组织能力嵌入网络或生态组织中，而不单在组织内部。在这些能力中，我们确定了市场化生态组织所展现的最重要的四项关键能力：外部环境感知、客户至上（甚至客户痴迷）、贯穿始终的创新和无处不在的敏捷灵活。本章将为构建生态组织能力提供深刻洞见及审核工具。

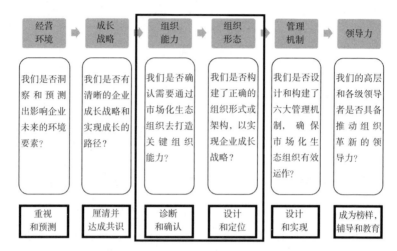

图II-1 构建市场化生态组织的六大环节

第5章介绍市场化生态组织在进行企业革新过程中所做的组织架构顶层设计选择。这一章将为市场化生态组织的组成架构和分工定位提供深刻见解。我们也比较了市场化生态组织与传统意义上的控股公司和多部门公司的组织架构有何不同，以及市场化生态组织有何优化之处。随后，我们深入阐述两个问题：一是如何设计市场化生态组织的三个组织单元（共享平台、业务团队、合作伙伴）；二是如何对这三个组织单元进行不同的组合设计，构建不同的生态组织，以满足不同的行业特性和竞争特质，提升战略灵活性，创造市场机遇。

第4章和第5章中所提供的观点和工具将帮助你进行透彻思考，并将企业的顶层组织架构设计成你所期望的样子，以便在未来获得成功。你可以评估自家企业生态组织中这些关键组织能力的高低，以及如何通过创新的组织设计使这些能力得到提升和落实。

第 4 章

生态组织能力：
如何培养生态组织的关键能力

　　1941 年，北非，隆美尔（Rommel）①的德国非洲军团正在西部沙漠取得节节胜利。戴维·斯特林（David Stirling）是一名出身于苏格兰贵族家庭的初级军官，他生性叛逆、玩世不恭但颇具人格魅力。在掌握了充分证据，得出英国军队无法通过常规军事手段赢得北非战场胜利的结论后，他利用自己的社交优势争取到了与高级军事代表会面的宝贵机会。会面中，斯特林提出了一个与传统军队的科层架构和指挥系统格格不入的全新作战方案。他的设想是依托拥有自主领导权的小型作战部队，利用该部队隐秘、灵活和诡谲的特性奇袭敌人防御力量最薄弱的地方。对于当时的北非战局，斯特林有着深刻且独到的见解：德国和意大利军队将地中海看作唯一的潜

---

① 隆美尔是纳粹德国的陆军元帅，世界军事史上著名的军事家、战术家、理论家。——译者注

在威胁，于是它们将守备力量部署在地中海，从而导致广阔无边的沙漠侧翼因没有足够的防御力量而暴露在外。考虑到大军团在此处集结的可能性几乎为零，于是德国和意大利方面没有对可能在这片环境恶劣、人迹罕至且地图上未标明的炙热沙海发动的进攻做任何防范。斯特林与敌军的看法恰恰相反，他反其道而行之，为什么不能让更灵活、更敏捷的武装力量从这片沙漠地带发起攻势？这支武装部队需要极少的给养就能存活下去，并能够拆分成多个小型作战单位，依靠脚力在完全意想不到的地方发动突袭。他指出，这支武装部队也能够潜入敌人据点，迅速掌握据点状况，并通过无线电将据点内有关人员和物资的关键情报传递给常规部队，以便及时掌握敌军战略战术。除此之外，这支武装部队还能摆脱传统的指挥与掌控决策体系的繁复冗杂。换句话说，他提出了构建英国特种空勤团（Special Air Service，SAS）的设想。

从最初的北非战场到随后的欧洲战场，在第二次世界大战的剩余时间里，英国特种空勤团持续不断地就团队任务和战略战术进行大胆尝试。在此过程中，武器装备推陈出新，比如袖珍、轻便且具有高杀伤力的刘易斯炸弹（Lewes bomb），用于炸毁停靠的飞机。新的战术层出不穷，例如迅速摒弃以伞兵空降的原始方式进入沙漠，转而围绕徒步长途奔袭、高机动沙漠吉普车的运动作战能力。有时，英国特种空勤团的任务是徒步300英里（约483千米）穿越环境恶劣的撒哈拉沙漠，悄悄混入德国和意大利的空军基地，尽可能多地引爆停靠在空军基地的军需品运输机。在其他时候，他们的任务则是收集敌方有关兵力布局的情报并策动战略空袭。当盟军对意大利、法国和德国进行战略反攻时，英国特种空勤团担负起了破坏交通线和补给线的任务，瓦解了正在撤退的德军的士气。无论身处何方，黄金时代的英国特种空勤团始终是一支从事情报收集，具有创造力、灵活性和强大破坏力的部队。

英国特种空勤团所开创的战斗形式成为现代战争的核心。尽管该部队最初不过是北非战场上的一支负责偷袭的部队，然而随着时间的流逝，它逐渐成为第二次世界大战中最令敌人闻风丧胆的突袭部队，并成为全球特种部队，尤其是美国三角洲特种部队（US Delta Force）和美国海军海豹突击队（US Navy SEALS）的典范。[1] 时至今日，英国特种空勤团依旧是作风过硬、体魄强健、情报收集迅疾、任务至上、创造力强、适应力优的传奇标杆。这些特质使得英国特种空勤团的战术影响力与其部队规模极不成比例。[2]

在讨论市场化生态组织的过程中，我们为什么要如此详尽地介绍这支部队？因为英国特种空勤团的故事，生动地揭示了革新组织是如何从根本上影响战略战术和战争成果的。传统军队组织依托科层指挥系统进行运作，而英国特种空勤团采取了截然不同的方式。以强大的后方保障基地作为支撑，这支灵活的精英部队回应和塑造环境，以有限的资源换取最大的影响力，就像市场化生态组织中的基本单元，比如Supercell中的游戏研发团队。在很多方面，英国特种空勤团和其他特种部队与第 1 章中成功拯救落水者那个具有创造力的组织相仿。

倘若你想要回应环境变化并实现战略灵活性，你需要构建一个行动敏捷的组织模式。该组织不仅局限于对形成独立闭环的团队进行调度部署，还需要将不同团队进行进一步整合，让它们共同融入一个生态组织中。尽管特种部队看上去非常独立自主，但它们与生态组织是"辅车相依，唇亡齿寒"的关系，这种高度依存的关系使它们的成功具有可预测性。

在本章中，你会意识到市场化生态组织的核心概念是嵌入其中的能力。随后，我们将对研究过程中得出的现今企业在面对不确定、瞬息万变的环境时，最需要具备的四个关键能力进行描述，便于领导者们参考应用。

从生态组织能力的视角剖析组织建设的重点

市场化生态组织的能力并不是由其中的某个组织自己单独塑造的，而是源自生态组织中各部分的通力协作。让我们将上述观点放在特种部队中进行细致思考。在最理想的版本中，一支由军中精英组成的特殊团队接受了一项特殊且艰巨的任务，凭着过人的胆识和高超的军事素养，就能出色地完成作战任务。例如，电影《菲利普斯船长》详细讲述了美国海豹突击队营救被索马里海盗劫持的"马士基·亚拉巴马号"货船船长的故事。电影中，海豹突击队冲入海盗藏匿地点，控制涉事海盗，并成功解救菲利普斯船长。[3]关于这支卓越团队，无论是这个故事还是其他故事都将其描述为独立自主、英勇无畏和神出鬼没。尽管这些故事都是真实的，但并未反映事物的全貌和本质。实际上，海豹突击队所展现的能力是通过一系列共享资源的投入才得以实现的。团队成员接受近乎严苛的训练，配备高科技工具并掌握涉事地点的相关情报。海豹突击队各团队之间实现互学互联，分享任务执行过程中的经验教训。更重要的是，美国海军舰船时刻待命，为海豹突击队队员提供额外支持。海豹突击队并非如孤岛般存在，而是生态组织中的一部分，时刻保持着与生态组织的依存关系。倘若团队成员在解救菲利普斯船长（或参与其他任何任务）的过程中，没有成为能力训练、情报信息和后方军备支持这样更广泛网络的一个有机部分，他们多半是会失败的。

生态组织的构建

一个生态组织内可能有合作、联盟、合资和其他多种协作形式。在第 5 章中，我们将围绕确保生态组织运作的共享平台（共享资源和后台支持）、业务团队和合作伙伴（在生态组织中拥有共享资源和共同利益的合作伙伴）讨论组织设计的选择。然而，在本章中，就像我们之前所强调的一样：组织能力必须嵌入生态组织的每一个细胞，而不是某一个部分。当高度自主的团队被组织创造出来时，它们只有与其他团队和平台紧密联系在一起，才能享受（并进一步强化）生态组织的公共能力。

高效生态组织必须拥有在市场上获胜的综合能力。对于亚马逊而言，关键能力是客户至上和创新，这些能力萌发于企业内部，并逐渐扩展到生态组织的各个角落。说到腾讯，用户体验和创造力是其突出的核心能力。提起谷歌，是依靠科技驱动的创新带来持续成功。至于华为，它也将以客户为中心作为自己的核心能力。

除此之外，在对成功企业进行研究的过程中，我们发现它们的生态组织能力非常注重以市场为导向，这不仅仅是因为企业集中资源和能力致力于在外部市场获胜，也是因为在生态组织内部，这些企业同样显现出以市场为导向的强烈倾向。通过市场机制——透明公开、双赢合作，而不是来自高层的命令和协调，生态组织的不同部分进行互动或交易。

为了实现企业革新，你的职责不仅仅是领导企业内部团队和员工，还要建立和发挥与生态组织相关的供应商、合伙人、经销商、客户等的资源和能力互补优势。通过在这样一个更庞大的关系网络中放大关键组织能力，你才能对革新后的生态组织进行有效领导。为了弄清楚如何构建这样一个生态组织，让我们具体看一下以下三家市场化生态组织。

持续生长的生态组织：腾讯、亚马逊和阿里巴巴

腾讯成立于 1998 年，它最初被公众熟知的产品莫过于即时通信服务 QQ，同一时代的类似服务包括西方世界的 ICQ、AOL 和微软的 MSN。如今，腾讯成为世界上规模最大的科技企业之一。[4] 从

最初创立时为中国市场引进正式授权的游戏开始，腾讯已成长为世界上最大的网络游戏运营商和发行商，并于 2018 年成为仅次于脸书的世界第二大社交网络企业。伴随着腾讯在 2013 年和 2014 年先后与搜狗（中国第二大搜索引擎企业）和京东（中国第二大电子商务企业）建立战略伙伴关系，腾讯开始构建清晰的生态系统，明确什么产品和服务是腾讯自己开发和经营的（比如社交平台和诸如游戏、音乐、新闻、电影这样的数字内容），什么是通过战略伙伴的产品和服务，丰富腾讯的开放社交平台的内容。腾讯推出的微信应用软件，2018 年每月活跃用户量超过 10 亿人次，其受欢迎程度归功于覆盖面广泛的常用日常服务功能，比如，发即时消息给朋友，邀请他共进晚餐，预定去往餐厅的出租车，坐在餐桌前通过扫描二维码点餐，并用微信支付结账。总而言之，微信是一款功能超级强大的软件，不仅将人与人连接起来（社交媒体），还将服务与人连接起来（比如餐饮、娱乐和支付），最近，甚至将企业和政府机构与人连接起来（比如缴纳税款、罚款，以及支付公共交通费）。截至 2019 年本书撰写之时，微信已涵盖 200 多个市场。当然，该数量预计还会增加。

　　然而，以上这些事实不过是见诸各大媒体的头版而已。腾讯其实是一个规模巨大且朝气蓬勃的生态组织，这里的诸多业务团队与合作伙伴将能力和资源进行共享，实现共赢。例如，腾讯内部拥有大量的产品和业务团队，还有在更大的生态体系中的数百个战略合作伙伴。无论是业务团队还是战略合作伙伴，它们都力争在自己领域中成为引领者的同时，还与其他团队共享核心资源和能力，互利互通。

　　腾讯生态系统中单元间高度相互支持具体意味着什么？在资源层面，腾讯能够引导用户流量进入诸如京东、滴滴、美团或者拼多多这样的战略合作伙伴，而这些战略合作伙伴反过来也能充实腾讯平台的产品或服务内容，并提高微信支付或QQ钱包的用户数量。就能力共享而言，腾讯与战略合作伙伴还在科技、法律事务、政府事务、人才和组织管理领域分享专业技能和资源。例如，通过腾讯云、人工智能应用、广告营销服务、基于定位的服务，以及微信支付，腾讯向战略合作伙伴提供技术和服务基础设施。由笔者杨国安分管的腾讯管理咨询团队也为重要战略伙伴提供咨询、高管猎聘、培训和辅导支持，帮助它们提升领导力、优化核心人才和深化组织能力。通过在资源、产品和能力方面的互帮互助，腾讯和战略合作伙伴以生态系统的形式变得更加强大而富有竞争力，而不是作为一个个单独的组织实体。

　　放眼全球，上述情况并非腾讯一家独有。在研究过程中，我们发现这八家成功企业都对自己的能力进行跨单元分享和嵌入，不断壮大生态组织。它们意识到，没有哪家企业能够强大到完全没有短板。作为全球最具创造力和影响力的企业之一，亚马逊与主要战略合作伙伴在零售业务、亚马逊云计算服务和智能音箱Echo方面进行深度合作。通过全食超市，亚马逊可以分享更多客户洞察和其他创新，帮助生态中其他业务单元和伙伴。通过云计算服务，亚马逊与技术初创企业分享其强大的技术能力和工具。通过智能音箱Echo，亚马逊鼓励更多的技术开发者去研发应用软件，使智能家居和家庭的连接应用变得更丰富、更实用。

同样，阿里巴巴需要大量具有影响力的商家伙伴在淘宝和天猫商城销售产品，吸引更多用户访问这些电商平台。为了吸引合适的合作伙伴在阿里巴巴的平台销售产品并帮助它们获得更大成功，阿里巴巴与它们进行数据共享，比如，访问这些商家线上店的客户是什么类型的，这些商家能如何运用人工智能技术为客户提供更具个性化的营销方案。通过将淘宝或天猫商城的线上客户数据与来自商家线下零售商店的客户数据进行有机整合，阿里巴巴帮助合作伙伴精确锁定客户群体，开发整体性的个性化营销方案。阿里巴巴将这种方式叫作"千人千面"，依据用户的个性化兴趣和需求，在恰当时间、恰当地点为不同用户推送不同的产品或服务广告。[5]

从企业组织能力到生态组织能力

那么，这些市场化生态组织的成功基础是什么？了解这些成功基础有助于领导者们参考和将之应用到自己组织的革新。在过去二十年里，笔者戴维和同事始终致力于确定一家独立企业必须具备哪些关键能力才能获取成功。正确的关键能力能够带来投资者信心、客户认同感，以及提高从每位客户手中获取的收益、员工忠诚度和工作效率。[6]

除此之外，戴维和同事就哪些组织能力对企业的业务效益影响最大进行细致研究。2016 年，戴维和同事发起了一次涵盖 1 200 家企业的调查问卷活动，受访企业对 11 项基本组织能力进行评估。戴维和同事用两维矩阵，展示调研结果（见图 4-1）。横轴显示各项能力对于业务效益的相对影响，纵轴显示企业打造或关注各项能力的效果。图中圆圈中的项目为那些对业务效益影响最大的组织能力，可据此确定哪些能力应该优先关注。在当代大环境下，外部环境感知、客户响应、创新能力和速度/敏捷性是对企业业务效益影响最大的四项能力。

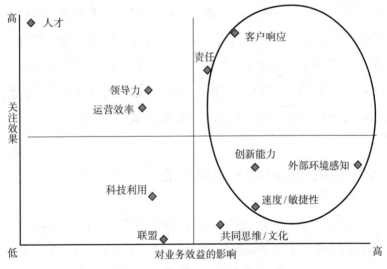

图 4-1　能力对业务效益的影响

与此同时，通过教学、咨询以及对高管的互动研究，笔者杨国安在中国进行了另一条调研主线。2010 年，杨国安成立了杨三角学习联盟（前身是组织能力建设学习联盟），迄今为止，该学习联盟已为250 多位在新科技产业和传统行业的中国企业家和高管提供了一个持续的学习交流平台，涵盖行业包括服装、零售、制造、金融服务、物流和互联网服务。通过与学习联盟内的企业家们保持密切合作，他深刻了解对这些快速发展企业最重要的组织能力。他还在中国发起了大规模的调研活动——全国组织能力年度调研。自 2016 年起，该活动每年都有超过 200 家企业、10 万名应答者参与。[7]无论是对杨三角学习联盟的成员进行案例研究还是在全国范围内进行大规模问卷调研，杨国安发现，近年来与企业竞争力息息相关的关键能力一直在发生变化。虽然低成本、高质量和快速交付对于工业时代的许多企业至关重要，但在当下，客户至上、创新和敏捷灵活对企业越发重要。[8]

在过去数十年中，虽然我们分别在美国、中国和世界其他地方进行了有关组织能力的研究和咨询工作，但我们却惊讶地得出了高度类似的结论：在当今瞬息万变的环境下，信息、客户、创新和敏捷灵活是企业制胜的关键因素。

最后，也是最重要的，在这次对八家生态组织进行的深度案例研究中，我们发现这些企业关注的关键能力也非常类似。多次研究性调查使我们对以下结论的得出信心满满：在如今的经营环境大背景下，这四项能力对于企业与生态组织的生存发展至关重要。在本章中，我们将对图 4-2 展现的这些能力进行深入探讨。

首先，让我们对这些关键能力进行定义。

- **外部环境感知**：对于你所在市场的趋势和转变，进行有关信息的获取、分析和运用的能力。

- **客户至上**：不断关注和解决现在及未来还未被满足的客户需求的能力；从服务客户到预测客户甚至创造需求的心态转变。

- **贯穿始终的创新**：为产品、服务、商业模式、分销系统等等培养创新和独创性的能力，特别关注数字化和其他新兴科技所带来的机遇。

- **无处不在的敏捷灵活**：快速优化和试验的能力。当尝试失败时，你从中吸取经验教训；当尝试成功时，你拓展其运用范围。当敏捷灵活无处不在时，你能够灵活调动企业有限资源，最大限度地利用最佳机遇。

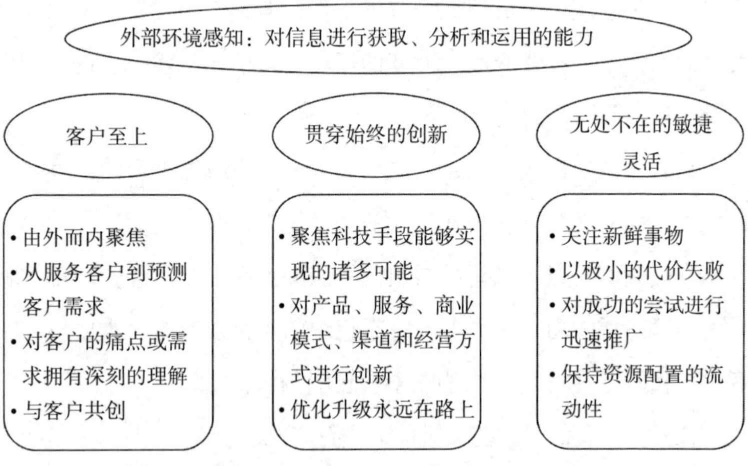

外部环境感知：对信息进行获取、分析和运用的能力

客户至上

贯穿始终的创新

无处不在的敏捷灵活

- 由外而内聚焦
- 从服务客户到预测客户需求
- 对客户的痛点或需求拥有深刻的理解
- 与客户共创

- 聚焦科技手段能够实现的诸多可能
- 对产品、服务、商业模式、渠道和经营方式进行创新
- 优化升级永远在路上

- 关注新鲜事物
- 以极小的代价失败
- 对成功的尝试进行迅速推广
- 保持资源配置的流动性

图 4-2　在颠覆性变化的环境中所需要的生态组织能力

如何定义、评估和实现关键的生态组织能力

虽然这四项能力是通过对选定的八家企业进行研究得出来的，但只要你对所处环境进行彻底审视，它们同样能够嵌入你自己的生态组织。在接下来的章节中，我们将阐述为什么这些能力如此重要，成功企业是如何构建这些能力的，以及你如何运用这些能力进行企业革新。

外部环境感知

在几乎所有的组织变革中，处于核心地位的能力莫过于对关键信息进行感知、解读并有所行动。伴随着人工智能、物联网、机器人、云计算和大数据等数字化创新的相继出现，人们快速获取和处理信息的能力迎来了彻底变革。市场化生态组织通过数字化战略对数据进行积极管理。

在对外部环境感知进行深入研究的过程中，我们引用了来自密歇根大学罗斯商学院的韦恩·布罗克班克（Wayne Brockbank）的优秀学术成果。布罗克班克教授发现优秀企业非常擅长获取和运用能够创造市场机遇的那些信息。管理好这类信息能够为企业带来与竞争对手信息不对称的优势。[9]掌握不对称信息的企业比竞争对手拥有更好的信息资源，这使该企业更有可能在瞬息万变的市场中获取胜利。在我们所研究的那些企业中，这类信息在共享平台和业务团

队之间分享，也在各个业务团队之间分享。

　　一般而言，获取和运用信息遵循五个步骤（见图4-3）。

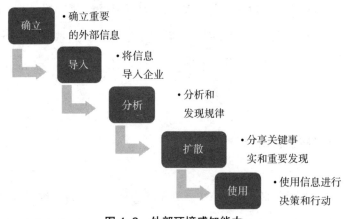

图4-3　外部环境感知能力

　　第一，你必须确立折射全新市场机遇的关键信息来源。这类信息不仅源于对当前客户和竞争对手的透彻了解，还源自对第2章中提出的关键环境趋势（STEPED）的审视。例如，通过对科技进步的准确预见，亚马逊大胆推测智能零售具有巨大的发展潜力，对于客户体验来说也是一次质的飞跃。同样，VIPKID在线青少儿英语见证了中国富裕中产阶层的崛起以及这一阶层对独生子女教育的强烈投资意愿。基于上述认知，再加上交互技术的助力，通过聘请全世界最好的老师为中国孩子提供英语教学服务，这家从事在线教育的企业创造了市场机遇。对外部趋势进行持续不断地审视，VIPKID在线青少儿英语能够预测未来可能性以及这些可能性所蕴含的商业启示。

　　第二，你和其他领导者们必须将关键信息导入企业。对此，许多企业正在致力于创新方式方法，确保将最重要的信息导入企业，而将不太重要的信息滤除。除了依托主流的电子手段捕捉有关客户的结构化信息，成功企业也会寻求独特的方式收集非结构化信息。我们这里提及的非结构化信息指的是：（1）电子媒介，比如YouTube视频、在线聊天室、邮件、行业领导者和其他具有影响力的人物的演说，以及新闻报道；（2）社交互动，比如走廊闲聊、朋友圈、电话和员工交流大会；（3）领导者们和员工将自己化身为人类学家，通过观察他人行为举止所得出的洞察。

　　虽然结构化信息和数据倾向于稳定、可预知、客观并易于分类和解读，但在全世界可利用信息中，非结构化信息占绝大多数。而这类信息更难于捕捉和分析。尽管困难重重，但与现成数据相比，非结构化信息产生更加深刻的洞见。结构化数据捕捉到的常常是已发生的客观事实与依据，而非结构化数据确立的恰恰是即将可能发生的未来。受益于非结构化数据，企业或生态组织将会意识到浸入式观察、深度对话和经验分享是更具效用的工具。

　　第三，一旦你对重要信息进行了确立和收集，对这些信息进行分析并转化成有用的见解将成为你需要面对的下一个挑战。在《大开眼界》一书中，记者马尔科姆·格拉德威尔（Malcolm Gladwell）已然指出竞争优势常常是由聪明得有点古怪的天才发现的，他们从不可预知、混沌无序却又数量巨大的信息中把握规律的脉搏。[10] 在诸如Supercell、亚马逊、谷歌和腾讯这样成功的市场化生态组织中，总有一小撮颇具创见的天才凭借个人直觉或人工智能对结构化和非结构化信息进行分析并形成深刻见解或得到重要发现。

第四，企业需要将这些有用的信息和见解传播到组织的各个角落。在市场化生态组织中，对于外部市场和其他环境信息的扩散和广泛交流可通过多种方式实现，包括对关键数据进行自动报告、员工交流大会和聚焦客户需求的讨论。在谷歌，高管和员工每周都会在周五以互动形式进行全体员工线上线下沟通大会（Thank God it's Friday，TGIF）。在脸书，创始人兼首席执行官马克·扎克伯格每周都会与员工召开全员性例会（All Hands meeting）。[11] 除此之外，市场化生态组织的领导者们也借助不同场合促进交流，使跨部门和跨企业间形成相互连通、协作一致的认知和见解。

第五，除非这些信息被用来优化企业决策，否则所有上述具体措施都将影响甚微。这些信息可能会用于尝试全新产品或服务，对现有产品或服务进行更新迭代，对客户进行更加准确的定位或者提升物流和库存管理的效率。信息还有一种更不易察觉的用途：帮助各阶层的员工意识到无论是为客户提供真正服务还是解决更广泛的社会问题，他们的个人目标与企业目标都是一致的。

总而言之，要评估你和你的团队获取外部信息并将其运用于企业革新时效用的好坏，你需要问自己两个问题。第一，为了发现还未被满足的客户需求，识别创新机遇，为决策提供快速见解，企业目前在确立、导入、分析、扩散和使用结构化和非结构化数据方面的表现如何？第二，如何对这五步进行优化？

客户至上

竞争力的获得要求一个企业狂热地追求全新方式为客户增值。在市场化生态组织中，尽管创造市场机遇能够在获取客户份额上占得先机，但只有当企业深刻了解客户需求，甚至提前预测客户还未能清晰表达的需求，这些市场机遇才能发挥功效。有一个著名例子能够生动反映这一现象。苹果创造了 iPhone 手机，尽管客户并未要求这款产品的出现，但客户对它的出现还是表示诚挚欢迎。接下来所发生的一切，就是众所周知的故事了。客户至上的目标是从服务客户到预测客户的转变。这一转变需要对客户的需求或痛点进行深刻而全面的理解，并通过与客户共创的方式，使其获取最大红利。在我们所研究的企业中，亚马逊和华为是迄今为止最关注（甚至痴迷）客户需求的企业。

为了对客户表现出更高的热情，你的企业需要对以下问题进行考察：客户在获取和使用产品或服务的过程中存在哪些隐性浪费和成本？如何通过技术手段提高客户体验和运营效率？目前，哪些用户还未购买你的产品和服务，为什么？你如何通过更低廉、更快速、更简易、更方便或在其他方面进行改良创新的方式吸引潜在客户？

我们发现与客户交互有四个层次（见图 4-4）。其中，最高层级的，也是最具战略影响力的客户交互是第四个层次：预测。对于客户需求的预测可能源自结构化数据，通过数据和统计了解前沿客户的使用行为；也可能源自市场感知，领导者或员工像人类学家一样观察用户自己也不知道的潜在需求。

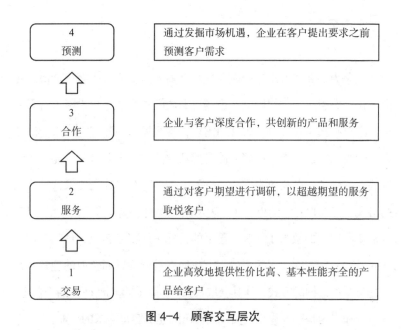

图 4-4　顾客交互层次

　　被美团收购的摩拜单车是坚持"客户至上"的一个生动案例。在中国，尽管诸如公交车和地铁这样的公共交通已然非常便利，但很少能够做到起点和终点的无缝连接。乘客不得不花费十几二十分钟穿梭于公交车站或地铁站与家或目的地之间。虽然出租车提供无缝连接的点对点服务，但在高峰时段，交通拥堵使其成为极不方便的出行方案。看见数以亿计往返于工作地点或学校的上班族和学生面对这样的困扰，摩拜单车为公共交通与家、学校或办公室之间的出行提供所谓的"最后一公里"解决方案。摩拜的出现，使客户现在能够在很多地方随意租用和归还自行车。通过扫描二维码，你可以将自行车解锁并骑到你的办公室、学校或家里。当你重新为自行车上锁时，费用会通过微信支付被自动扣除。通常情况下，这笔费用很少，大约 1 元。[12]

最成功的市场化生态组织通过以下任意一种方法预测客户需求：

- **关注客户的客户**。当一家企业掌握了有关客户的客户的外部信息时，该企业能够找到全新的方式既为客户又为客户的客户提供服务。例如，亚马逊云计算服务起初为零售电商平台这样的内部客户提供服务，随后转而支持客户的客户，即电商开放平台所服务的商家。[13]

- **业务团队和战略伙伴之间共享客户资源**。客户资源共享意味着对来自不同业务团队的客户资源进行合作和共享。例如，亚马逊收购的全食超市现在可以成为在线零售电商的配送网点，为客户提供多一种可选方式——到实体店收取商品而不是邮寄。这种方式也为全食超市带来客户流量，创造全新营销机遇。同样，腾讯也与其战略合作伙伴互相导流，增加彼此客户流量。

- **掌握与客户相关的深度数据，预测客户购买规律**。当企业与战略伙伴们共享和整合客户数据时候，将会带来巨大价值。阿里巴巴在内部不同业务团队之间、与合作商家之间的数据交换方面是非常卓越的，这样有助于更完整、更详细地勾勒客户画像以及他们的购买偏好和行为。[14]

- **站在客户视角看产品与服务**。尽管这是显而易见的，但站在客户视角，市场化生态组织的领导者和员工能够认清当前哪些产品或服务可行或不可行。例如，腾讯的领导者和员工皆是自家产品的忠实客户。对于产品，他们拥有第一手的感受体验。

就像本章所展现的，想要深入了解客户，你必须坚持以客户思维关切并回应客户需求。以下这些问题可以用来审视企业践行客户至上理念的情况：你的企业与客户或用户的交互亲密度如何？是基于最基本的交易或服务关系，还是有更高层次的追求，比如合作或预测客户需求？为了提升客户亲密度和痴迷度，你能做些什么？

了解客户真实需求——这种需求往往是不言而喻的——是革新企业成为市场化生态组织的首要步骤之一。全新市场机遇是无法被创造的，除非你洞见了客户的痛点。

贯穿始终的创新

审视你的各个工作环节并时刻问自己："我能否做得更好？我能否以一种全新的方式完成这项工作？"在数字化时代，持续改进企业各个环节的意愿和能力已是最基本的要求，企业需要挑战当前现实状况，提出一些真正具有颠覆性和创新性的想法和做法。这意味着市场化生态组织将在价值链各项工作中进行创新：业务模式、供应链、产品性能、产品上市体系、销售渠道、制造、服务、人才培养和品牌——涵盖所有环节，贯彻始终。

当每个业务团队都对全新想法进行尝试，并将尝试成果与其他业务团队分享时，创新将作为一项能力嵌入生态组织。业务团队对全新想法进行思考、关注和尝试，并用全新方式将各式各样的想法整合起来。例如，在亚马逊，通过所谓的PR&FAQ方法，创新想法被清楚表达，并由相互相关人员进行讨论、修正和最终优化。PR&FAQ是亚马逊的一种内部管理工具，通过撰写模拟新闻稿件和常见问题文件，促使员工对任何创新尝试中所蕴含的客户价值进行清晰而准确的描述，倒逼他们将创新尝试建立在客户需求之上。亚马逊还会使用"双比萨团队"（two-pizza team，意思是团队的人数限制在两个比萨就够吃的小团队）尝试和验证新的想法。再依托亚马逊云计算服务平台的支持，小规模团队试错变得容易。除此之外，在亚马逊，无论是成功还是不成功的创新尝试，都会被记录在一份叫作"事后错误收集"（collection of errors）的文档中，这份文档能够与其他部门公开共享。[15]

在Supercell，游戏开发者常常根据他们的兴趣和热情提出全新的游戏概念。一旦全新游戏理念获得最终肯定，一支由5~7名队员组成的小型游戏开发团队随即形成。之后，依照事先商定好的衡量标准，以数据说话，最终决定是将新的游戏成功上线还是忍痛废弃，忍痛废弃的情况也是时有发生的。然而，为了激发创新，即使某一团队经过数月攻坚未能实现预期目标，Supercell仍然正面肯定团队的辛勤尝试。无论如何，失败乃成功之母。因为团队成员们能从失败中吸取经验教训，所以他们带着乐观豁达的心态庆祝失败，还会与其他团队坦诚分享开发过程中的关键细节，哪些做法效果显著，哪些做法收效甚微。[16]

创新的迸发需要企业以不畏艰险、不惧失败、汲取经验再出发的精神，大胆想象、小步测试、快速失败、不断学习。在创新的四大准则中，最难做到的莫过于时刻劝诫自己快速失败并不断学习。认清什么时候应该从失败中走出来并将学到的经验教训转化为全新方案，这是一大难点。在市场化生态组织中，市场对于产品或服务的反应最终决定它的成败，以及什么时候应该从失败中走出来。而在生态组织中，创新团队形成和解散的简易使员工能够在失败中不断前行，因为他们的想法或者他们个人随后可能会转移到其他团队中继续进行锤炼。

同样，创新也需要富有好奇心的人。拥有好奇心的人能够释放强大的创新力，他们敢于发问、探寻方法、洞察潜力、不断尝试，并将失败看作吸取经验教训的宝贵机会。倘若你希望企业与生态组织拥有创新，你需要尽一切努力将好奇心作为一项重要招聘指标，并在企业中不断支持和鼓励好奇心的孕育和成长。

为了确保创意、好奇心和拥抱变化能够蔓延至企业每个角落，可以对自己的企业进行如下反思：企业的创新能力如何？企业的创新范围有多广，仅仅是聚焦于产品创新环节还是贯穿于整条价值链？企业创新的影响度有多高，是渐进式的还是颠覆性的？企业创新速度如何？如何为各阶层的员工提供适宜创新的工作氛围和坚强平台，使他们大胆想象、小步测试、快速失败、不断在失败中学习和前进？在鼓励与他人分享成功与失败，促进迅速学习方面，你的企业做得如何？

无处不在的敏捷灵活

如何通过快速迭代对当前产品或服务进行优化？在尝试新想法的过程中，如何快速且低成本地失败？当新想法证明有效时，如何将其快速复制推广，最大化把握市场机遇，将竞争对手甩在身后？如何灵活调动企业有限资源，最大限度地抓住最佳机遇？

敏捷灵活是一项特殊能力。它指的是回应和预测新兴市场机遇的能力。具有敏捷灵活性的企业拥抱变化、持续学习，并迅速灵活地行动。在一个不断变化、战略灵活性区别优秀企业和失败企业的世界里，组织和个人的敏捷灵活加快了这一变化的速率。更具敏捷灵活性的组织能够赢得客户和投资者，更具敏捷灵活性的员工能够找到自我幸福，获取更好的业务结果。

当企业的改变速率无法匹配外部需求的变化时，该企业很快就会掉队，无法再追赶上来。当腾讯于 2011 年推出微信时，小米差不多在同一时间推出了一款叫米聊的产品。微信团队以每周（甚至每日）升级版本的闪电速率对产品进行更新迭代，大幅提升其功能和用户体验，最终主导市场。敏捷灵活也能放大企业的客户至上特性和创新能力，因为对潜在的客户机遇进行迅速响应和迅速创新，能使企业脱颖而出。市场化生态组织的设计本身就是要促进团队的敏捷灵活。以客户至上的小团队，比如初期的微信团队，被充分授予权力、职责和信息，好让它们能够迅速迭代，掌握新的市场机遇。再加上强大平台的支持，如腾讯的技术基础架构，帮助微信在存储、计算能力和带宽方面进行快速的规模化扩张。在市场化生态组织中，为了确保敏捷灵活，高度自主的业务团队之间同样需要实现资源的互联互通。[17]

无论是领导者还是普通员工，组织的敏捷灵活要求团队成员拥有学习和成长的能力。个人的敏捷灵活（personal agility）既是一种思维模式——拥抱成长、好奇心和其他创新素质，也是一整套技能，比如提出好问题的能力、结合业务发展的想象力。领导者的学习灵活性，比如快速学习的能力，是评判其是否拥有高效领导力的关键指标。

由于个人的敏捷灵活部分源自人的倾向或本质，企业可以招聘天生具有灵活性的人，他们在学习、改变和行动方面都很迅速。除此之外，企业也可以通过培训的方式提升个人灵活性，具体培训内容包括：学习发问和冒险，尝试新想法和行动，持续改良优化，细致观察他人，接受挑战性任务，等等。例如，脸书倾向于招聘大胆且行动力强的员工及工程师。在纳德拉的领导下，微软强调以成长型思维模式进行学习和尝试。

无处不在的敏捷灵活确保市场化生态组织的不同组成部分，以及处于这些组成部分的每个个体，都能迅速学习、改变和行动。就像特种部队一样，这些由精英组成的团队迅速转变自我，适应机遇和需求，将无处不在的敏捷灵活作为一种生活方式。

当你致力于将敏捷灵活的能力和思维延伸到生态组织的各个角落时，可以参考以下问题来评估你的现状并进行提升：在捕捉全新市场空间或提升当前产品和服务方面，企业的敏捷灵活度如何？在掌握全新机遇时，你的企业在调动和分享内部资源方面的敏捷灵活度如何？你和你的员工能如何提升组织和个人的敏捷灵活度？

八家调研企业的生态组织能力

在我们所研究的八家生态组织中，前文所提到的四种能力——外部环境感知、客户至上、创新和敏捷灵活——往往在它们的个别组织单元中展现出来。然而，更重要的是，这些能力特质会在不同单元之间相互分享与影响，以至渗入生态组织的各个角落，而不仅仅是个别单元。我们对本书着重研究的八家生态组织的关键能力进行了评估和比较，表 4-1 概述了最终评估结果。但在我们的评估中，有两点需要注意。第一，就这四项生态组织能力而言，与一般企业相比，这些企业的能力都是远高于一般水平的。这里的评估只是依据我们的整体感知在这些生态组织之间进行比较。第二，在这些生态组织中，内部不同单元之间的关键能力也有非常明显的差别，表格中展示的是我们对它们整体生态组织能力的综合评价而已。

表 4-1   八个生态组织中占主导地位的核心能力

生态组织	外部环境感知	客户至上	贯穿始终的创新	无处不在的敏捷灵活
Supercell				
脸书				
谷歌				
华为				
腾讯				
阿里巴巴				
亚马逊*				
滴滴				

深灰色代表最强能力；中灰色代表中等强度能力；浅灰色代表低强度能力。
*核心零售业务。

如表格所示，所有这些成功企业都擅长外部环境感知。这种能力十分重要。外部环境感知使得生态组织能够洞见市场机遇，获取、分析并运用信息。其余三项能力的强度有所不同，这取决于企业的优先考虑项。

·   客户至上：亚马逊致力于成为"地球上最以客户为中心的企业"。在腾讯，提升用户体验渗入企业所做的一切。恰恰相反，谷歌对这一能力的强调相对较少，因为该企业的创新更多偏向于技术驱动而非客户驱动。Supercell 的核心能力是创新，该企业更倾向于引领客户而非追随客户，所以对于该项能力没有那么多的关注。脸书在客户至上方面的评分相对较低，因为该企业过度使用客户数据进行商业化用途。共享汽车企业滴滴因为一度把业务增长作为最重要的优先考虑项，而将乘客安全置于优先级较低的位置。脸书和滴滴在客户至上方面的关注和投入不够，也导致这两个企业在投资者信心、客户承诺、员工参与度和社会责任感方面付出了沉重代价。

- 贯穿始终的创新：《快公司》（*Fast Company*）杂志一直将亚马逊评为最富有创造力的企业之一，因为该企业拥有不断推出全新的成功产品和业务模式的能力。相对而言，直到近期，华为才因科技创新而被广泛熟知。长期以来，华为更多是通过高性价比产品和快速响应的服务，以"农村包围城市"，赢得市场机遇，快速成长。

- 无处不在的敏捷灵活：Supercell 能迅速组建和解散团队，依据市场对游戏的评价和反应，迅速扩展或终止新游戏。同样，在发起组织变化和人员跨单元流动方面，阿里巴巴展示出高敏捷灵活度。滴滴凭借令人钦佩的敏捷速度，抓取和主导不同共享汽车赛道的全新市场空间。华为作为电信设备制造商，对敏捷灵活性关注较少，因为它的优先考虑项是为全球电信运营商提供复杂、经过验证、长期可靠的产品和解决方案，客户期望华为提供更稳定可靠的产品和解决方案。

管理启示

高度自主、执行高效和反应迅速的团队非常重要。然而，当这些团队实现互通互联时，他们的影响力能够倍增加强，形成生态网络。就像本章介绍的那样，我们研究的杰出市场化生态组织拥有四项关键能力，将高度自主的团队交织成互通互联的网络。外部环境感知使得团队对当前和未来的机遇和挑战进行抓取和行动。客户至上帮助团队预测谁是潜在客户，如何为他们提供服务。贯穿始终的创新鼓励团队勇于尝试，不断提升。无处不在的敏捷灵活帮助团队迅速行动并对具有影响力的想法进行迭代更新。

总而言之，以下若干评估和行动将帮助你及企业的其他人员构建或提升这四项能力。第一，倘若你希望企业于未来三至五年在行业内取得成功，哪些关键能力是它必须具备的？当前你的企业的组织能力，比如，质量、成本和交付是否足够卓越，为你带来的是行业竞争优势还是竞争均势？在这样一个颠覆性时代，外部环境感知、客户至上、贯穿始终的创新和无处不在的敏捷灵活，究竟哪个能力对于企业取得可持续性成功至关重要？这些能力的相对重要性与企业所处行业和使命息息相关，比如从事游戏开发的Supercell、从事电子商务的亚马逊和阿里巴巴、主营社交平台的腾讯和脸书，以及从事电信设备制造的华为，它们所需的关键能力显然不同。

第二，将你所需的关键能力延伸到生态组织的每个角落，而不是局限于某个组织单元中。确定哪些合作伙伴是你必须保持亲密合作关系的，以便更好地服务于客户，创新业务模式、产品或服务，强化敏捷灵活的行动。

第三，确立生态组织的边界和组成部分。哪些功能应该作为共享资源和能力放置在共享平台？哪些功能应该由业务团队高度自主地运营和形成闭环？哪些业务不应该由自己的企业直接经营运作，而应该通过协作由战略合作伙伴经营？哪个战略伙伴应该通过被收购而纳入你的业务团队？作为领导者，当你设计生态组织时，你需要对上述所有这些有关组织的关键问题做出决策。

第四，审视你的共享平台、业务团队和战略合作伙伴各个团队的当前能力状况，确立薄弱环节。共享平台的能力如何？业务团队的敏捷灵活度和授权情况如何？与战略伙伴的协作亲密程度如何？对于那些需要优化的单元，提出优化方案，构建所需组织能力。

第五，搭建联动及协作机制，让你的业务团队、共享平台和战略合作伙伴顺畅地共享资源、数据、想法和能力。发掘单元间协同合作的机会，并以共赢为目标设定有效支持机制，比如内部定价机制、共同使命与价值观、共享的激励计划、共享数据或工具等。

最后，定期创造来自不同组织单元领导者的交流沟通场合，让他们分享在能力建设过程中的尝试、方案、见解和经验教训。庆祝成功并反思失败。鼓励他们从生态组织的其他单元观摩学习，并在自己的单元中进行创造性探索；鼓励他们与他人分享宝贵经验。信心与成功经验是企业革新中最稀缺的资源，必须加以放大和复制！

第5章

组织形态：
如何重构组织以创造关键能力

我们拥有在小区中的公寓（condominium）。作为公寓主人，我们可以按照家人的意愿对自己的公寓进行改造和使用。然而，我们的公寓属于大楼的一部分，物业公司会制定准则和契约，例如，禁止公寓住户饲养宠物、禁止住户效仿爱彼迎转租公寓，以及对于公寓结构的任何改动都必须经过批准。除此之外，物业公司还会就公寓建筑中公共设施部分进行管理，比如停车场、大堂维护、网络宽带服务、健身房、水电气设施和景观美化。虽然我们是公寓的主人，拥有购买、使用和出售的自由，但这些准则确保了公寓大楼整体运行的高效。

拥有共享资源，却又独享高度自主的单元，这种组织逻辑也出现在如下其他场景中：

- 职业体育协会：欧洲足球协会联盟（Union of European Football Associations）是代表着欧洲的国家足球联盟，它举办国家队和俱乐部赛事，掌控赛事的奖金、规则和媒体版权。同样，美国的国家篮球协会（National Basketball Association，NBA）、国家橄榄球联盟（National Football League，NFL）等职业协会也为赛事制定准则。尽管每支球队的所有者拥有购买、管理和出售球队的自主权，但协会确保整个联盟的高效运作。

- 购物中心：每个商店店主拥有购买、管理和出售经营自己商店的权利，但购物中心管理者对该中心的运行模式制定准则。

- 私募基金：大概从 2004 年起，由于私募基金的崛起，美国上市公司的数量减少了大约 50%。[1] 这些投资公司建立基金，收购公司并对收购企业进行转型升级。尽管被收购企业保持独立，但它们会从私募基金平台那儿获取资金、战略和组织上的支持，以便更好地管理公司业务。

在以上的每个案例中——物业公司、体育协会、购物中心和私募基金——"更大的"组织对每个独立单元进行管理，提供规则、标准和资源，好让"整体"比"个体总和"更具价值，发挥协同综效。倘若公寓大楼维护得很好，每个公寓也会更有价值。通过协会的明智管理，每支球队能够获得更大价值。管理良好的购物中心为每个商店店主吸引更多的客户。利用私募基金在金融、战略和组织方面的支持，被收购企业将更加成功。

　　本章着重阐述如何通过组织架构的设计，构建市场化生态组织所需要的骨架，有助于关键生态能力的打造和强大。很多企业的组织革新往往只聚焦组织形态本身，没有洞察所处环境的大背景去解释革新的必要性（第 2 章），没有明晰战略选择去促进灵活性（第 3 章），也没有明确需要打造的四项核心生态组织能力（第 4 章）。倘若无法将前面几章的主要见解进行有机融合，组织革新就会沦为一个随机事件而非整体规划和可持续性的转型。

　　为了实现组织革新，我们将介绍市场化生态组织的三个组成部分：共享平台、业务团队和战略合作伙伴。我们将向你展示这一全新方式方法是如何革新传统组织设计的理念，并深入探究本书所重点研究的八个生态组织是如何对每一个设计要素进行管理的。

　　作为一名领导者，你不需要成为企业组织设计的专家。然而，你应该清晰认知打造外部环境感知、客户至上、创新和敏捷灵活这四大关键能力的组织设计选择。

市场化生态组织的组织设计逻辑概述

　　市场化生态组织由共享平台、业务团队和战略合作伙伴组成，以便实现关键能力。

　　共享平台：共享平台提供各业务团队所需的共同能力、信息和资源，助力业务团队在各自市场中获取成功。这里所说的共享能力、信息和资源指的是用户流量、大数据、云计算、研究与开发、供应链、物流和客户服务等。共享平台能够使业务团队专注于各自的核心业务。物业公司、体育联盟、购物中心管理层或私募基金公司皆是共享平台的生动典范。它们就像一个个中心枢纽，利用自身所拥有的支持、资源和管理机制使整体比局部更具价值。

业务团队：单个公寓、球队、购物中心的商店或者私募基金公司收购的企业都属于生态组织的这一部分。在生态组织中，这些业务团队预测和服务客户，抓住全新机遇，推出更卓越、更具差异化的产品或服务，超越竞争对手。除此之外，它们也提出想法，进行尝试，把验证有效的创新想法规模化，也快速摒弃不成功的业务。

合作伙伴：生态组织的这类组织单元补充或丰富共享平台或业务团队的能力、产品和服务。例如，公寓主人或许需要聘请外部合规承包商为自己的公寓进行修缮；球队可能会与不同领域专家保持密切合作，使球队在联盟中获胜；商店店主也许会聘请专家，提高商店的坪效和运营效率。在市场化生态组织中，合作伙伴为整体生态提供高价值的贡献——专长、产品、服务和导流渠道，强化整体生态的战斗力。

图 5-1 描绘了生态组织中包含共享平台、业务团队和战略合作伙伴的组织架构图像（见图 1-1，看看 Supercell 是如何将这种组织形式应用于企业的）。图中的连接线代表着使整体比局部更具价值的共享能力、信息和资源。倘若让你对自家企业的组织架构进行刻画，它将会呈现出什么样子？它是否与图 5-1 中所展示的生态组织逻辑相吻合？

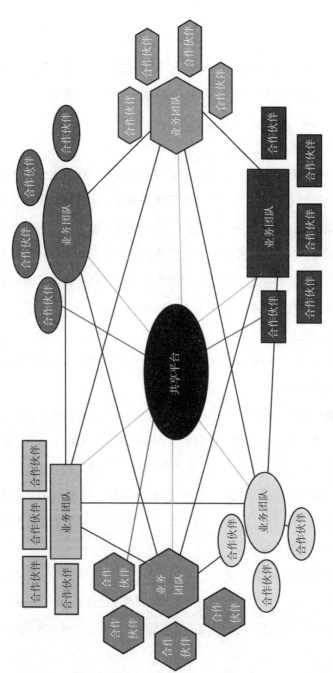

图 5-1　拥有六个业务的市场化生态组织架构图

就像第 4 章所说的,市场化生态组织的独特优势便是将能力构建渗入生态组织的各个角落,而不仅仅是局限于个体业务团队。共享平台、业务团队和战略合作伙伴是如何协同合作,将生态组织的关键能力落到实处的呢?

外部环境感知:共享平台对来自不同业务团队的大数据进行收集、整合和分析。这些信息能够帮助个别业务团队做出仅凭自身力量所无法做出的更优决定。伴随着广泛的技术能力和从各业务团队收集的海量信息,共享平台将高价值信息分享给相关业务团队。例如,亚马逊或阿里巴巴将整合好的客户信息与业务团队分享,帮助业务团队为客户提供更具个性化和精准的产品或服务推荐。滴滴主App从不同共享汽车服务类别 ——出租车、私家车、代驾、大巴、中巴和豪华车——收集实时交通数据,推荐更优的出行路线给各业务团队的共享汽车。[2]

客户至上:依托信息资源丰富的共享平台,连同业务团队内具有创造力的业务专家的专业判断,业务团队能够准确定位客户的当前需求,甚至预测未来需求和渴望。例如,运用大数据,滴滴能够准确预测客户的需求规律,并在合适的时间将充足的车辆调往准确的地点。同样,通过针对性的推荐,亚马逊和阿里巴巴能提醒客户想起自己的隐性需求。

贯穿始终的创新:通过对客户的深度洞察与团队的创业精神,推动企业的创新。例如,中国人在春节期间有交换红包的习俗,微信支付利用对客户的这一洞察提出了富有创造力的想法:通过虚拟红包与朋友和家人分享祝福，这一举动现在不仅出现在像春节这样的重要节日，也出现在许多庆祝场合。倘若没有将朋友和家人连在一起的微信平台作为支持，这一业务创新举措是不可能成形的。[3]

无处不在的敏捷灵活：不受资源和技术能力不足所带来的限制，共享平台为创新阶段的业务团队提供关键职能支持、数据和科技等"拎包入住"支持时，业务团队能够比以往更加迅速地尝试和迭代全新业务。例如，依托强大的亚马逊云计算服务平台，小型的"双比萨团队"能够对新想法进行尝试。这使得团队能够以低成本和低投入进行尝试和验证。

作为一名领导者，你必须对共享平台、业务团队和合作伙伴的组织设计进行选择和决策。这些能力对于组织革新，使企业从根本上释放更大价值至关重要。

市场化生态组织与其他组织模式对比

为了阐明市场化生态组织是如何进行革新的，我们将其与控股公司（holding company）和事业部公司（multidivisional company）进行对比。有些人可能觉得市场化生态组织只不过是对传统组织形式的重新包装，没有根本性变化。然而，无论是从架构还是从运作上，我们力求准确描述的这一全新组织形式与控股公司、事业部公司这些传统主流模式大不相同（见表 5–1）。在比照表格进行审视的过程中，你或许可以用符号标明自家企业在不同维度中的现状，以便明晰自己与市场化生态组织的理想状态之间的差距。

表 5-1　控股公司、事业部公司和市场化生态组织的多角度对比

	控股公司	事业部公司	市场化生态组织
高层领导者的角色	管理投资组合，制定产出目标和关键绩效指标	高层大脑进行决策部署，主要关心的是股东价值创造	明确生态组织的使命和边界，定位不同部门的角色和职能，并确立单元之间以及人员之间的协同合作方式
单元领导者的角色	在各下属企业担任职业经理人	作为总部代理人，确保所批准战略的遵从和执行	团队领导者以创业者（小老板）的心态定义和探寻市场机遇，责权利结合，个人利益与团队成败高度结合
战略的形成	控股公司形成投资组合战略，决定对哪家公司投资或撤资	战略由高层决定，偶尔也有业务部门自下而上的参与和输入；主要是自上而下的内部讨论	依托前线业务管理者预测市场机遇的能力，并结合技术和数据支持，根据结果迅速调整战略
总部的角色	主要聚焦于财务杠杆和掌控	作为一个管理组织，总部负责分配资源和薪酬，推动和考核事业部主管，主要扮演管控和规范角色	总部是一个汇集能力和资源的共享平台，更多是赋能团队赢得市场，更少对业务团队进行管控和规范
业务团队的角色	高度独立的业务群体，互不干涉	围绕产品或服务、行业或地区设立事业部，通常形成一个矩阵	业务团队更像是响应市场机遇的小微企业；同时通过在生态组织中与其他业务团队和平台的相互联系，使其自身成长得更快、更好
管控方式	主要通过财务效益实现掌控	事业部企业通过规则、批准和目标（目标导向的管理，如KPI）实现管控：各事业部受集团规则和制度约束	通过市场化方式（以在市场创造的业绩和贡献为激励依据），让业务团队自我驱动：更多的自主和授权
协同合作	各下属企业之间的协同合作少之又少	以RACI矩阵形式进行决策权协商；将时间耗费在企业内部的协调沟通上	共享平台和团队有着明确的角色定位，业务团队之间松散耦合，通过市场化方式进行业务协作和资源、能力、信息的共享

控股公司

与控股公司相比，市场化生态组织会在业务团队和共享平台之间以及业务团队之间提供更多的协同与支持。控股公司有"主轴和辐条"（hub-and-spoke）模式：核心只是一个很小的资源共享主轴，四周由众多辐条围绕，每根辐条都代表着不同行业的下属企业。采取"主轴和辐条"控股公司模式的企业有很多：伯克希尔-哈撒韦公司、维珍集团、塔塔集团和丹纳赫公司。然而，辐条所代表的这些业务公司都是独立存在的，不发生相互联系，所以在客户、创新或者如何让行动更敏捷灵活方面的信息和能力共享少之又少。缺乏协同性是大部分这类企业所面临的挑战。在这种情况下，整体价值小于局部价值之和或者分拆价值要远远高于母公司当前的市场价值，许多控股公司通过拆分的方式才实现了市场价值的最大化。

市场化生态组织并不是一个控股公司，因为生态组织能够提供共享平台支持。在一家纯粹的控股公司中，高度自主的各项业务将利润或资源如数运往总部，传统控股公司主要聚焦于业务组合的财务业绩。而在市场化生态组织中，情况却恰恰相反：共享平台积极主动地为业务团队的成功提供支持和帮助，业务团队成为资源的主要集散地。无论是从共享平台到业务团队，还是各业务团队之间，市场化生态组织实现了能力、信息与资源的共享。这些资源不仅仅关乎财务业绩，也有利于环境机遇的预测以及战略灵活性和生态组织能力的落实到位。

过去的私募基金公司更多是以控股公司模式操作，将被收购企业进行财务重组，使其重新回归公共市场。当前，大多数私募基金公司转变为市场化生态组织，助力收购后的个体企业转型升级，输入更多的战略和组织方面的深刻见解和支持，使私募基金公司创造更高价值。

与控股公司相比，市场化生态组织的另一个不同点是业务团队之间的互联互通。尽管每一个生态组织的业务团队都是高度自主的，但通过协同合作，不同业务团队同样为更大网络的成功运作贡献自己的力量。就像第4章中所说的，在生态组织中，业务团队共享（甚至共创）生态中的关键组织能力。

事业部公司

与事业部公司相比，市场化生态组织能够强化各业务团队的敏捷灵活性、市场导向以及创业精神。在传统的事业部公司中，不同事业部的形成都是基于不同的职责和任务分配。但是这些事业部往往遇到跨事业部之间的管理和协调困难。有时，这些事业部是以职能划分的，每个部门都有各自的专业知识和导向，比如研发、供应链、生产制造、市场营销和客户服务。跨职能部门的协同合作是这些公司面临的挑战，它们只能通过构建跨职能团队、联络制度及其他机制，克服跨职能部门之间的沟通协调问题。还有一些事业部公司是以产品、客户或区域划分业务部门，然而这些事业单元均受制于强大总部的监管和内部资源分配机制。有的时候，这些事业部公司成立职能、产品、客户和区域交叉的矩阵模式，兼顾两个甚至三个维度的决策考虑点。但这类矩阵往往需要通过繁复且耗时的决策流程才能实现对公司的管理。

不管它的组成形式是以职能、业务还是矩阵逻辑划分，事业部公司不能和市场化生态组织混为一谈。与事业部公司更多专注于内部管控和总部规范截然不同，Supercell 或阿里巴巴这样的生态组织，其总部平台的角色更多是专注于外部机遇，聚焦于赋能和支持业务团队，使其赢得所在的市场。事业部公司的领导者和员工往往"面向上级领导"，寻求他们的指导方向，而在市场化生态组织中，他们更关注的是外部市场机遇。在 Supercell 或腾讯游戏工作室这类市场化生态组织中，游戏开发团队的运行模式让其更像是由一位具有创业精神的领导者所带领的自我驱动初创企业。职责、权力和回报（责权利）在游戏开发团队中清楚结合，好让它们更像独立的游戏工作室，而不是大企业中的一个事业部门而已。在市场化生态组织中，共享平台和业务团队之间是基于内部市场原则所建立的共赢协作关系，而不是传统的从上而下的命令和被命令的关系。权力由总部共享平台转移到业务团队，因为业务团队是平台的内部客户，是被赋能和支持的对象，支持它们赢得外部市场机遇。[4]

就像行业、产品和客户体验方面所经历的革新，组织形式同样发生着翻天覆地的变化。更适应当下环境的组织形式不是控股公司也不是事业部公司，而是市场化生态组织。这种组织形式为我们提供了一种全新的方式，去设计和实现企业成功。深信有些企业领导者会率先接受和落实这种全新组织形式，在组织竞争力方面创造先发优势。

解决企业大小的两难

市场化生态组织能够解决企业"既要大又要小"的典型两难问题。每个企业都力图做大做强，因为这使得企业能够享受市场影响力、品牌形象、资源获取、成本等方面的规模经济效益。然而，企业扩张也会导致效率低下、资源浪费的官僚主义作风。企业扩张所带来的更强的管控与内部规范也大大削弱了各级员工的创新创业动力。如何发挥大企业的规模优势，同时保持小企业的敏捷拼搏，是很多企业成长后的烦恼。

通过投资构建一个强有力的共享平台，提供最佳的共享资源和专长——信息技术、人工智能、供应链、采购、人力资源、财务等——市场化生态组织可以充分发挥大规模企业的优势。另一方面，高度自主的业务团队时刻面对着客户以及"战场"上的竞争者。通过责权利的有机结合，生态组织为业务团队领导者和成员释放创业内驱力，模拟初创企业的拼搏敏捷。只有当市场化生态组织落实到位时，这两个自相矛盾的优势——大规模企业的能量和较小规模企业的敏捷灵活——才能共存。为了便于理解，你可以用"中心化"来表示"大"，用"去中心化"表示"小"。市场化生态组织用协同合作的方式将这两个基本因素融合在一起，使新业务能够以前所未有的速度增长，大规模企业能够以惊人的速度采取行动。

如何管理市场化生态组织的共享平台

共享平台所遵循的主要组织原则是：任何能够或应该被共享的东西都要放置在共享平台上。为了践行平台的使命，共享平台提供共享资源、信息和能力，支持自我驱动和高度自主的业务团队和合作伙伴赢得市场。以第 4 章中的英国特种空勤团类比，我们将共享平台比作航空母舰或空军基地，为在战场上执行任务的精锐特种部队提供后援支持。

共享平台所做的是赋能而不是掌控。它必须构建与团队需求和优先考虑项相匹配的组织结构和激励手段。共享平台视业务团队为自己的客户，为其赋能和提供服务。为了营造协同合作的必要条件，极度成功的共享平台必须订立共同标准和体系，使得工具、数据、代码和流程轻易实现共享。这些共同标准促进了生态组织所需的互联互通。由于生态组织侧重于高度动态化，所以生态组织在可靠稳定地为其他人提供可以依赖的必要资源时，自身也需要尽可能敏捷灵活，与业务团队同步进化。

共享平台的类型

当业务随着发展周期不断发展壮大时，日益增多的资源、能力和信息应该迁徙到共享平台上，因为要让企业真正迈向世界，高专业度是必须的。我们确立了共享平台的三个层面。

核心业务支持平台：这类支持与业务团队的日常业务运营交织在一起。其典型功能包括基础研究、采购、物流、客户触达和其他服务。例如，华为的核心业务支持平台中包含四大要素：基础研究实验室、供应链、采购和产品制造、华为大学及华为内部服务。[5] 腾讯的两大社交平台微信和QQ，为业务团队和战略合作伙伴提供重要用户流量。

技术支持平台：这类共享平台在技术和数据方面为业务团队提供强大支持。其典型功能包括信息技术存储、计算基础设施、安全、代码、用户数据、人工智能和开发工具。例如，在亚马逊，软件开发人员能够以极低成本在亚马逊云计算服务平台上运用高扩展性、高信赖度、高效率及操作简易的数据存储和计算基础设施。除亚马逊自己借助这个数据存储基础和计算设施运行和维护自家的全球网站之外，所有商家、企业和开发者都能使用平台上的基础设施。通过将不同能力模块化，形成微服务——比如存储、支付和搜索，亚马逊云计算服务平台为业务团队和合作伙伴在尝试新产品、新服务或将成熟业务模式进行高效且低廉的规模化时提供强大支持。基础设施已被设计成一种"即插即用"（plug and play）的服务。[6]

职能支持平台：这类共享平台所提供的典型职能包括战略、人力资源、财务、品牌、公共关系、投资者关系、政府关系和业务拓展。例如，华为拥有一个职能共享平台，内含人力资源、财务、企业发展、战略、营销、产品质量、网络安全和用户保护、公共关系、政府关系、法律事务、内部审计、职业伦理、合规以及区域联合委员会。

阿里巴巴的共享平台设计

阿里巴巴将核心业务和技术这两个不同层面的支持有机结合起来，为业务团队和战略合作伙伴提供所谓的"大中台"[7]。在阿里巴巴的生态组织中，该大中台履行诸多信息、能力和资源的支持和保障职责：

- 为不同业务团队和合作伙伴的精准市场营销提供整合的用户信息；

- 作为技术服务平台，为业务团队提供信息技术基础设施、算法、数据库和计算支持；

- 确立所有业务在数据和技术需求方面的共通性，并将这些具有共通性的需求转变成标准化服务模块，比如商户管理、用户管理、订单查询、支付、搜索和安全，便于团队使用；

- 为用户账号管理和客户画像提供支持；在数据的代码、共享和使用方面制定标准和规则。

腾讯的共享平台设计

作为一家定位为连接器和数字化助手的企业，腾讯用心打造其流量生成平台（比如微信、QQ、浏览器和应用宝）和技术基础设施（比如云计算、微信支付和社交广告）。这些共享平台助力内部业务团队和不同行业的战略合作伙伴——包括零售、医疗、金融、出行、餐饮、娱乐、市政服务、物流、教育等，实现客户体验和运营效率的升级。

2014 年，就像美国的优步和来福车的竞争一样，在中国的出行共享服务领域中，由腾讯支持的滴滴与由阿里巴巴支持的快的正上演着最激烈的对垒。其间，客户订单数额激增导致信息处理量爆棚，滴滴经历了若干次系统宕机。为了妥善处理意想不到的订单数额激增情况，腾讯迅速回应了滴滴的需求，帮助滴滴升级其信息技术基础设施。腾讯从技术工程事业群（腾讯的技术支持平台）派出一个工作小组进驻滴滴（战略合作伙伴）。一夜之间，工作小组为客户的爆炸式需求提供额外网络服务器。凭借着双方的密切合作，滴滴妥善处理了激增的信息化需求，并在用户体验和用户忠诚度方面击败快的。腾讯的技术平台使得滴滴这个战略合作伙伴迅速行动，赢得了这场业务战争的胜利。[8]

共享平台成功的关键因素

为了让生态组织中的共享平台实现其使命和战略性作用，若干关键因素需要落实到位：共享平台最关键的莫过于必须具备卓越的专业专长。除非共享平台所提供的资源和能力能够彰显出卓越价值和专长，否则它将无法实现自己的承诺：帮助团队在各自的领域取得成功。倘若共享平台无法提供卓越的专长和能力，业务团队很可能会自力更生或另寻出路，以便满足自己的需求。

共享平台之所以能提供世界一流的专业技术和能力，部分源自对业务团队需求的深刻了解，以及提供高效的产品和解决方案，为业务团队成长提供不竭动力。在这样一个瞬息万变、竞争激烈的世界里，不合时宜的解决方案与没有解决方案无异。这样的方案就好比你为尤塞恩·博尔特提供不合脚的跑鞋，他会在上起跑架前将不合脚的跑鞋踢开，或者另找跑鞋供应商。

除此之外，共享平台需要积极响应内部客户的需求，而不是让它们焦急地排队等待。否则，共享平台只会抑制业务团队和战略合作伙伴的敏捷灵活和创新能力，而无法实现团队赋能。

最后，共享平台越能促进跨单元的借鉴学习，以便业务团队在同样的生态社区中受益，该平台就越有价值。为信息和资源共享制定共同标准与协议是至关重要的，这样才能互通互联。除此之外，根据不同业务的独特需求，高效共享平台所给予的是菜单选择，而不是每个人都必须遵循的食谱。

简而言之，共享平台就像一位卓越顾问，需要运用专长来证明自己的价值，为业务团队服务。当共享平台与业务团队携手共进时，两者都将受益。业务团队不断变化的需求为共享平台的持续优化升级提出新机遇、新挑战。当然，优化升级有时是迟缓的，有时是迅猛的。

如何管理市场化生态组织的业务团队

在生态组织中，业务团队是企业发展成长和赢取利润的火车头。尽管共享平台在背后提供强有力的支持和资源共享，业务团队是价值的最直接创造者。就像战场上的精锐特种部队，业务团队是高度自主的闭环单元，捕捉并塑造环境变化带来的新机遇。从生态组织的观点看，各业务团队应该聚焦于特定产品领域，团队之间应该像拼图板块一样组合在一起，相互兼容；倘若团队之间有业务重叠，这种重叠性只保持在最小限度。因着各自的业务特性和目标，每个团队都将闭环式植入自身所需的独特能力和职能，比如产品设计、产品开发、业务运营、销售和营销。根据任务性质，团队可以承担各种角色。它们可以是研发团队，例如Supercell的全新游戏开发；可以是经营产品品类团队，例如京东的3C产品、时装、家电、图书和生鲜团队；可以是产品管理团队，例如腾讯的音乐、游戏、阅读、动画和视频团队；也可以是服务团队，例如滴滴的不同共享汽车服务：快车、出租车和代驾服务。

业务团队的类型

业务团队的运作取决于它们所追求的市场机遇。我们确立了业务团队的三种类型。

科层团队：这些团队建立在成熟的业务基础上，专注运营效率多于创新。例如，为提高市场份额，滴滴构建了科层团队，在那些已然形成的业务中，出租车、快车、豪华车和大巴，力争成为市场领导者。这些团队相对稳定，向业务单元负责人汇报。它们的使命是在新城市拓展业务，并通过最高效方法将乘客与最佳车辆进行匹配，推荐最快路线把乘客送到目的地。[9]同样，亚马逊也拥有稳定的科层团队，负责美国境内的零售业务以及庞大的仓库和物流体系。

项目团队：这些团队经常由有不同职能专长的人组成，完成客户独特的需求，例如咨询项目小组。通常，为了满足客户的特殊需求，定制化服务是必需的。例如，华为的项目团队致力于捕捉和践行通信运营商的商业机遇。为了实现这个目标，华为会在各国办事处设立面向客户的团队。这些所谓的"铁三角"团队由三个关键角色组成：客户经理、方案设计专家和交付专家。[10]通过团队成员的通力合作，他们预测、整理并迅速响应客户的需求。项目团队广泛运用于咨询、私募基金、建筑设计和投资银行领域。

创新团队：当企业关注创造处于试验阶段的全新产品或服务时，它更倾向于构建规模更小、更灵活的创新团队。团队能否扩围取决于所尝试的概念是否奏效。例如，在亚马逊，许多团队的目标在于持续不断地创造和尝试全新想法，服务还未被满足的客户需求，成为世界上最以客户为中心的企业。它们采用了"双比萨"创新团队设计逻辑，将团队规模变得很小，只包含拥有核心专长的人员。当全新想法得到总监或副总裁的支持后，新组建的团队成员通常包括一名团队领导者、若干技术专家和工程师。就像小型创业公司的运作方式一样，依托共享平台上的云计算和其他工具的支持，团队拥有高度自主权，提出、定型和测试全新想法。基于阶段性进展审查结果，决定团队是继续扩张还是撤销。[11]

大多数市场化生态组织会将这几种团队类型组合使用。例如，在腾讯的几个核心事业群中——微信、互动娱乐、云与智慧产业、平台与内容、技术与工程，都会根据业务性质和业务所处的生命周期阶段，混合运用科层团队、项目团队和创新团队等不同类型。

业务团队的成功关键

团队的主要组织设计原则是，任何独特的或针对特定业务、产品或客户而专门使用的能力和职能，都应该处于团队闭环中。成功业务团队与其他高效能团队所需要的特质是相同的。

目的： 高效能团队需要有明确的目标感，即有清晰准确的产出结果和目标，明确承担的职责。在Supercell，每一个游戏研发团队都被赋予明确任务，开发特定类型的游戏，并在游戏全面上线之前达到事前同意的绩效指标。

治理：弄清楚谁应该成为团队成员，他们需要做出什么样的贡献，如何进行决策以及责任由谁承担，团队才能处于最佳运作状态。管理能确保团队拥有充分权力做出业务决定，并注入足够资源，以便在市场上获取胜利。在 Supercell，游戏开发团队拥有 5~7 名核心成员，通常包括游戏制作人、设计负责人、美术负责人、客户负责人、服务器负责人和产品管理负责人；在游戏进入上线测试阶段前，团队能够高度自主地决定游戏的方向和命运。

关系：高信任及相互承诺、团队成员的相互关心与支持，这些团队关系和氛围，能促进成员表现得更好。信任使得成员之间能够友善平和地表达不同意见，避免不同意见所造成的紧张局面引发冲突，将分歧看作启动转变的宝贵契机。Supercell 期望通过表达各自观点和想法，让所有团队成员有所贡献。"最好的团队孕育最好的游戏"，这就是他们所坚信的理念。

回报：通过创造高度激励使团队取得整体成功，达成突破性目标，就应该将团队成员的回报与团队绩效清晰而紧密地联系在一起。要想业务团队的运营方式类似于敏捷灵活和自我驱动的小型初创企业，那么责、权、利必须高度匹配统一。这类管理措施已在腾讯游戏工作室被证实是卓有成效的，帮助腾讯推出一款又一款的畅销游戏。

领导者：考虑到业务团队被赋予的高度自主性和资源支持，团队必须有一位综合能力强的团队领导者，做出明智的业务决断，具备获取成功和实现业绩增长的强烈意愿。从某种程度上看，这类领导者在业务团队中充当小老板或创业者而非职业经理人的角色。

学习：通过了解哪些想法有效，哪些想法无效，持之以恒地提升自我。团队灵活性也通过团队自身的持续提升以及成员的不断适应和成长得以塑造。在Supercell，各团队将尝试过程中所积累的经验和教训进行交流分享。就像之前提到的，无论全新的游戏尝试最终是成功上线还是不幸搁浅，团队成员们都会开一瓶香槟庆贺。[12]

当业务团队拥有这些特质时，它们不仅能迅速抓住全新市场机遇，培育新产品或新服务，而且随着高效团队的洞见从一个团队传播到另一个团队，团队的共同成长更具可持续性。

如何管理市场化生态组织的合作伙伴

合作伙伴可以拓展生态组织的服务范围和能力。它们可以与共享平台或业务团队形成网络，因应业务团队的实际情况，丰富其产品和服务的范围和内容。就专业领域知识和成本效率而言，当外部合作伙伴的独特技能和经历优于业务团队时，依托这些具有互补性的合作伙伴使得市场化生态组织迅速行动，依据用户需求丰富生态系统的产品或服务内容进入新的市场空间。除此之外，它们还可以在价值链上游（比如内容）或下游业务（比如渠道），或者不同的垂直领域（比如金融、餐饮和娱乐）扮演重要角色。

这些合作伙伴的运营模式往往具有更大的独立自主性和灵活

性。为了充分发挥它们深厚的专业优势、行业知识和创业内驱力，企业更倾向于让它们自营而不是被收购，成为企业的一个事业部，因为这样它们更有效率。

合作伙伴的类型

当下，互联互通的知识经济促使我们与合作伙伴的合作有多种多样的类型。例如，可能是聚焦一个产品（比如某个应用程序与相关开发者合作），也有可能是广泛聚焦（比如与更具规模的伙伴在多个产品或服务领域进行广泛合作）；它们可能会达成短期的、成交马上计费的关系或长期的股权合伙关系；或者它们可能会在成本效率方面提供帮助，也可能帮助丰富服务的内容。表 5-2 将合作伙伴的诸多选择划分为五种类型，并展现每种类型的特征。市场化生态组织对所有这五种类型进行了运用，因为生态组织中的伙伴关系更多是基于需要完成的工作和任务，而不是组织内部人员的岗位职责。基于不同任务性质的需求，合作伙伴的关系就会因需要而存在多样性。

表 5-2　合作伙伴的主要类型

合作伙伴的主要类型	举例	成功标准	挑战
个人自由工作者	基于专业知识的合作，比如在短视频或文章中的专业内容（PGC）或用户生成内容（UGC）	形成见解或内容	长期且稳定的合作关系

合作伙伴的主要类型	举例	成功标准	挑战
项目合作者	与多个企业合作的定制化、大型解决方案，比如咨询项目、建筑项目和信息技术解决方案项目；与学术机构围绕人工智能、机器人等前沿技术合作	无缝集成	需要共同定制解决方案，而不仅仅是将来自各方的现有产品或服务结合起来
外包合作伙伴	为非关键工作聘用缓冲性或季节性人员	低成本和高灵活性的劳动力	共享企业文化和质量标准，信息安全和知识产权保护
业务合作伙伴	腾讯游戏平台的游戏开发者，苹果商店的应用程序开发者；针对不同行业的顾客触达、项目执行和服务支持的独立服务供应商（ISV, independent service vendors）	基于双赢原则，制定利润分配或服务收费的明确规则	能为双方创造价值，维系可持续发展的关系
战略合作伙伴	具有股权关系的互补性合作伙伴，比如阿里巴巴和菜鸟，腾讯和京东或美团	长期的联盟；互利共赢	维系边界，为生态组织的成功营造协同合作的氛围

合作伙伴成功的关键因素

合作伙伴助推生态组织中的业务团队迅速抓住市场机遇，提供更充实的内容和服务，扩围自身核心技术和能力，以及快速规模化满足市场需求。伴随着合作伙伴数量的日益增加，市场化生态组织需要知晓如何以最佳方式使用和构建合作伙伴模式。以下具体措施能够帮助你最大限度用好合作伙伴这个关键角色：

- 厘定你的边界。哪一类活动或业务需要由自己的业务团队来运营？哪些业务可以外包或由合作伙伴来完成？这个重要决策决定着哪些业务需要自己构建、全资收购或多数控股，比如脸书的WhatsApp 和 Instagram，谷歌的安卓和 YouTube；哪些业务应该剥离为外部战略合作伙伴，比如腾讯的搜索引擎和电商业务。

- 与合作伙伴签订合适合同，确保它们专注于正确的事情。合作协议包括双方期望和目标（或者市场机遇）、财务安排（比如费用、佣金或者股份）、资源投入承诺（比如用户流量、数据共享、营销和推广）和治理模式（由谁来做什么样的决定）。制定合作协议，确立双方互利共赢的关系，而不是胁迫合作伙伴满足业务团队或共享平台的需求。例如，腾讯的重要战略伙伴滴滴为腾讯用户提供交通便利并为微信支付业务增加用户数量。但与此同时，腾讯也为滴滴带来用户流量。2014 年，腾讯将自己的电商业务出售给电商巨头京东并与之携手合作，满足腾讯用户对电子商务的需求。基于互利共赢，腾讯也为京东的销售线索提供额外流量。[13]

· 辨别什么情况使用什么类型的合作伙伴（自由工作者、项目合作者、外包合作伙伴、业务合作伙伴或战略合作伙伴）。合作时间的长短、你需要完成的工作类型、发掘市场机遇所需要的知识等，都会影响你需要形成的合作伙伴模式。

· 严谨地挑选合作个人或公司，助力业务团队的发展需求。根据它们的专业知识、资源实力和文化契合度，评估潜在合作伙伴的互补性。

当这些标准被逐一满足时，市场化生态组织能够更好地打造四大关键能力：外部环境感知、客户至上、贯穿始终的创新和无处不在的敏捷灵活。例如，合作伙伴进一步夯实亚马逊的企业使命，使之成为全世界最以客户为中心的企业。为了使用户有更多的产品和价格选择，亚马逊不仅向外部零售商（合作伙伴）开放自己的电商平台，还为它们提供物流服务和云计算支持。这种合作促使亚马逊在全新业务领域中快速增长。通过提供更多、更好的产品和服务，也让这些合作伙伴同时充实了亚马逊的业务生态。[14]

当你回顾有关共享平台、业务团队和合作伙伴的这些描述时，问问自己哪些原则和具体措施能够运用到自家企业当中。只有当你真正运用这些原则和具体措施时，有关共享平台、业务团队和合作伙伴的概念才会成为现实。接下来将帮助你决定哪种类型的生态组织更能匹配自己企业的使命。

市场化生态组织的三大组合类型

随着对市场化生态组织的三个组成单元（共享平台、业务团队和合作伙伴）的深入探究，我们开始考虑生态组织是如何将这些组成部分整合成一个整体结构的。如表 5-3 所示，我们所研究的八家企业的生态组织至少有三大组合类型。

表 5-3　市场化生态组织的三种组合类型

创意驱动型	技术或产品驱动型	效率驱动型
代表性例子：Supercell，腾讯游戏工作室，亚马逊电影或电视剧数字化内容开发工作室	代表性例子：腾讯的微信、腾讯云、脸书，谷歌，阿里巴巴的阿里云，亚马逊的云计算服务、智能设备	代表性例子：阿里巴巴的电子商务，滴滴，亚马逊的电子商务
• 制作游戏或电影爆款是最重要的成功关键 • 产品是线上且数字化的，主要聚焦于内容创作而不是发行或分发 • 团队通常规模较小，但具备很强的专业能力 • 共享平台比较简易	• 产品创新和用户体验是最重要的成功关键 • 产品是线上且数字化的，主要聚焦于产品研发和管理 • 团队具有灵活性和流动性，是基于产品或项目形成的小组 • 在工具、数据和技术基础设施方面，技术平台提供共享和支持	• 精准匹配和转化率是最重要的成功关键 • 通常具备线上和线下的业务活动 • 业务团队相对稳定，专注于拓展用户和合作伙伴的数量 • 强有力的中间平台，用技术支持和用户数据助推内部业务团队和外部合作伙伴

资料来源：杨国安进行的 Supercell、腾讯、脸书、谷歌、阿里巴巴、滴滴和亚马逊案例分析。

创意驱动型生态组织

这些企业致力于打造最畅销的游戏和电影爆款——真正需要在创意方面下功夫的业务。这类生态组织的关键就是让每个团队拥有最强而具有创意的人才，因为由拥有深刻见解的人才推动创意内容的开发是成功的基础。创意型业务团队的创作方式难以标准化，也不应该标准化。创意型业务团队的魅力在于一次又一次创造独特性内容。只有让这些特殊人才在小团队中自由发挥，并辅之以提供有限基本资源（如人才招募、信息技术基础设施、市场营销支持）的共享平台，才能提供真正意义上的创造环境。倘若网飞公司对创作者马特·达菲（Matt Duffer）和罗斯·达菲（Ross Duffer）横加阻挠，百般束缚，该企业能创造出广受欢迎的连续剧《怪奇物语》（*Stranger Things*）吗？当然不行！Supercell、腾讯的游戏工作室和亚马逊的数字化内容都是最杰出的成功案例，它们的成功源自才华横溢的团队，依托共享平台所提供的基本需求，最大限度释放团队成员的能量去做最擅长的事情。客户渴望独特产品和内容，团队便有针对性地寻找或创造客户所期盼的内容，创意飙升。这一切可以在极短的时间内迅速发生——这些团队具有超级敏捷灵活性。图5-2 描绘了Supercell的生态组织（左图）和单个游戏开发团队的组织结构（右图）。[15]

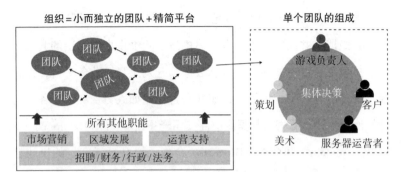

图 5-2　Supercell的创意驱动型生态组织

该生态组织拥有这些特征：（1）所有支持职能都是为了使前端的游戏开发团队能够将更多精力放在产品本身；（2）为了确保支持职能的贡献，招聘具有某些特质的支持服务人员，如服务意愿强，而不是时时刻刻处处渴望自我实现；（3）严格控制企业规模，所有岗位职责皆审慎设置且明确与业务相关；（4）共享平台倾向于使用合作伙伴的资源。

团队拥有以下特征：（1）每个团队拥有 5~7 名成员，他们职责交叉并密切配合；（2）每个团队独立运作，对产品的各项事务拥有最大限度的掌控，比如创新想法、何时推出、何时终止、运营活动等等；（3）团队遵循职业运动模式，不需要管理层级，所有成员都能专注于自己的工作，迅速做出决定。

技术或产品驱动型的生态组织

谷歌、脸书、华为、腾讯微信和亚马逊云计算服务之所以能够取得成功，皆因为它们拥有技术或产品驱动型生态组织。在这类生态组织中，大多数的日常活动都发生在高度自主的团队内部，跨单元工作较少。团队领导者和共享平台领导者都非常重要，并在专业领域要求极高。

例如，脸书拥有三种类型的团队：科层团队、跨职能项目团队和闪光团队（flash team）。闪光团队是最具流动性的团队，由少数几个人组成，共同关注于一个具体挑战。脸书也拥有三层的共享平台：技术平台，比如共享代码、数据和开发工具；业务平台，比如标准统一的广告和销售平台；职能平台，比如人力资源和财务。就合作伙伴而言，脸书与数据供应商艾司隆（Epsilon）、Datalogix、安客诚（Acxiom）和蓝凯（BlueKai）合作，提升目标广告的投放精确度。[16]

　　从组织设计而言，脸书的团队边界并不那么清晰明显：企业中没有正规的组织架构。所有成员按职能进行管理，并参与跨职能团队项目。这些小型团队持续不断地从事新产品和新功能的开发和尝试。团队通常由六七个人组成，大部分是工程师，还有一名产品经理，负责某一功能的开发与优化迭代。例如，在规模更大的脸书Messenger团队中，会有不同更小团队从事不同功能的研发，提升产品效率，例如添加一个全新的支付交易功能。这个小型团队的成员将会洞察客户需求，获得批准，把工作思路和计划细化，获得进一步批准并推出新产品或服务。通常，团队成员会以专责小组的形式聚拢在一起，全力攻坚六个月，然后完成任务，解散团队，继续新的挑战。由于工程师往往是问题解决者，喜欢接受不同挑战，因此对于他们而言，无论是从个人还是工作上看，这一流程都是令人满足的。除此之外，他们也参与黑客马拉松（hackathon），更加彻底地解决现存问题。

　　脸书的产品驱动型生态组织为这些团队提供三种形式的技术支

持（见图 5–3）。[17] 第一种是基础设施平台，被不同团队频繁使用的那些开发工具会公开分享在这个平台上。这些工具涉及所有领域，包括研究、网站支持和日常管理。第二种是数据库或代码共享平台，这个平台每周进行更新，任何人都可以对其进行改动。这些代码改动将由评估工程师和高层领导者进行评估。企业鼓励每位工程师主动报错并修复代码错误。第三种是由各领域顶尖科学家主导的未来技术共享平台，以创造一个更紧密相连的世界。这些技术往往聚焦于人工智能、虚拟现实和互联互通。

效率驱动型生态组织

效率驱动型生态组织着重提升把用户流量变成有效销售的转化率，通过共享服务实现的成本效率，以及业务的迅速规模化成长。亚马逊、阿里巴巴、京东和滴滴皆非常关注合适时间为合适客户提供精准的推荐。这种精准推荐需要中间平台提供强大的信息技术和数据支持，这一平台通常是由技术能力卓越、对客户需求具有深刻见解的领导者来带领。在三种市场化生态组织的类型中，效率驱动型系统需要构建最强有力的共享平台。这些平台为数据、工具、使用方法和合作制定标准，使得这些支持能够赋能不同业务团队，好让前端业务团队专注于利用这些资源和能力拓展自己的业务。共享平台将客户放在难以置信的中心地位，依托信息丰富的数据集和算法，使他们以纳秒为单位捕捉和预测客户需求。

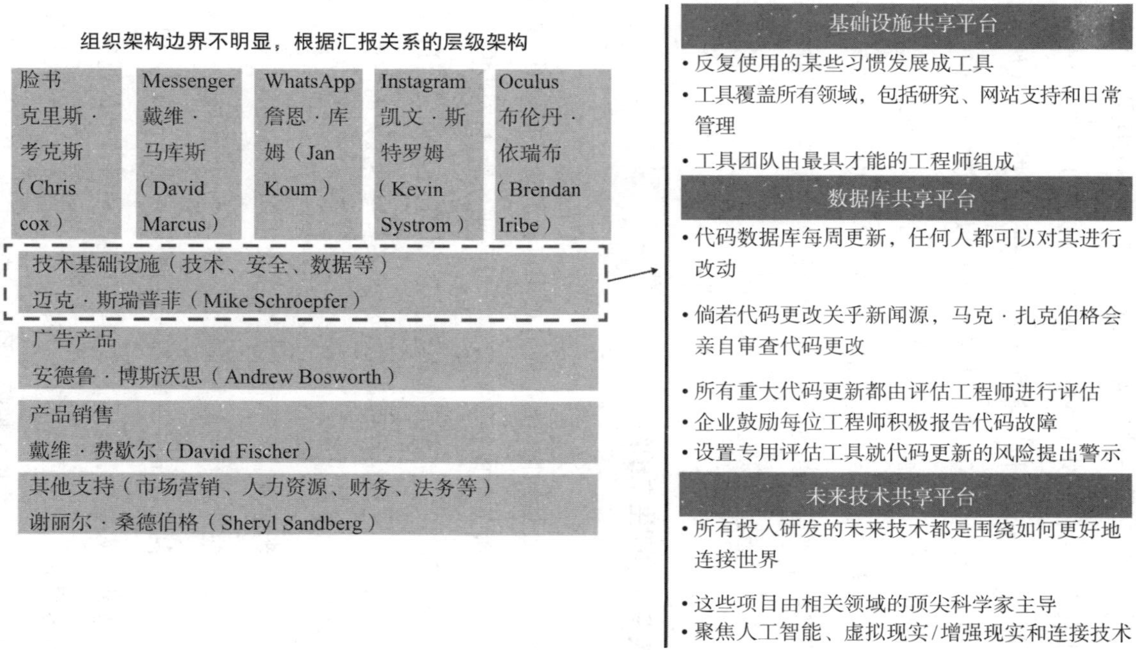

组织架构边界不明显，根据汇报关系的层级架构

脸书 克里斯·考克斯 （Chris cox）	Messenger 戴维·马库斯 （David Marcus）	WhatsApp 詹恩·库姆 （Jan Koum）	Instagram 凯文·斯特罗姆 （Kevin Systrom）	Oculus 布伦丹·依瑞布 （Brendan Iribe）

技术基础设施（技术、安全、数据等）迈克·斯瑞普菲（Mike Schroepfer）

广告产品 安德鲁·博斯沃思（Andrew Bosworth）

产品销售 戴维·费歇尔（David Fischer）

其他支持（市场营销、人力资源、财务、法务等）谢丽尔·桑德伯格（Sheryl Sandberg）

基础设施共享平台

- 反复使用的某些习惯发展成工具
- 工具覆盖所有领域，包括研究、网站支持和日常管理
- 工具团队由最具才能的工程师组成

数据库共享平台

- 代码数据库每周更新，任何人都可以对其进行改动
- 倘若代码更改关乎新闻源，马克·扎克伯格会亲自审查代码更改
- 所有重大代码更新都由评估工程师进行评估
- 企业鼓励每位工程师积极报告代码故障
- 设置专门评估代码更新的风险提出警示

未来技术共享平台

- 所有投入研发的未来技术都是围绕如何更好地连接世界
- 这些项目由相关领域的顶尖科学家主导
- 聚焦人工智能，虚拟现实/增强现实和连接技术

图 5-3　脸书的产品驱动型生态组织

　　阿里巴巴所践行的就是这种效率逻辑（见图 5-4）。[18] 在前端，生态组织由大约 30 个高度自治的业务团队组成，这些团队为阿里巴巴的用户提供不同的产品和服务。例如，淘宝上所销售的产品主要是由许多小型商家提供，而天猫的产品则是来自像宝洁这样更加成熟的品牌企业或者知名时装设计师。通过分析客户需求和购买行为，这些团队将自己负责的产品或品牌进行过滤筛选，精准推荐给正确的用户。依托大数据和复杂的运算规则，阿里巴巴的业务团队能够在其网页上为不用用户展示不同产品（千人千面）。

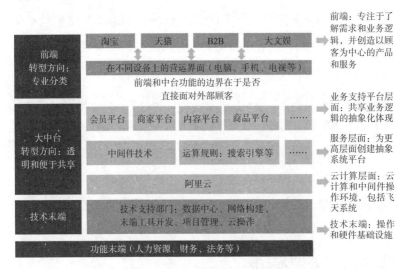

图 5-4　阿里巴巴的效率驱动型市场化生态组织

　　阿里巴巴的中台拥有三个层面。在第一个层面，共享平台提供业务运营支持，这些支持对于大多数业务团队的业务运行至关重要，包括会员平台（如何管理会员和用户账户，如何与用户交流沟通）、商家平台（如何为在阿里巴巴进行业务交易的商家提供支持）、内容平台（如何生成和展现产品营销材料）和商品平台（如何组织和规划好产品和商品）。在不同业务团队中，这些基本工具需要被定制。通过拥有众多微服务模块、人工智能和用户信息的应用软件和阿里云服务，第二和第三层面提供服务和计算能力。技术末端提供基本的信息技术基础设施，比如服务器、网络、安全和数据中心。中台是阿里巴巴所运用的关键举措之一，用于克服过去不分享数据和工具的各自为政的业务"烟囱"问题。在建立技术中台之前，这种缺乏集中化共享平台的情况导致了低效、低劣的技术支持。从2016年起，随着中台的建立，阿里巴巴的销售增长和利润开始腾飞，拥有了更好的转化率和更个性化的推荐。

就像大多数企业一样，阿里巴巴的末端共享平台所包括的典型功能有：人力资源、财务、战略、政府关系和公共关系等。这类共享平台为阿里巴巴的业务团队提供方针指引和专业支援。虽然这些功能与业务团队的日常运行并没有紧密联系，但这些功能使得业务团队拥有功能性专业知识，促进团队间对于不同领域最佳实践的交叉学习。

生态组织类型总结

在研究过程中，我们发现八个市场化生态组织对共享平台、业务团队和合作伙伴组织单元进行不同组合运用，打造针对不同各行业获取成功关键因素的能力，比如创意、新产品和效率。尽管构建生态组织的三个组织单元基本相同，但如何对其进行应用取决于每个企业的战略目标（见表 5-4）。在每个生态组织中，组织形式助力企业能够通过资源调动迅速抓住市场机遇，缩短从想法转化行动的时间周期，强化员工在工作上的投入和激情。如何组合这些共享平台、业务团队和合作伙伴，突出了不同生态组织的关键能力（见表 4-1），支持企业在各自领域取得持续性成功。

表 5-4　市场化生态组织综述

	战略优先考虑项	共享平台定位	业务团队任务	取得成果
Supercell（创意驱动型）	• 践行公司信念 "最好的团队孕育最好的游戏"	• 让团队聚焦于游戏开发本身 • 在市场营销方面提供支持；在重点市场提供流量生成；人力资源、财务和法务支持	聚焦于高质量游戏的开发工作	• 五款游戏都曾被列入 "世界十大最受欢迎游戏" 榜单 • 世界上最卓越、最有市场价值的移动游戏企业
谷歌（技术驱动型）	• 使命：整合全球信息，供大众使用，使人人受益 • 产生用户流量的方式从搜索网站到搜索内容（图书、新闻、地图、视频等），为广告业务和变现提供机会 • 创造新的工具和平台（比如邮箱 Gmail、网页浏览器 Chrome、安卓应用程序商店），产生新的用户流量 • 谷歌 X 实验室在人工智能、自动驾驶、生物医药和智能能源方面孵化技术驱动的创新业务	• 通过共享代码、工具和核心技术（如人工智能、TensorFlow 开源软件库），提供强有力的信息技术基础设施 • 通过广告业务平台、销售、营销和战略伙伴管理（Gtech）等共享平台支持不同业务团队业务增长 • 建立人力资源、财务和法务等方面的后端共享平台	• 按照产品领域（PA，product areas）进行组织，比如搜索、广告、地图、安卓、YouTube 和云计算 • 频繁使用敏捷灵活和闭环项目团队（大约 7 个人，拥有不同专业背景），从事产品领域中 OKR（目标与关键成果）或某些功能的优化	• 全世界市场价值最高的企业之一，市值超过 8 000 亿美元，多次被《财富》杂志评为 "最佳雇主"

（续表）

	战略优先考虑项	共享平台定位	业务团队任务	取得成果
脸书 （产品驱动型）	• 践行企业宗旨"让世界互联互通"。业务增加方式：增加不同应用程序在全球的用户数量；延长用户使用时间；改进变现（商业化）方式	• 提供强有力的技术平台、工具和共享数据，让所有人的工作更方便；提供广告和营销的共享平台，支持不同应用程序的用户流量变现	• 脸书、Messenger、Instagram、WhatsApp、虚拟现实设备Oculus等应用程序，瞄准不同需求的用户	• 拥有超过10亿用户，成为世界上最大的社交媒体企业
腾讯 （产品驱动型）	• 将连接和数字化内容作为核心业务。与生态组织的合作伙伴密切合作，依托微信和QQ两大社交媒体平台在不同垂直领域提供更多元的产品和服务	• 利用两大社交媒体平台（微信和QQ）带来用户流量 • 构建技术工程平台，提供计算、算法和其他技术支持，提升用户数据保护和分析能力，助力业务团队决策	• 几十个产品团队负责不同产品和服务（如游戏、音乐、移动支付、文学、新闻和视频）的运营和用户体验提升	• 过去两年，企业增长超过50% • 广泛的用户基础：微信和QQ的每月活跃用户分别超过10亿和8亿 • 世界上市值最高的企业之一
华为 （产品驱动型）	• 作为中国的一家通信设备供应商，产品不断从数字交换机延伸到端对端解决方案 • 通过国际化，向亚洲、非洲、欧洲和加拿大拓展海外业务 • 切入企业服务（B2B）和消费终端产品（B2C）	• 构建区域平台，为身处不同国家的业务团队提供关键产品和技术能力 • 将总部平台打造成为服务提供者，持续优化基础研究、供应链、服务交付和金融服务；提升项目团队为顾客创造价值的能力	• 面向顾客的"铁三角"团队由客户经理、方案专家和交付专家组成 • 根据项目的重要性，指派项目总监和经理项目团队成员来自所在国家和区域的共享资源团队	• 2017年《财富》世界500强企业第72位 • 以2018年的市场份额和销售收入计算，华为是世界顶尖的通信设备供应商 • 从2018年的产品出货量和市场份额计算，华为是世界第二大手机制造商

（续表）

	战略优先考虑项	共享平台定位	业务团队任务	取得成果
阿里巴巴（效率驱动型）	• 预测和拥抱改变，践行企业使命。在零售、金融、制造、技术和能源方面提出"五新"战略。在毗连性业务和颠覆性业务中皆有拓展	• 构建强大中台，提供技术和数据共享平台 • 提供信息技术基础设施、算法、数据库和计算支持、统一的用户账户管理、用户画像和代码规则 • 提升业务团队和合作伙伴的精准决策和业务创新能力	• 大约30个高度自主和处于闭环的业务团队，为顾客提供不同的产品或服务	• 整合来自不同业务团队的客户数据，提高精准的个性化推荐能力 • 流量转化率的提升，提高资源效率和营收增长速度 • 强大中台服务能力，为国内外新兴业务提供业务快速成长支持，比如国内生鲜食品配送服务（盒马鲜生）或印尼的来赞达（Lazada） • 2017 年和 2018 年连续两年企业增长超过 50%
亚马逊（效率驱动型）	• 通过持续创新，服务还未被满足的客户需求，成为世界上最以顾客为中心的企业。从起初的电商零售核心业务，不断拓展到更多的毗连企业业务和消费者业务	• 通过亚马逊云计算服务平台，为内部业务团队和外部合作伙伴提供微服务，支撑现有核心业务的规模化和"双比萨团队"的新业务探索尝试	• 不同业务团队在电商零售、亚马逊云计算服务、数字化内容、智能设备以及线下智慧零售等不同领域运营和发展业务，为客户提供更多的选择、更低廉的价格和更加便捷的体验	• 被《快公司》杂志评为最具创新能力的企业，世界上市值最高的三大企业之一

（续表）

	战略优先考虑项	共享平台定位	业务团队任务	取得成果
滴滴 （效率驱动型）	• 通过共享出行和自动驾驶，为客户提供智能出行服务 • 从出租车叫车服务到多种多样的共享出行服务，从服务顾客到服务车主（租赁、保险）和司机（加油站、维修），从服务个体用户到服务企业客户和地方政府（智慧城市）	• 通过中间平台构建，整合产品管理与核心技术 • 从几千万的共享汽车网络连接中，抓取实时用户数据，通过人工智能分析大数据，预测乘客需求和交通流量，以便优化服务	• 形成不同的闭环服务团队，比如出租车、快车、代驾、大巴、中巴和豪华车	• 以服务出行次数计算，滴滴已成为全球最大的按需呼叫运输平台 • 市值超过 500 亿美元

管理启示

　　传统上，组织设计的选择主要关乎角色、责任、流程、汇报关系等。这些选择形成科层、控股公司、事业部公司等组织模式。

　　在当今飞速变化的世界，战略灵活性取代了战略规划，新一代的组织设计选择更多是围绕共享平台、业务团队和战略合作伙伴等组织单元，以及如何组合这些单元构建和强化生态组织能力。这种全新的组织形式是对传统的控股公司和事业部公司的优化升级。能够真正掌握诸如共享平台需要提供什么、提供给谁，业务团队和战略合作伙伴如何相互支持和互补等组织决策和挑战的市场化生态组织，在现今的快速变化和不确定的经营环境中，将会创造他人望尘莫及的决定性竞争优势。

　　我们所研究的这些市场化生态组织皆是以"空杯心态"因应内外经营环境变化做出这些全新的组织设计选择的。如果你是一家新公司或初创企业的领导者，你可以从一张白纸开始，构建恰当的共享平台、业务团队和合作伙伴，并将生态组织能力进行有机融合，增强企业预测和抓住市场机遇的能力。

　　然而，倘若你所领导的是一家更加传统的企业，由于根深蒂固的企业模式和文化，转变为市场化生态组织则较为困难。在第 13 章中，我们将详尽展示三个企业的案例分析，这三个企业已经或者正在进行这种转变。然而，在此期间，你可以考虑一下使企业更富竞争力的若干选择。

- **市场化生态组织的总体规划：**

——哪些竞争优势对于你的企业发展至关重要，是创意、新产品，还是效率？

——在你所在的行业中，三大竞争优势中的哪一个能够使你获得最好的成长和成功？

- **共享平台：**

——哪些工作内容应该在共享平台上分享？还有哪些工作内容应该闭环式植入业务团队或合作伙伴？

——如何将共享平台的内容整理为菜单式选项，以便业务团队领导者能够按需取用，加速进入新兴市场？

——如何确保你的共享平台团队能对业务团队和合作伙伴的业务需求有

深刻了解，保持卓越的专业能力，并对内外客户的需求快速响应？

- **业务团队：**

——哪些工作内容应该闭环式植入业务团队内，确保其具有敏捷灵活性和创新能力？

——如何迅速组建团队，探索和挖掘全新机遇？

——如何鼓励团队成员提出新想法及运用他人的想法，创造全新市场？

- **合作伙伴：**

——哪些业务最好保留在企业内部，哪些业务最好交由合作伙伴经营管理？

——如何与战略合作伙伴打造双赢的合作关系，比如以服务收费、佣金、参股、控股或者其他恰当方式与合作伙伴协作？

——如何与合作伙伴和客户共创，以便你能够借助它们的资源、能力和信息赢得市场？

- **生态组织类型和能力：**

——如何对共享平台、业务团队和合作伙伴进行设计组合，强化或放大使业务持续发展的关键生态能力（外部环境感知、客户至上、创新和敏捷灵活）？

——哪种类型的生态组织（创意驱动、产品或技术驱动、效率驱动）最符合你的企业或事业群？

通过这些问题的提出和解答，你或许可以运用若干组织设计选项革新你的企业。

管理机制

市场化生态组织的
运转机制和管理抓手

倘若你想运用市场化生态组织原则进行企业革新，你必须了解经营环境大背景（第一部分），构建合适的组织形式和架构（第二部分），并对企业运行进行日常管理。本书的这一部分探讨市场化生态组织是如何通过六大管理机制进行运转的，你可以将这些机制用于组织革新（见图Ⅲ-1）。

组织管理经常意味着管控。监督委员会在最高层制定规则和内部规章，这些规则常常形成耗时且繁复的审批流程，用于核查潜在渎职行为和不应该做的事情。

在市场化生态组织中，管理更倾向于应该做什么，以便生态组织迅速行动，响应市场机遇。这些管理机制主要是通过六大管理抓手，促进不同组织单元之间的协调共赢，包括：一致的信念和优先考虑项，引导合适行为与结果的绩效问责和激励措施，创意孵化的流程和环境，人才供给和流动，信息、数据和工具的迅速共享，贯穿整个生态组织的跨单元协同合作机制。这种管理为企业在当下极端环境中获取成功提供支持，而不仅仅是让企业规避失败。

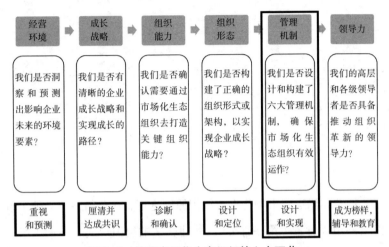

图Ⅲ-1 构建市场化生态组织的六大环节

第三部分将用六章的篇幅着重探讨我们所研究的八家市场化生态组织是如何通过管理机制而非指令来引导人们的行为举止的。倘若这些机制策划得当，个人和企业将自然而然地做正确的事情，因为系统支持和鼓励他们那样做。摆脱官僚主义的阴影和障碍，企业和位于企业中的个人对于更大的环境拥有清晰的视野。他们还拥有持续不断施展能力的空间，熟练而巧妙地以协同者角色和同事身份服务客户和彼此合作。从这个意义上来说，管理更多是引导而非规范。

通过研究，我们找到了六大管理抓手，这些管理抓手对优秀企业实现四大关键能力影响深远（见图Ⅲ-2）。

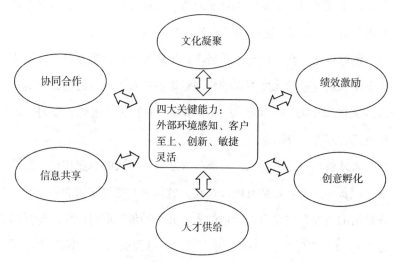

图Ⅲ-2　市场化生态组织的六大管理抓手

以下是对这六大抓手的概述。

文化凝聚：就像第 6 章中所描述的，文化在三个层面生根发芽：（1）企业标志、仪式、故事及其他企业活动；（2）在企业的价值观和潜规则中表达出来的思想、情感和行为，以及对员工对企业的做事方式的情感回应；（3）重要客户从外部所认知的企业身份。文化引导员工在生态组织中共同追求关键优先考虑项及做出其他行为。

绩效激励：就像第 7 章中所描述的，这一管理抓手构建起"业务计划—个体行为—业务成果"的关系链条。在这样一个充满极速巨变、不确定性和尝试的世界，责任感比以往任何时候都更重要。

然而，责任感应该更少依赖繁复的绩效管理流程，而更多建立在领导者与员工以及员工之间的日常对话中。

创意孵化：在客户至上、创新和敏捷灵活的打造方面，市场化生态组织通过鼓励无处不在的新创意生成以及迅速将新创意付诸实践的流程和氛围（第 8 章）。当个体好奇心转化成组织创新时，这种创意管道将变得畅通。

人才供给：显而易见，与那些人才储备较次的企业相比，总体人才储备更好的企业拥有明显优势。就像第 9 章将展示的一样，人才供给的主要目的是引入合适的人才并帮助他们取得成功，包括制定合适的人才标准、寻找渠道、筛选、巩固吸引和引导融入等环节。通过人才供给，企业还能培养、调动、鼓励和留住合适人才，支持团队尝试全新想法，快速扩张验证有效的想法。受鼓舞的优秀人才就能创造出非凡的成就。

信息共享：所有市场化生态组织都擅长于外部环境感知。在第 10 章中，我们将对信息共享这一管理机制进行阐释说明，什么样的信息和数据需要获取然后共享，与谁进行共享，什么时候共享以及如何共享。在这些生态组织中，高度信息透明始终存在。企业必须遵循的准则是：应该有越多而不是越少的信息共享，单元之间的宝贵数据更容易自由流动。

协同合作：在第 11 章中，我们将对协同合作进行阐释说明，主要涉及要实现"整体价值高于个体价值总和"所面临的挑战。当团队将个体技能整合为团队绩效时，当网络中的个体团队通力合作使网络所释放的功效高于任意一支独立团队时，协同合作将应运而生。与传统科层架构所普遍倾向的指令与管控模式不同，市场化生态组织运用市场化模式促进单元间的合作共赢。

在研究过程中，我们发现这八家企业在设计和使用这些管理机制方面略有不同。在第三部分的六章中，我们将对管理机制的最新理念进行简要回顾，分享这八家企业在使用管理机制方面的鲜活案例，并为企业运用这些管理机制提供合适工具。这六大管理抓手皆是被广泛研究和实践的课题。但在以市场化生态组织的视角提取这些企业实践过程中，我们将列举一系列有效举措和工具，帮助你将市场化生态组织的思路运用到自己的企业。表Ⅲ-1概述了我们重点研究的八家企业对这六大管理抓手的使用情况。

表Ⅲ-1 八家市场化生态组织的六大管理抓手

生态组织类型和关键能力	文化凝聚（第6章）	绩效激励（第7章）	创意释绘（第8章）	人才供给（第9章）	信息共享（第10章）	协同合作（第11章）
创意驱动型						
Supercell：外部环境感知、创意、敏捷、灵活	·制定高标准；·勇于尝试；·承认错误；·庆祝失败	·没有正式评分等级；评估结果基于对跨团队和员工表现的绩效标准讨论，人才奖励原则强调企业利益优先，然后才是团队利益	·自下而上的创新，庆祝失败	·极其严格的招聘标准；·人才流动性高	·内部数据透明，比如每日对各游戏的用户人数进行公布	·每个团队的组成和运行皆是独立自主的，但所有决定必须基于企业有利益最佳利益
技术或产品驱动型						
脸书：外部环境感知、产品创新和敏捷灵活	黑客文化+核心价值观：·敢于尝试；·注重影响力；·迅速作为；·开放包容；·构建社会价值	·注重价值观影响，而不仅仅是结果；来自同事的绩效校准；·新酬：高薪、良好的工作环境和员工福利，比如免费午餐、免费零食等	·黑客马拉松，鼓励创新想法尝试，扎克伯格或迈克德鲁、博斯每月对不同创意或想法进行回顾：每个人都有机会提出想法并获得反馈和资源	·严格的招聘标准；·留住"聪明的笨蛋"；·根据项目团队和内部岗位市场化招聘，实现人才的自由流动	·透明的信息共享，比如统一的代码库、数据工具，技术版信息和支持	·强有力的技术平台，方便员工开展工作；·设立工作版脸书（FB@Work），促进内部团队协同合作
谷歌：外部环境感知、技术创新和敏捷灵活	强大谷歌文化中的十大谷歌理念：·创新重要工程师：创新源自对技术的深刻见解；·尊重个人；信息透明，内部流动；·不作恶	·OKR+校准会议；对不同绩效的员工支付不同薪酬；·高固定工资、良好的工作环境和员工福利	·10倍宏大愿景（10X），鼓励成员有颠覆性的创新；·战略委员会、收集前线员工创新想法·"20%时间"机制，让团队成员有时间投入兴奋不已的事情	·严格的招聘标准；·招聘委员会对各团队中的候选员工进行校准比较；·根据项目团队和内部岗位市场化招聘，实现人才流动	·每周五的全员例会，实现企业的透明化	·产品领域中的跨团队协作
华为：外部环境感知、客户至上、创新	核心价值观：·客户至上；·敬业奉献；·艰苦奋斗	·严格的绩效管理，坚持赏罚分明的结果管理；·将晋升、降职和调离与专业绩效进行明确挂钩	·对标并借鉴世界级的企业，借力咨询公司和外部合作伙伴，推进新产品研发、供应链、服务支付和财务等方面的转变	·招聘来自顶尖院校的应届毕业生；·跨职能和区域的人才轮岗	·利用区域平台，实现知识和能力共享；·构建总部平台，服务和赋能不同事业群	·根据内部市场结算，推动项目团队和平台之间的市场化协作，比如项目具有损益责任，内部服务收费

和关键能力	（第6章）	（第7章）	（第8章）	（第9章）	（第10章）	（第11章）
腾讯：外部环境感知、用户价值、创新和敏捷灵活	企业优先考虑事项： • 用户价值 • 员工成长 • 正直 • 进取 • 创新	• 在游戏工作室，员工的奖金与团队绩效直接挂钩 • 以"名品堂"来奖誉激励取得行业第一产品合作团队皆获得丰厚奖金	2014—2018年，移动互联网业务的孵化直接助力自下而上的创新	• 以基础的严格契合合约为标准 • 内部"活水"机制允许员工申请新的内部岗位	• 技术工程事业群为业务团队提供技术支持，比如大数据，安全和人工智能	• 基于市场结算的游戏业务价值链机制的协作关系 • 内部"赛马"机制允许从事类似业务的团队竞赛，确保掌握市场机遇

效率驱动型

和关键能力	（第6章）	（第7章）	（第8章）	（第9章）	（第10章）	（第11章）
阿里巴巴：外部环境感知、客户至上、创新和敏捷灵活	企业核心价值—— • 团队合作 • 拥抱改变 • 诚信 • 激情 • 敬业	• 针对员工评估的两个维度，将绩效与"六脉神剑""综合考虑	来自客户和一线员工的创意，来自高层的使命驱动的业务创新	• 企业对高管和人才定期更换全面，培养和人才的领导者	• 中台为业务团队和合作伙伴提供更完整的用户数据和技术支持	• 前端业务团队和中台服务关系：内部客户关系意识
亚马逊（核心是零售业务）：以客户为中心外部环境感知、创新、敏捷灵活	以客户为中心的领导力原则： • 客户至上 • 主人翁意识 • 创新简化 • 决策正确 • 最高标准 • 远见卓识 • 崇尚行动 • 勤俭节约 • 好奇求知 • 赢得信任 • 敢于谏言，根向问底 • 达成业绩，服从大局	• 评估内容中，50%关注领导力原则 • 通过同行反馈和校准会议，对员工绩效进行跨团队比较 • 包容失败，始终将企业利益作为主要决策标准	• 创新漏斗，孵化创新业务 • 广泛使用PR&FAQ作为鼓励各级员工创新化想法的工具 • 通过年度规划中三年知知思考，倒逼遍过创新想法	• 严格的招聘标准：领号力原则+岗位相关技能 • 高标准筛选流程，确保能力和文化契合度"内部人才流动""无阻力"	• 亚马逊云计算服务平台提供各种微服务和共享工具	• 闭环团队，由单一领导者负责和领导 • 通过亚马逊云计算服务平台和内部标准服务接口（API），让业务团队容易获得技术和工具的共享支持
滴滴：外部环境感知、敏捷灵活创新、创造用户价值、数据驱动、合作共赢	核心价值观： • 创造用户价值 • 数据驱动 • 合作共赢 • 正直 • 多元 • 成长	• 同事反馈占评估10%的权重 • 相对于其他人才而言，高级技术人才的报酬更高	• 在这个阶段，主要依靠自上而下的创新	• 采用高端人才战略	• 构建技术共享平台，进行数据和工具的整合	• 在平台与业务团队之间建立以市场为导向的关系 • 以内部市场结算机制，管理平台与业务团队在职和离职主管的关系

资料来源：杨国安和腾讯研究团队进行的 Supercell、脸书、谷歌、华为、腾讯、阿里巴巴和滴滴案例分析；腾讯研究团队对这些企业在职和离职主管进行的访谈。

第6章

文化凝聚：
如何塑造合适的员工导向和行为

　　"企业文化战胜企业战略"的说法，见诸各种商业文献。例如，有一句非常有名，但常常被误认为出自彼得·德鲁克之口的话是这么说的：文化能把战略当早餐吃掉（Culture eats strategy for breakfast）。[1] 当下，大部分领导者都意识到了企业文化的重要性。它塑造和维系员工的幸福感和生产效率，以及企业的业绩、客户声誉、投资者信心。与获取金融资本、上线新的技术系统、对客户许下承诺，甚至是制订战略计划相比，企业文化更难以被复制。正因为如此，文化是企业的核心竞争力。文化确保了企业的可持续发展，从定义上看，这种可持续发展的生命力要长于任何一个个体的寿命。文化使企业的整体功效超过任何一个单独的组成部分，或者说它使生态组织比每个单一组织单元更具价值。

　　作为管理抓手，文化超越了市场激励和科层管控，以共同准则和价值，塑造个人行为。[2]员工处事得当是因为企业文化传达了企业对员工的期许。只有拥抱企业蕴含的处事方式的时候，员工才真正是这个企业的一分子。当人们喜爱某种文化时，他们会欣然达到文化中书面和非书面的期望，因为他们渴望成为这个群体中有价值的一员。

正如谷歌前任董事长兼首席执行官埃里克·施密特（Eric Schmidt）所说："推动谷歌运转的不是我，而是其企业文化……谷歌或许是网络组织的最佳样板。扁平化、非科层、形式多样的文化与想法——真知灼见可以来自任何地方……在谷歌这样的企业，首席执行官的部分职责是积极营造一个促使员工不断向你抛出真知灼见的良好氛围，而不是让他们怕你，惮于对你说出真实想法。"[3]

尽管企业文化关乎生态组织的成功，管理者也不断尝试对其进行塑造或改变，甚至详细记录，然而，定义企业文化常常是一项模糊而且不容易完成的任务。[4]作为一名领导者，倘若你想高效地使用企业文化这一管理抓手，你需要：（1）定义恰当的企业文化，以及了解如何将其与管理流程相匹配；（2）依托本书中展现的例子，对如何思考和使用企业文化有所了解；（3）运用具体工具，营造恰当的企业文化。

如何定义恰当的企业文化

当你经历和感受企业文化时，你就会了解它。企业文化的差异性就像走进麦当劳与步入银塔餐厅（la Tour d'Argent）的差别，观看

Lady Gaga的表演与观摩《茶花女》戏剧片段的差别，以及到波士顿拜访与到柏林、曼谷、贝鲁特或者北京旅游之间的不同。你喜欢自己所在的地方吗？你适应这里吗？这个地方适合你吗？无论是家庭、地域还是国家，皆有各自的文化，企业也一样。文化不仅仅是食物、音乐、语言、建筑和服装，而是发生在这里的一切。文化是赋予这个群体或地方的人（或者他们的彼此互动）一种独特的感觉及一系列有关做什么、怎么做和将要发生什么的预期，这种预期有时是有意识地进行的，而有时则是潜意识的。

任何一家企业都有自己的文化。定义企业文化是企业面临的挑战，找到合适的企业文化，有助于组织流程和员工行为的管理。许多人将企业文化形象地比喻为树的根部，对此我们不敢苟同。根部夯实的是过去，这是一种一成不变的文化观。我们将企业文化比作树的叶子，从太阳中汲取能量，向着未来的方向茁壮成长。

定义合适的企业文化需要阐明四个概念：企业目标、价值观、品牌和文化。微软首席执行官萨提亚·纳德拉说："在上星期我给你们的邮件中，我将战略方向整合为专注生产力和平台。拥有清晰的焦点只是我们万里长征的第一步，而不是终点。更加困难的步骤莫过于构建组织和企业文化，将我们的理想和志向化为现实。"[5]与纳德拉的话语呼应，我们提出有关企业文化的四个概念。

企业目标：我们已经在第 3 章中讨论过，企业目标是战略灵活性企业的根基，代表着对未来发展的渴望，包含着"你想成为什么"的理想蓝图，通常以"成为世界上最好的……"的标语呈现。

企业目标还包括"你为什么存在"的使命、战略和目标，以及你应该在什么方向、什么时机进行投资来完成这些目标的明确阐释。企业目标勾勒出未来发展的蓝图，鼓舞人心，指明方向。我们研究的这些市场化生态组织都有各自的追求目标和使命。就像前文提及的那样，谷歌的使命：整合全球信息，供大众使用，使人人受益。阿里巴巴的使命：让天下没有难做的生意。亚马逊的目标尽管有点长，但明确且令人信服：成为地球上最以客户为中心的企业，在这个电商平台，没有客户买不到的，只有客户想不到的，并且努力为客户提供最低廉的价格。

企业价值观：企业价值观代表着企业核心理念，"你代表着什么"及"你如何完成自己的工作"。倘若我们用前文中提及的树作为比喻的话，价值观是树的根部。它通常由企业创始人明确有力地表达，在价值陈述中进行阐明，并随着时间的推移保持稳定的状态。企业价值观决定着可以接受的员工行为。很多企业常用诚实正直、授权、卓越、责任感、服务和激情这样的崇高价值观。腾讯的四大核心价值观是正直、进取、合作和创新。亚马逊则将文化表达为所有员工（不限于领导者）应该展现的 14 条领导力原则。

企业品牌：企业品牌代表着你在市场中展示的东西，以及就自己产品或服务向客户做出的承诺。除此之外，它还代表着企业与客户的沟通互动模式。

企业文化：企业文化指的是在关键客户脑海里，员工呈现出来的企业属性（用树的比喻，就好比客户在与企业的各种互动中，看到了这棵树有什么样的叶子）。这一定义实现了打造文化的关注点由内部员工向外部客户的延展，将企业文化与外在市场紧密联系在一起。除此之外，这样的文化观还确保了企业品牌和我们向客户做出的承诺皆会成为企业内部行为的主要考虑因素。由外向内的企业文化观代表着员工如何理解关键客户对企业身份属性的观感印象。

综上所述，这四个概念充分体现了定义合适企业文化的关键流程，而不是一些放诸四海而皆准的内部价值观，也不是一些割裂孤立存在的客户承诺。

如图6-1所示，合适的企业文化一旦被清楚定义，对员工的期望管理便会应运而生，通过正确的组织流程和个人行为，提高员工的幸福感、生态组织的凝聚力及企业绩效。在定义合适的企业文化的过程中，你可以思考和评估自身企业在这四个维度中的实际表现。

将企业文化看作客户脑海里从员工行为呈现的企业身份属性，它能作为一项强有力的管理机制，塑造共享平台、业务团队甚至合作伙伴的所有相关人员的思考方式和行为举止。依托合适的企业文化，生态组织的所有组成部分拥有共同的优先考虑项，比如亚马逊和华为的以客户为中心，阿里巴巴的使命驱动和腾讯的一切以用户价值为依归。由于人类思想和行为的复杂性，企业文化拥有不同的侧面。然而，我们可以将企业文化涉及的众多元素整合成三大类别。

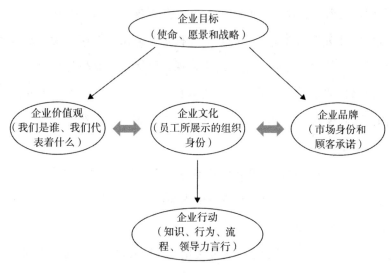

图 6-1 定义合适的企业文化

企业故事和其他惯例

当我们加入或参观一家企业时，企业标志、仪式、企业故事及其他企业组织活动是最先被感受到的文化体现，因为它们最为显眼。市场化生态组织需要讲述企业故事和深入企业骨髓的独特仪式，以便支撑企业文化。例如，华为新入职员工培训期间，指导老师会向你讲述许许多多的故事，生动回顾企业是如何践行"以客户为中心"这个文化的。有一个关于 2011 年日本地震的故事最为人们津津乐道。因为巨大地震所引发的海啸导致福岛核电站出现重大事故，诸多通信电塔倒塌，通信中断。与其他跨国企业不一样，华为并没有因为安全隐患而将员工撤离，而是调遣更多的人，帮助它的客户——位于东京的通信公司软银（SoftBank）——抢救修复电信设施。这一举动迅速赢得了软银首席执行官孙正义的信任，为华为未来几年与该公司建立更为紧密的联系奠定了良好基础。

清晰定义的内部文化标准

就企业文化而言，更微妙且更强大的部分是员工如何根据企业内部定义的文化标准思考、行动并感受。企业文化最终体现在员工的价值观、行动规范、不成文的规则，以及他们对于企业处事风格的情感反应上。市场化生态组织需要尽可能地明确什么对企业文化至关重要，并为员工提供反馈闭环，便于他们学习改进。例如，在亚马逊，员工都知道贝佐斯十分重视客户导向而非竞争对手导向。一位来自亚马逊的前任副总裁为我们回顾了他曾经与贝佐斯和几位高级副总裁共同参与一个会议的场景。其间，某位参会者提及沃尔玛最近采用的某些提升市场份额的具体措施。当贝佐斯听到这一言论时，噌地一下站起来，打断了会议，并重申亚马逊的企业信念是客户导向而非竞争对手导向。尽管为我们回顾这一场景的人对贝佐斯的反应感到惊讶，然而其他与会者却习以为常，因为他们在公司任职多年，类似这样的反应他们已经司空见惯。不过，贝佐斯从来不会放过任何一个机会强化他的核心理念，这是亚马逊所有决策的根基。[6]

外部声誉

企业的业界声誉便是其最佳客户所认知的外部身份属性。亚马逊希望以"客户痴迷"而出名，谷歌是技术创新，脸书是其推出的创新产品，而Supercell则是它持续不衰的爆款游戏。为了最终实现这些梦寐以求的声誉，生态组织中每位成员的所思、所为和所感都必须与其所传递的文化愿景保持高度一致。企业文化是最大的品牌运营商，它出现在每一次与客户的交流互动中。

在将企业文化这最后一类属性记在心中后，你可以开始定义自身企业的蓝图或合适的企业文化，着手思考一份简短清单，扪心自问：企业期待凭借什么名扬四海，以便让最佳客户知晓？这个问题使企业在内部价值观或行动方式与外部承诺和身份属性之间找到平衡，确保外部客户和内部员工对于你所期望的文化视角有着共同的思维模式。就像之前提及的，腾讯希望以产品的卓越用户体验而出名，华为希望以无与伦比的客户导向而闻名，亚马逊希望以"地球上最以客户为中心的企业"名满天下，创造几乎无所不包的线上销售平台（最近也开设了线下零售渠道）以及快如闪电的交付效率。当这些外部志向深植于员工行为和企业行为时，文化就会形成真正意义上的商业影响力。

市场化生态组织如何让企业文化鲜活起来

一旦合适的文化被明确地表达出来，它将在市场化生态组织的管理工具的整合配套上扮演举足轻重的角色。秉承"让天下没有难做的生意"的企业使命，阿里巴巴始终将一只眼睛盯着外部——不断革新的科技发展和还未被满足的客户需求或"痛点"，另一只眼睛用来发掘能使企业使命落到实处的全新商业机遇。起初，阿里巴巴采用B2B的电子商务模式，将中国企业与海外买家连接起来。随后，阿里巴巴推出淘宝，将中国的中小型企业与国内买家连接起来，并依托支付宝解决支付难题。然后，阿里妈妈问世，通过有针对性的精准广告提高用户流量的转化，并通过菜鸟网络服务商家物流。[7]阿里巴巴的企业文化是通过对外部世界不间断的扫描，发掘自己能与谁产生联系以及未被满足的客户需求有哪些，并做出正确的选择以充实阿里巴巴的生态组织。总而言之，文化引导着阿里巴巴的关键业务抉择。

亚马逊坚信，自己能获得如此巨大的成功，大部分要归功于对客户可能性的深入挖掘。这种以客户为中心的文化使得亚马逊迅速且持续地进化演变，为客户提供更高价值的服务。贝佐斯说："回顾亚马逊18年的发展历程，我们一直坚守着三大理念，这三大理念是我们成功的理由：客户至上、创新和培育市场的耐心。"[8]他从未停止对这一观点的论述。

华为进一步阐明了客户至上的企业文化。当员工加入华为时，他们知道这家企业对客户的关注度达到了世界级水平。客户需求比其他任何需求都重要，即使那些需求可能是来自重要投资者或者政府官员等重要利益相关者。例如，华为首席执行官任正非只花时间在客户、员工及合作伙伴身上，而不是在投资者或政府官员身上。在华为内部，有一个广为流传的故事：任正非曾拒绝会见由摩根士丹利（该银行管理资产的总价值是 3 万亿美元）的斯蒂芬·罗奇（Stephen Roach）①带领的投资者团队，因为在这种关系上花时间不是他的优先考虑项。⁹ 如果说这个故事确实很有说服力，那么前文提及的华为面对 2011 年日本地震造成后果的反应则可以用"令人震撼"来形容。华为的这一举动所产生的客户忠诚度红利是不可估量的，特别是与日本主要通信公司软银的关系。

Supercell 的企业文化侧重于创新。除了五款富有创新的顶级手机游戏外，Supercell 还在诸多其他领域进行创新。2015 年，《部落冲突》在"超级碗"（Super Bowl）球赛广告上下了重注。广告中，主演过电影《飓风营救》和《星球大战》的利亚姆·尼森（Liam Neeson，网名为"愤怒Neeson52"）正在咖啡店吃司康饼，他威胁要追捕一位叫BigBuffetBoy85 的网友，因为这位网友在线上的一场战争游戏中试图抢夺他的金币。Supercell 决定支付这支广告播满一分钟的费用，仅在"超级碗"球赛期间买断足量的播放时间就要花费大约 900 万美元。这是在"超级碗"期间播放的首支有关游戏

---

① 摩根士丹利亚洲区前主席。现任摩根士丹利首席经济学家和全球分析部总监，负责领导公司对美国经济的预测和分析，以及管理摩根士丹利添惠在纽约、伦敦、巴黎、东京和香港等地的经济预测和分析公司。——译者注

产品的广告，这支广告一经播出便立刻成为YouTube上最受欢迎的2015年"超级碗"广告（依据观看数量进行统计）。这支广告带来的巨大成功使得坐落于加利福尼亚的科技公司Machine Zone随即效仿了Supercell的做法。[10]

脸书将富有创新的文化持续不断地注入公司各个环节，因为它对行动力（而非完美无瑕）有着强烈执着与偏好。由于脸书在探索新想法、验证和优化创新服务方面的文化强势，该企业将取得的大部分成功归功于围绕创新构建的能力。关于创新这一主题，一位脸书的高级管理人员表示："行动胜于完美。"黑客马拉松文化鼓励员工迅速行动，打破常规，并产生影响。文化氛围代表迭代时快速，舍弃时有魄力，学习时有效率，而不是以一种惯性状态探寻自身的优势或微观管理带来的潜在机遇。

滴滴深知，生态组织的所有组成部分应该拥有同等的运转速度，因为就像链条的强度由最薄弱的环节决定一样，生态组织的敏捷灵活度是由运转最缓慢的部分决定的。每个月，滴滴的核心管理团队都有一次务虚会（含线上转播）。会上，首席执行官和其他高级管理人员就关键议题交流想法，分享进展和表明立场。在讨论当前最重大的十个议题的过程中，他们甚至采用线上投票的方式进行表决。在乘客和司机的匹配方面，滴滴还利用了大数据和人工智能，不仅迅速回应客户需求，而且对车辆需求激增的区域进行精准预测，缩短乘客的等待时间。[11]

通过将企业价值观转化成客户和员工的恰当举动，谷歌打造敏捷灵活的理想文化。尊重个体的企业价值观转化为企业正在发生什么、做出了哪些抉择以及在服务客户方面采取了哪些举措的高度透明。对于个体知情权的坚信促使谷歌尽可能多地将企业正在发生的事情进行分享。这种开放性有助于形成具有普遍性和广泛性的信任基础，以及协同合作的良好氛围。依托这块肥沃的土地，谷歌营造了一种独特的企业文化——精力充沛，以及超越职位描述追求共同利益的意愿。[12]

为了使你的组织能围绕一系列关键能力进行革新，你需要反问自己是否拥有合适的企业文化塑造人们在生态组织中的优先考虑项和行为。员工会如何书写或描述你的企业文化？你的企业文化是否将内部价值观和外部品牌属性相连接？企业文化是否助推目标、使命、愿景或战略转化为具体行动？企业文化是否不断发展完善，聚焦在影响未来客户的正确议题上？

管理启示

在市场化生态组织中，幻想通过侥幸建立合适的企业文化是行不通的，而是需要依托深思熟虑的工具和具体措施。通过对八个市场化生态组织的研究，我们确立了这些生态组织获取成功所使用的若干方式方法。你或许可以考虑如何将以下方式方法用于自己的企业，阐明合适的企业文化，并使之在所有利益相关者那儿生根发芽。

流程工具

通过确保员工的所思、所想、所做与企业向客户和其他利益相关者所做出的承诺保持一致，流程工具帮助塑造制胜的企业文化。因此，最强有力的企业文化不是向内聚焦于他们是谁、他们想成为什么样的人，而是向外侧重于谁需要他们，他们需要成为什么样的人才能满足其他人的需求和期望。

将文化转化为员工行为。明确企业原则，并让它们广为人知。考虑一下亚马逊网站招聘页面上的话：倘若你热衷于在一个对卓越运营充满激情的高绩效团队中进行发明创造，开拓未知领域，你将会喜欢这里。[13] 还有什么更好的方式告知潜在员工和客户，亚马逊能为其提供怎样的期待？一则针对 350 名亚马逊客户的问卷调查结果显示，虽然客户对亚马逊有着深厚的情谊，但他们更关注的是亚马逊是否能按时执行他们的订单。这些客户期待（品牌承诺）促使亚马逊围绕卓越运营塑造员工行为。为了成为"地球上最以客户为中心"的企业，亚马逊还将这一愿景转化为 14 条领导力原则，引导各级管理者和员工思考、抉择和行事。问问自己，如何将品牌承诺转化为员工的行动和举止？员工是否能界定和践行与文化相关的行为？

设计能够支持员工行为的方式方法。我们将在后面的章节对这些方式方法进行更详尽的阐释。现在，我们对企业文化制度化的必要条件进行概括性叙述。

首先，确保高层领导者言出必行。当领导者们践行他们的理念，并通过他们的业务决策、所花费的时间及人事决定，将这些理念清晰地传达给企业的所有人时，企业文化才会生机勃勃，真正鲜活起来。例如，当亚马逊需要决定是否对一个全新业务或服务内容进行投资时，其评判标准在于新投资能否满足客户的明确需求。从图书、CD、DVD、时装和家用电器的线上零售到亚马逊开放平台、亚马逊云计算服务、亚马逊会员、亚马逊无人智能零售商店和其他服务内容，所有的生态组织决策基于一个简单的判断：这是否是客户需要的？亚马逊将这种思维模式制度化成PR&FAQ工具。通过以"产品或服务如何对客户产生价值"为基点进行以终为始的倒推思考，员工制订出商业计划。他们以模拟新闻稿的方式将自己的所思所想进行概述。理想情况下，模拟新闻稿不超过 6 页。随后还有关键的常用问题解答，比如产品或服务能否持续发展，自家的产品或服务如何与竞争对手的类似产品或服务进行区分，以及产品或服务如何符合亚马逊的整体服务内容。[14]商业领导者构建企业文化，不仅仅通过形式多样的沟通方式，还通过他们的业务决策和管理决策。

其次，确保将所崇尚的文化注入管理和组织流程。需注入的管理工具包括人员配置、培训、升迁、绩效考核、薪酬奖金、组织架构、工作设计、信息管理、空间布置使用和领导力发展。通过这些工具和流程，管理人员能够不断强化员工行为与客户期望之间的匹配度。除此之外，客户或许能参与某些传统意义上的内部举措制定。例如，制定招聘标准、参与培训活动和薪酬奖金分配等，让客户有一定的发言权。当客户对这些举措提出建议或参与实施时，他们将与企业产生更加紧密的联系。

最后，在企业的各个层级，选择、培养和提拔那些能够充分彰显企业文化的领导者。例如，倘若某位领导者没有展示合适的文化行为，他是无法在亚马逊或阿里巴巴获得晋升的，因为在这些企业中，领导者绩效评估的两个维度之一与核心价值观有关。领导者是企业文化的载体，诚心正意地自我践行并强化企业文化是其职责所在，要通过讲述故事和参与文化相关活动，使企业文化真切地呈现在人们面前。除此之外，你还可以采用更加实际的方法强化那些彰显企业文化的行为：你和生态组织的其他人员如何将对方当作同事和客户，坦诚相见，诚心以待。

管理举措或惯例

有效可行的管理举措和惯例能够生成特定的企业文化，与生态组织成功所需的关键能力和领导者所擅长深信的一致。华为的首席执行官任正非善于撰写致员工的信和讲述故事。他使用容易引起人们共鸣的语言描述华为面临的市场挑战，例如用"华为的冬天"营造一种紧迫感，并劝诫员工持之以恒地努力工作。他还撰写公开信给部分员工，详述他希望华为应该有的积极举动或应该规避的消极行为。所有领导者都需要化身为伟大的沟通者，切实找出符合自身习惯和喜欢的沟通方式。也许你的沟通方式更倾向于使用互动式的网络研讨会、播客系列（podcast series）或者全员面对面的交流大会。无论用哪种方式，关键是要意识到任何企业文化都需要被悉心呵护和培养，对于能够符合领导者风格和生态组织发展需要的那些惯例，用心经营是至关重要的。

请对下面罗列的清单进行思考，我们认为这些措施十分有效。倘若你想看更多的举措或做法，请参考表Ⅲ-1，我们希望表中的一些想法能够适合你的情况。我们还希望许多人认为行之有效的大量成功管理举措和惯例，能够激发你的创造性思维。问问自己，倘若以每小时、每日、每周或者更长的时间单位作为基准，你将如何夯实和支持企业文化？

- 讲述故事：在华为，首席执行官任正非写信、讲述故事和分享照片。为了向企业传达"笑脸面向客户，屁股面向领导"这个理念，任正非分享了一张自己的照片。照片中，他在上海虹桥机场的出租车载客处排队等车。任正非想传达什么样的理念呢？在华为，员工不应该花费任何精力去服务和取悦他们的上司，包括任正非。

- 时间分配：在亚马逊，贝佐斯将70%的时间放在新业务上。[15]脸书的扎克伯格将主要精力放在新产品上，而将所有与运营、商业和管理相关的事务交给首席运营官谢丽尔·桑德伯格。华为的任正非只花时间与客户、员工和合作伙伴在一起。

- 设施或建筑物的命名：如何为一幢大楼、一个会议室或其他建筑物命名能够充分传达企业内部对人物或理念的倍加推崇。尽管有些企业倾向于用功成名就的科学家或知名演员来命名自己的会议室，但贝佐斯用"Day 1"（第一天）来命名全新的总部大楼（以此命名的建筑在总部的南区和北区皆有）。他经常用这样一个短语来告诉员工：亚马逊依旧是一家初创企业，依然拥有众多机遇，助推企业发展。[16]

- 办公室的布局安排：高管的办公室应该是什么样的？有些企业的高管可能在公司顶层拥有独立的大办公室，其他一些企业的首席执行官或高管则与员工坐在同一个开放区域，没有独立办公室。所有这些安排都是对你所渴望营造的企业文化的生动表达。办公室的设置方式往往反映出企业对透明度、平等和协同合作等价值观的重视程度。

- 节俭朴素程度：在亚马逊，资源制约被看作创新的一种来源。亚马逊的一位高层管理人员曾经这样说道："就像其他制约因素一样，我认为节俭朴素能够促进创新。逃脱密闭盒子的唯一方法就是发明跳出限制框框的出路。"[17]相反，有些企业在人力增加和财务花费上挥霍过度，形成另外一类文化。

- 制定高标准：在Supercell，研发团队事先敲定新产品的玩家保留率和参与度必须达到多少才能进入下一个研发环节。这些基准数值向全公司公布，没有达标的游戏将在众目睽睽之下被废弃，没有人会因此感到羞耻。[18]

- 长远眼光：说到日复一日地践行"长远眼光"这一理念，我们首先会想到谷歌。这一理念有助于营造所有权文化，使员工更加注重企业的长远健康发展，而不仅仅局限于季度回报。[19] 谷歌认为，这种文化机制有助于更明智的决策选择，并使领导者和员工有底气摒弃糟糕的想法。

- 每天会议：在京东，几乎所有团队每天都要开晨会，讨论当天需要做出哪些决策以及昨天已经做出了哪些决策和已知的成果。这种程度的透明度加上责任感使得每个人坦诚相见，诚实以待，为团队营造良好的互学互鉴氛围。除此之外，团队成员在进行决策的过程中给出具有建设性的意见反馈，而不是事前事中装哑巴，事后突变诸葛亮。[20]

上述哪些流程工具、管理举措或惯例能够为你所用，让企业文化落到实处？你如何确保企业和生态组织中的每个人真心关注客户，对创新保持热情，并灵活行事？倘若你和你的企业在思想、感知和行为上没有任何转变和改观，那么，组织革新不过是一项浪费时间的形式主义工程。

结论

在为整个生态组织构建共同期望，并为实现这些期望提供比较一致的方式方法方面，企业文化的重要性怎么强调都不为过。企业文化就像我们每天呼吸的空气一样影响着我们的生活，它的增强与削弱是由无数个决策、举措和配套系统决定的。最重要的一点是，领导者需要定义合适的企业文化，这有助于外部承诺和内部员工的行为保持紧密联系。合适的企业文化将有意识地支持市场化生态组织的四大核心能力：外部环境感知、客户至上、贯穿始终的创新和无处不在的敏捷灵活。除此之外，当企业的流程工具和管理举措得到了充分贯彻落实，企业文化就能够如春风化雨般引导个人行为和员工实践。

第 7 章

绩效激励：
如何让员工对结果负责
并激励他们全力以赴

不用问责的期望是虚假的承诺。就个人层面而言，问责是至关重要的。倘若没有问责，人们关于如愿减肥、充分运动、多多存钱、充足睡眠、丰富阅读、结交新友或学习新技能等诸多渴望，都将成为虚无缥缈的臆想和被抛诸脑后的新年愿望。[1] 甚至连许下竞选诺言的政治人物也不例外，他们如果无法兑现诺言，则不可能赢得连任。

无论是哪个国家，倘若想实现经济腾飞、社会繁荣或政治清明，就必须在广大公民中植入一种精神——责任感。新加坡总理李光耀 31 年的任期被描绘成一部经济奇迹的缔造史。作为一个自然资源匮乏的岛国的领导者，李光耀将新加坡打造成为全球领先的经济体：世界一流的飞机场、摩天大楼和良好营商环境。[2] 可以说，新加坡取得的大部分成就归功于李光耀植入的国家精神——责任感。在政治层面，政府领袖们实现自己的政治诺言；在经济层面，人们遵守商业规则；在社会层面，践行文化规范是社会对于公民的期许。[3]

　　同样，倘若企业想要实现目标、坚守价值观、构建企业文化和根植品牌（请参考第6章），它们必须确保责任感这种精神始终挺在前面。市场化生态组织以明晰的问责方法进行管理活动。本章我们将从三个角度审视问责方法：什么促使问责发挥功效，它是如何在我们所研究的生态组织中发挥功效的，以及你的公司可以用哪些工具强化员工责任感。

积极对话是如何实现问责的

　　过去几年，几乎所有关于绩效管理的体系都受到了指责和非议。领导者和员工都对低频率的反馈、简单化的数字标签评价以及依凭复杂难懂的绩效管理系统将员工进行排序评级所导致的内部竞争和防备心理等，有不少抱怨和反感。其他问题还包括绩效管理与企业业绩缺乏紧密联系，以及使管理人员和人力资源工作人员感到厌烦的填表压力。摒弃传统绩效考核体系的企业持续不断增多。早在2015年，在《财富》世界500强企业中，有6%的企业取消了容易引起内部竞争心理的绩效排名，95%的管理人员对企业绩效考核的实施方式表示不满，将近90%的人力资源领导者表示绩效考核流程无法提供确切的信息。位于明尼阿波利斯市的美敦力（Medtronic）是一

家市值 290 亿美元的医疗科技企业，该企业的前任首席人力资源官
卡罗琳·斯托克代尔（Caroline Stockdale）直言不讳地说道："我们企
业彻底抛弃了老式的绩效管理模式。"美敦力抛弃了不受欢迎流程的
所有组成部分：用数字做评价、强迫性的正态等级分布、堆积得像
乞力马扎罗山一样高的文书。"评分减损了对话的效用。"斯托克代尔
说，"如果一个员工坐在那儿等待某个数值的降落，他表现再好也无
法参与对话。在极坏的情况下，员工会感到郁闷，这种不满情绪的
持续时间可长达一年。"[4]

　　然而，我们还要仔细聆听大家真正在说什么。在这个对现行绩
效管理体系的批评中，我们仍然清清楚楚地听见"问责至关重要"
的观点。我们都需要对目标或工作负责，否则我们将无法做到……
（请在这儿填写倘若缺乏责任感，你无法做到的事情——整理床铺，
按时上课，找到一份工作，赶上最后期限。）为何汽车租赁公司要
收取额外费用促使你在还车时将油箱加满？因为他们不想耗费自身
人力去加油，他们希望租客对这件事担起责任来。谁会心甘情愿地
在还车之前将租来的车打扫干净？几乎没有这样的人，因为并没
有足够的责任促使租客这么做。倘若保龄球瓶不倒下，也没有人计
分，你还愿意提高保龄球水平吗？答案是否定的。在三十年的教学
生涯中，我们从未发现任何一个学生能够顺利完成旁听课程。无论
最初的学习动机是如何真心实意，倘若没有家庭作业作为责任，且
没有成绩作为调控手段，学生是无法全身心投入学习的。这些责任
机制至少能使学生集中时间和注意力，提高功课的优先级。对绩效

问责和奖金仍旧是塑造人们行为和决策的强有力工具。我们所讨论问题的关键不在于规避问责和奖金，而是以最好的方式对其进行恰当构建，以便生成生态组织所需要的能力。

传统评价体系之所以常常失败是它们错误地执着于僵化流程，譬如设定目标、衡量业绩和分派奖金等，而不是积极对话。这种评价体系比促进主管与员工积极对话的效果低得多。积极对话不仅仅是日程表中的一个定时规定动作，而是领导者与员工在日常工作中进行的频繁交流。试想一下，有关你孩子的行为举止，你会只关注年度考核而不是每日甚至每小时进行积极对话沟通吗？当然不会。假如我们将积极对话的重要性提高，几乎能够使所有绩效管理系统有效运作。为了优化绩效问责，管理人员和其他领导者需要做的最重要的事情是与员工进行真诚坦率的对话。[5] 通过这些对话，领导者们可以让员工坦率真诚地面对自己应负的责任，而不是依靠繁复的流程。

这些积极对话帮助人们获取一种"成长型思维方式"，专注于值得优化的方面。[6] 积极对话以未来眼光促进韧性和毅力。它们不以人身攻击或批判的方式解决行为问题，并以此去认可和挖掘他人的潜能。当领导者们专注于帮助人们从成功和失败中习得经验教训而不是一味地诅咒失败时，他们就能提供与员工技能和责任相匹配的事业机会，亟待优化的责任点就能从领导者转向员工。积极正面的对话不在乎形式、工具或者流程，而是构建领导者和员工的良性关系。

倘若你想拥有领导力，你必须让那些受你领导的员工对自己的行为负责。规避或推脱责任，比如将责任推给人力资源部的某位工作人员，将削弱你的领导力可信度并阻碍员工的绩效表现。

强化问责方式的企业案例

谷歌常常采用所谓的OKR管理法，通过树立宏伟目标并跟踪进度，促进突破性创新。[7]该企业非常具体地对OKR进行了定义：

- 目标要具有野心，且有一定的难度。
- 关键成果要明确，能够以数字进行量化（谷歌使用0~1.0对每一个关键成果打分）。
- OKR是公开的，企业内的所有人都能够知晓其他人正在做什么。
- 谷歌的OKR理想分数是0.6~0.7；倘若某人始终如一地完全实现他的目标（1.0分），那么他所制定的OKR还缺乏野心，需要考虑更加宏伟的目标。
- 低分数应该被看作调整下次OKR的宝贵数据。
- OKR不等于员工评价。
- OKR并非共享任务清单。

在实践中，由于OKR中的目标非常宏伟，OKR与其他诸如关键绩效指标或平衡计分卡（balanced scorecard）等目标设定方法有着本质上的区别。OKR能够使团队专注于大赌注，即使它们没有完全实现设定的目标，获得的阶段性成果也是大大超出团队想象的。OKR引导团队和个人走出舒适区，区分工作的优先级，并从成功和失败中有所悟，有所得。

谷歌的年度OKR通常包括"登月计划"（moonshot project），也可称为"10倍机遇"（10X opportunity）。[8] 每名员工都被要求考虑"登月"的相关内容，也就是能够为企业带来10倍增长和影响力的突破性机遇。这一要求倒逼员工拥有发散性思维，而不是渐进式改良思维。谷歌光纤（Google Fiber）、无人驾驶汽车、智能眼镜和气球互联网（Project Loon）皆出自"登月计划"。[9]

通过六大核心价值观，阿里巴巴使员工在日常工作表现中富有责任感。其中，客户第一是居于首位的核心价值观。[10] 阿里巴巴对于客户至上的责任感促使全新业务模式的陆续出台。

华为的绩效激励基础体系促使员工持续不断地向着天空最高处和地面最远处探索：华为不是上市公司，员工是其实际拥有者。这种特有的内部所有权关系自然而然地使员工持续关注全局。实际上，首席执行官任正非持有的股份只占企业总股份的1.2%，其余大部分的股份由14万名员工持有。在华为内部，这种股份制度被亲切地称为"银手铐"。除此之外，任正非持续不断地强调自己对"以客户为中心"理念的坚信，这是企业生存的关键。在华为，无法充分满足客户需求的业务团队将被迅速识破，其业务领导者将被取代。[11] 无法满足客户需求或实现业务拓展的管理人员将很快受到降级或调离岗位的处罚。在很大程度上，亚马逊、谷歌、脸书、腾讯、阿里巴巴、滴滴、华为和 Supercell 都会将客户指标作为绩效问责的核心部分，它们以严谨审慎的态度看待日活跃用户或月活跃用户数量、客户的产品使用时间、客户花费的金钱数额（比如从每位客户那里获取的平均收益）、客户流失率和客户转化率等方面的增长。客户转化率非常重要，因为它展现了在市场推广过程中有效销售线索与收入增长的比率。通过这一比率，企业能够评估自身在找寻新客户和维护现有客户关系方面成功与否，以及所取得成功的程度。

除了业绩结果之外，市场化生态组织对员工一些影响整体生态高效运作的行为问责。在亚马逊，除了客户痴迷，另一条极为重要的原则是思考和行事时要有主人翁意识。亚马逊网站的招聘页面上是这样声明的："领导者都具有主人翁意识。他们思虑深远，不以牺牲长期利益为代价获取短期效益。他们的行事基于整个企业，而非某个团队的利益。他们从不把'这不是我的职责所在'挂在嘴边，搪塞推诿。"[12] 亚马逊会对领导力原则中罗列的那些具体行为进行定期评估，占员工绩效比重的 50%。

脸书期待员工借助自己的工具，在工作内外构建社群。他们被期待拥有积极主动的工作态度并把自己的社群扩大。员工对于脸书提供的服务（连接亲朋好友）的使用程度被视为员工对公司的参与度指标。[13]

你在多大程度上促使员工对正确结果和行为负责？你是否制定了挑战性目标、追踪数据、行为评估，或者对这些方式进行组合使用？你的员工是否愿意对自己的行为和结果负责，实现企业目标？

管理启示

设定预期目标的过程与设定标准本身一样重要，甚至更加重要。强制下达严格标准的领导者只会鼓励员工的被动性，而削弱了员工的努力程度、灵活性和参与度。通过与员工积极对话，包括让他们在确定目标和期望过程中参与，能够帮助他们对结果的实现负责。员工越拥有主人翁意识，就会越富有创新和活力。当情势发生变化时（当下环境的常态），员工需要有更强的适应能力。下面介绍的工具和措施将强化这一基本概念。将这些工具运用于与问责有关的积极对话能够确保员工遵守承诺。

理解人性和动机

近年来，大家对于如何优化现行问责措施，以带来员工期望的巨大转变有了更充分的认识和了解。对人类动机了解越充分，对话的质量就会越好，越能将你和员工的精力和行为引向积极的一面。表 7-1 分享了我们见过的一些新兴的最佳具体措施。

表 7-1　针对员工绩效和成长的对话所采用的新兴举措

现有举措	新兴举措
关于绩效的对话发生在某一固定时刻	关于绩效的对话在不同场景和事件（工作周年庆祝、晋升、薪酬制定）中实时进行
专注于能力（"你很聪明"），形成固定的思维模式	专注于努力（"你工作勤勉"），形成成长型思维模式。对努力和成果皆予以赞赏
回顾员工过去的绩效表现（"你一贯擅长……"）	强调未来机遇和持续学习（"你学到了什么，能够运用于将来"）
强调什么地方出现了错误	专注于做对的事情（表扬与批判的比例控制在 5∶1）
领导者的角色是命令与管控，领导者不直接参与转变过程	领导者的角色是通过以身作则，辅导、沟通和示范如何进行转变和个人改进
专注于行动	专注于行动的可持续性
谈论已经发生和应该发生的事情	倾听和参与有关"能够发生什么"的积极对话
以文书和表格的形式准备绩效评估	带着"如何促进员工的个人发展"的思考，准备绩效讨论

额外建议

以下更详细的建议是对表 7-1 的进一步阐述，便于领导者运用最高效的方式激发员工的责任感。

关注员工的自身角色。不要尝试对你的员工进行排名，抑或对员工之间的绩效表现进行比较，而是以他自身取得的进步考量每一个员工。

更频繁地给予意见反馈。与其一年进行一次评估反馈，不如更频繁地给予意见反馈，可以是在每个重点项目接近尾声的时候或每个季度末。例如，为了助推员工的绩效表现，德勤（Deloitte）每周帮助团队领导者进行快速回顾。对话实时发生，而不仅仅局限于某个固定时段。

任何时间都可以进行回顾反馈并确保其内容的精简性。回顾反馈的精简性是至关重要的。流程越繁复，对个人对话的关注度就越分散。例如，德勤的评估反馈只有四个问题，其中两个问题仅需要回答是或否。

从专注过去到面向未来。与其对一整年的绩效进行一次性评估反馈，这些更精简、更频繁的评估反馈是为了帮助员工在职业道路上奋勇向前，而不是回看过去的成功或失败。

适当剔除流程中存在的主观性。标准绩效考核的一个重要问题是，对员工的技能评估更多反映了评估人员本身而不是员工的情况。为了抵制这一倾向，德勤对问题进行了修改：将"领导者是如何看待某个员工的"变为"领导者该如何对待某个员工（提拔他，对他给予激励等）"。

从侧重员工管理到聚焦于助推员工绩效。更加频繁的回顾和反馈意味着领导者有更多的机会引导员工走向卓越。

从最单一的绩效评估观点到最具影响力的绩效评估观察。过去，评估反馈系统倾向于将员工绩效最终简化为一个数字——评分或者名次。而新的评估反馈更多的是关于每位员工更加丰满、鲜活的认知，帮助员工获取更好的绩效。我们之前提及的若干问题有助于开启更多核心话题的深入对话。

结果与行为

在所有积极对话中，你必须明确结果（需要实现什么）和行为（如何去实现）两方面的期望。图 7-1 展现的结果–行为两维矩阵可以帮助你同时考虑这两个方面。对这些议题的明确能够激发出像阿里巴巴、亚马逊、脸书和谷歌一样的创新。让我们对图中的各象限进行审视。

		结果 （需要实现什么）	
		坏	好
行为 （如何去实现）	正确	2 坏结果，正确的行为	4 好结果，正确的行为
	错误	1 坏结果，错误的行为	3 好结果，错误的行为

图 7-1　结果–行为矩阵

第四象限，好结果，正确的行为：这是最理想的象限。当好结果通过正确的方式得以实现时，企业应该大力奖赏员工。

第三象限，好结果，错误的行为：这些好结果是孤立事件，而非可持续或可预测的。尽管奖赏往往是基于结果而不是实现结果的路径，但是为了员工的未来发展，领导者还是应该对他们的行为进行慎重考虑。倘若员工行为严重背离企业文化，企业应该矫正、警告，情节严重的给予免职处分。

第二象限，坏结果，正确的行为：这可能是一个勇于冒险的象限。员工从事正确的行为，即便他们无法迅速获得好结果。企业必须对失败抱以宽容态度，将其看作学习提升的宝贵机会。例如，在脸书，倘若员工把失败的前因后果和关键决策点的失误弄得非常清楚，有助于大家吸取经验教训，"失败者"仍有机会获得晋升。

第一象限，坏结果，错误的行为：拥有问责文化的企业会要求处于这一象限的员工改变自己的工作模式或者离开企业。坦诚的对话能够帮助员工明白自己目前的表现如何，以便其行为在滑入这一深渊之前及时规避。

在脸书，这些有关结果和行为的数据通过同事们的反馈收集，并通过事先商定好的计算方法清楚透明地转化为每位员工的奖金数额。即使是直接主管人也无法改变下属的奖金数额，因为奖金的有无和多少由事先商定好的计算方程式决定。[14]

引导与后果

为了在企业平均薪资的基础上额外获取1%的报酬，你愿意做多少额外的工作？倘若你表现不佳，而未达目标的惩罚只是削减1%的报酬，你有多大的动力去改进这一糟糕状况？假设完全未达绩效标准所遭受的惩罚是来自管理高层的训斥，而报酬照旧发放，员工会做何反应呢？我们看过所有这些情况，它们从未给企业带来过成功。一名新上任的首席执行官要求现有管理团队对自己的成就进行评估。团队成员都给了自己满分。在下一次团队会议上，首席执行官与他们分享了这些评估结果，并提出一个显而易见的问题："倘若你们每个人都实现了各自的既定目标，为什么我们去年还会损失 10 亿美元呢？"要不就是他们制定的目标是错误的或具有误导性，要不就是既定目标并未真正实现，还有可能是因为个人目标与组织结果的实现关系不大。在设定和反馈目标方面需达成共识和保持高度透明，并将目标的达成与否与员工面临的不同后果联系起来，这才是企业绩效问责的全部。[15]

员工不同的绩效表现必须与不同的后果相对应。这些后果可以是积极或消极的，可以是金钱的或非金钱的（见图 7-2）。那些强调绩效问责的企业根据员工达到企业标准的不同程度对图中的四个象限进行巧妙运用。

在进行积极对话的时候，更多地关注正面引导，而非负面引导。研究结果显示，要让员工有责任感，正面积极引导和负面消极引导的比例应该是 5∶1。[16] 正面引导带来的财务后果准确、可测量，并在不同职位和人员中具有可比性。有些企业通过公布员工的增薪幅度来展现员工去年的绩效表现，员工能够觉察到哪位员工获得了最大幅度的薪资增长，并领悟到良好绩效与个人回报的关系。即便如此，非金钱的引导有时更加重要。被认可、有乐趣的工作和特有的工作机会能够更充分、更公开地表现出企业对某位员工良好绩效的褒奖。

		后果	
		财务的	非财务的*
引导	正面	增加薪酬、奖金和股权	• 获得认可 • 有趣的工作 • 工作机会/职业机遇增加
	负面	小幅增加甚至没有增加薪酬、奖金或股权	• 被训斥 • 负面的评估反馈 • 工作机会/职业机遇减少 • 更少的工作选择

*有若干关于非金钱性奖励的精彩列表，例如可以参考鲍勃·纳尔逊（Bob Nelson）的《1501种奖励员工的方法》，鲍勃·纳尔逊和巴顿·莫里斯（Barton Morris）的《1001种激励员工的方法》。

图7-2　引导-后果矩阵

在腾讯，给予每个游戏工作室的奖金数额各不相同，因为奖金数额通过游戏收入、利润和效益增长的相关公式得出。这种关联性使得各游戏工作室的游戏制作人和开发人员获得的年度奖金差异巨大，因此每个工作室都全情投入，希望推出像《王者荣耀》一样风靡世界的游戏。[17]

位于共享平台的团队同样需要恰当的激励。这种恰当的激励或许是收入共享模式（比如，当业务共享平台扮演着游戏销售渠道的角色时），或者是平台中的专责团队在支持某个前线业务团队成功后的奖金分配模式。这种积极引导和激励能够确保共享平台团队全心全意地为业务团队提供支持，助推其赢得市场。

结论

当你最大限度地运用好绩效激励（目标和行为）和后果管理（引导和结果）时，你能够确保生态组织各单元的人员有正确行为、承诺，以及达成期望，实现生态组织的战斗力提升。无论我们在这里分享了多少工具和措施，问责既是一门艺术，也是一门科学。问责的实践离不开勇气、换位思考、创意，以及对人性动机的理解与业务结果的关注。那些将高效问责深植于生态组织的领导者洞悉人的内心需要、想法和钱包需求。因此，他们需要具备高超的技巧和洞察力才能在不同情况中找出正确的问责方式，特别是在面对一群受过高等教育且技术娴熟，又有重大工作压力的员工时。领导者可动用的杠杆有很多：薪酬、奖金、分红、晋升、特殊任务、培训和轮岗。杰出的企业和领导者使用所有这些选项，将问责和激励融入个人及企业文化中，大大增强了两者所发挥的功效。

第8章

创意孵化：
如何鼓励和孵化具影响力的创想

詹姆斯·戴森爵士（Sir James Dyson）先后经历了 5 126 次失败，才开发出一款改变家居清洁的全新产品设计（无袋式吸尘器）。[1]为了将一部时长 90 分钟的动漫故事片搬上银幕，皮克斯（Pixar）团队平均制作 125 000 个故事情节，而通过筛选最后能进入故事正片的情节只有 12 000 个。皮克斯总裁埃德温·卡特姆（Edwin Catmull）总结道："所有处于制作初期的电影都是非常糟糕的……我们的职责就是将糟糕的电影转化成不糟糕的电影。我们是迭代过程的真正信徒——修改，修改，再修改，直到有漏洞的故事找到合适的发展主线或者某个空洞的角色找到自己的灵魂。"[2]

音乐、绘画、文字或其他表达途径，由一群富有好奇心的员工组成的企业能够依凭同样特质探索未知、直击痛点、挑战权威，创造出诸如苹果平板电脑、亚马逊云计算服务和《王者荣耀》等成功产品。

　　个人好奇心和企业创新是创意孵化的必备条件。如果将好奇心看作独立事件，创新就是诸多独立事件所组成的常态化模式。如果好奇心的功能是提供燃料，创新就是将燃料转化为动力的发动机。好奇心源自人们的兴趣，而创新深植于企业组织流程中。流程和架构越能持续不断地维系员工的兴趣热情，企业就越能期待新想法的生成，并不断向前迈进。对于企业而言，创新需要适宜的组织模式，鼓励员工年复一年地对一个接一个的产品和服务进行不断尝试。没有源源不断的新想法，而是用昨天的老办法去解决今天和明天的难题，企业将失去活力。作为一名领导者，你的任务就是将个人好奇心转化为可持续的企业创新。

企业创意孵化的真实案例

　　亚马逊有关创意孵化的宝贵秘诀围绕三大基本原则：客户至上、创新和培育市场的耐心。它取得了下面这一连串创新性成果（这还不是一张完整清单）：

　　　　1994 年：亚马逊——一家线上自营书店成立，运用其长尾优势为读者提供数量巨大的图书库存。

　　　　1998 年：亚马逊拓展到图书以外的业务领域（这是其首次采用毗连战略）——CD、鞋子、时装、家居用品和其他消费品，亚马逊逐渐成为所谓的"一网打尽商店"。

2001 年：通过开放平台邀请第三方卖家进驻，亚马逊扩大了其产品类别和数量，为客户提供更好的价格和更多的选择，甚至冒着自营零售业务遭受冲击的风险。

2002 年：引入"特惠"送货服务，方便客户购买。

2003 年：亚马逊收购在线音乐商店 CDNow。

2005 年：亚马逊 Prime 会员服务横空出世，通过需求预测和商品折扣，进一步与亚马逊最佳客户建立紧密联系。

2006 年：亚马逊推出亚马逊云计算服务，使第三方卖家能够在线上线下的运营中更加高效。

2006 年：亚马逊推出物流服务（Fulfillment by Amazon），为第三方卖家提供配送物流服务。

2007 年：Kindle 电子书阅读器的问世使亚马逊由实体产品拓展至数字化产品和内容领域，比如电子书。Kindle 电子书阅读器和其他智能设备使得电子化内容的获取和使用更加便利。

2007 年：为进一步丰富数字化内容，亚马逊音乐这个线上音乐商店应运而生。

2008 年：亚马逊收购线上鞋店 Zappos，迅速实现业务毗连。

2010 年：为进一步丰富数字化内容，亚马逊工作室推出电视连续剧和电影；部分内容，比如动画片，是通过在线投稿和众包模式形成的。这些产品由亚马逊视频发布。

2011年：作为网飞和葫芦网（Hulu）的竞争对手，亚马逊的数字视频流媒体服务亚马逊视频应运而生。

2011年：基于安卓系统的亚马逊应用软件商店正式上线，销售适用于安卓操作系统的应用软件。

2011年：亚马逊收购语音识别科技公司Yap。

2012年：亚马逊收购仓储机器人公司Kiva Systems，后来将其改名为亚马逊物流机器人公司，为亚马逊的货物仓库提供移动机器人物流。

2012年：亚马逊游戏工作室成立，开始自主研发游戏。

2013年：为了成功打入印度零售市场，亚马逊对营销战略进行了调整。在经历了初期不顺后，亚马逊逐渐了解并适应了印度的基础设施现状，取得成功。

2013年：推出亚马逊平板电脑（苹果平板电脑的竞争对手），能够下载基于安卓系统的亚马逊应用软件商店，观看流媒体电影和电视节目，以及访问Kindle电子书阅读器上的电子书。

2014年：亚马逊智能音箱（Echo）系列设备陆续问世，包括物美价廉的便携式蓝牙音箱Echo Dot、拥有触摸显示屏的音响Echo Show，以及处于时尚前沿的"穿衣小助手"Echo Look。

2014年：亚马逊推出基于云计算的语音服务Alexa，该语音服务可运用于亚马逊和第三方设备制造商的设备上。

2014年：亚马逊收购流媒体视频平台Twitch，游戏玩家可以实时直播自己在微软游戏机（Xbox）、PS游戏机（PlayStation）、电脑和移动游戏平台上的游戏情况，供其他玩家观看。

2014 年：亚马逊购物按钮 Dash 应运而生，客户可以使用一个专门的设备实现商品线上订购。

2014 年：提供食品杂货订购和派送服务的亚马逊生鲜（Amazon Fresh）在美国和欧洲部分城市上线。

2014 年：亚马逊推出即时送达服务（Prime Now，一小时内送达的日常必需品送货服务）。该服务只提供给亚马逊会员。

2015 年：基于云计算的免费在线剧本写作软件 StoryWriter 正式上线，为独立剧作家提供帮助。

2016 年：亚马逊开发了免费、跨平台的卓越游戏引擎 Lumberyard。通过与亚马逊云计算服务的整合，游戏开发者可以在亚马逊的服务器上开发游戏，并通过 Twitch 平台支持这些游戏的直播互动。

2016 年：亚马逊引进物美价廉的 BLU G 手机，与其他手机品牌竞争，包括苹果手机。

2017 年：通过收购全食超市，亚马逊迅速获得了上百家实体商店和大量的线下门店的客户数据。亚马逊开始将线上线下的零售业务进行整合，提升客户体验和运营效率。

2017 年：亚马逊收购中东的一家电子商务企业树客（Souq.com）。

2018 年：亚马逊收购智能家居安保公司 Ring。

2018 年：亚马逊无人智能零售商店 Amazon Go 问世。作为首家自动化杂货店，它致力于颠覆杂货店和零售行业的现存格局，兑现"不排队，不结账，不登记"的承诺。

图8-1展示了这些年来亚马逊逐步形成毗连多元业务格局的发展蓝图。这种业务的创新和拓展，都是基于亚马逊始终如一的激情，就是满足还未被满足的客户需求，为客户提供成本更低、选择更优、便利程度更高的购物体验。

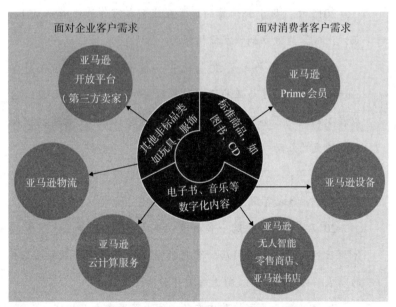

图8-1   以客户为中心的亚马逊业务创新

资料来源：杨国安和腾讯研究团队进行的亚马逊案例分析；对亚马逊在职和离职员工进行的采访。

20多年来，亚马逊可持续的创新并非侥幸得到，而是积极作为、用心设计的结果。多年来，该企业不断完善其创新引擎，通过构建想法漏斗，将个人好奇心转变为具有可持续性的创新。基于大家熟练的PR&FAQ这种类鼓励创意的工具，加上人数精简、行动敏捷的"双比萨团队"，亚马逊鼓励员工快速提出和尝试创新想法。当提案获得首肯时，员工将被授予权力，就某个产品或服务原型打造（prototype）进行一段时间（如 6 个月）的攻坚。插入强大数据和工具的亚马逊共享平台，小型团队能高度自主地进行运转。当阶段性回顾的期限临近时，团队需要展示它们的原型和客户反馈数据，进行严谨的进展检视。鉴于反馈数据和攻坚成果，企业要么给予团队更多的资源投入和扩大这些创新想法，要么解散团队将注意力转向别的项目。图 8-2 充分体现了亚马逊的创意漏斗。每年，亚马逊会在大约 50 个大胆想法上下注。在这些想法中，只有 15~20 个想法获得立项。大概有四五个项目能够进入产品阶段。最后，只有两三个创新项目能够拓展成为像亚马逊Prime会员、亚马逊智能音箱和亚马逊云计算服务这样独当一面的大型业务。频繁的实验永远在路上，只有最好的想法才能蜕变成大规模业务。[3]

　　亚马逊的创意孵化模式真正遵循了"大胆想象，小步测试，快速失败，不断学习"的原则，其所形成的流程具有以下特质：[4]

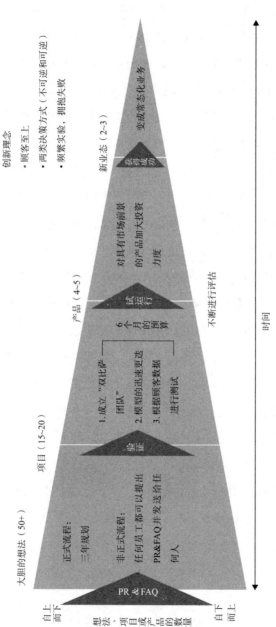

图 8-2   亚马逊的创新漏斗

资料来源：杨国安及腾讯研究团队进行的亚马逊案例分析。

- 创意摩擦：通过对话和辩论生成创意的能力。亚马逊通过PR&FAQ这一工具促进创意摩擦。提出某个想法的员工需要与其他同事进行辩论：该创意是如何服务客户的，与现有服务或产品有何不同。辩论氛围虽然激烈，但皆基于事实展开。
- 创意敏捷：具备以"迅速行动、认真反思、不断调整"等原则进行探索实验的能力。一旦PR&FAQ得到首肯，"双比萨团队"随即形成，在短时间内构建原型并对想法进行内部测试。
- 创意决定：结合迥然不同甚至相互对立的想法做出整合性决策的能力。在这一过程中，创意需要接受竞争性需求（比如功能性还是操作简易度）的检测并予以满足。亚马逊智能音箱Echo的研发就是一个典型事例。尽管Echo的最初定位是基于语音识别技术的家用音乐播放器，但它也接受了其他功能的可行性测试：如Echo能否成为一款兼备购物功能的工具？但后来发现Echo的语音识别水平对于购物功能的实现还稍显笨拙，因为比起发出点歌指令，购物所涵盖的决策环节和信息显然更多更复杂。不过，Echo最终产品能够畅销，除了点歌之外，还有基于它能够提供的简易搜索能力（如天气、位置、股价），以及遥控连接智能家电的能力。

　　上述特质展示了亚马逊如何通过系统性的管理机制，不断生成创意，预测客户需求，锐意创新，不断自我蜕变。

　　凭借在深度学习和人工智能领域取得的突破性进展，谷歌的创意生成模式实现了企业目标：探索前沿技术以解决复杂的人类问题。依托美国国家科学基金会（National Science Foundation）所提供的启动资金，谷歌多年以来一直通过风险投资部门接触的众多科技初创企业，与学术界、更广泛的科学界以及变化莫测的科技世界保持紧密联系。谷歌每年所投资的学术项目超过 250 个，并在公共数据库和谷歌门户网站及时公布相关研究成果。此外，谷歌每年还会邀请顶级学者到企业进行学术休假（sabbatical）。独特的研究氛围、无可比拟的数据群、和世界顶尖的同事一起合作，谷歌总能将这些顶级研究人才吸引和留在它的生态组织中。

　　在谷歌，创意生成和孵化是闭环管理。研究人员持续不断地察觉新的技术领域，业务团队对人类复杂问题持续关注，然后二者一起密切协作推出全新产品。创新科技与应用周而复始，循环往复地生成。"紧密联系数据和用户真实需求能够为你提供深化创新的不竭动力。"谷歌增强智能研究中心主任格雷格·科拉多（Greg Corrado）表示。他和他的团队不仅将精力积极投入产品组中，也会参与其他谷歌员工的"20%项目"。在谷歌，员工被鼓励花费 20% 的时间参与自己感兴趣的项目。"谷歌员工是积极的合作者，而非一群在企业内部从事弗兰肯斯坦（Frankenstein）怪物培育工作的疯狂科学家。"[5]

　　表 8-1 概述了谷歌的创新机制。该企业同时采用了自下而上的方式（比如上面提及的"20%项目"）和自上而下的方式（如谷歌"登月计划"要求团队思考能够为企业带来 10 倍增长的创新，以及

谷歌半机密的研发中心 Google X）。通过鼓励创新想法进行内部发布分享，促进跨学科团队的形成，再配以强大的信息技术基础设施的支持，谷歌将新想法的尝试变得更加简单。谷歌所践行的同样正是"大胆想象（能够为企业带来 10 倍增长的机遇），小步测试，快速失败，不断学习"的创新准则。

表 8-1　谷歌的创新机制

创新理念	对技术的洞察力 基于对技术的洞察力，运用创新方式解决严峻的问题		10 倍增长的机遇：大胆想象 "登月计划"：创新和探索的勇气
	1998~2010 年	2011~2015 年	2015 年至今
创新管理	"20%时间"机制鼓励员工做出更多自下而上的创新	精简产品，在关键方向投入更多资源：将民主、自下而上的流程转变为自上而下的聚焦型战略	更节制的支出；在强调回报率的同时，保持长远眼光并支持具有颠覆性的创新
创新成果	自下而上的创新产品，不仅增加了产品种类和每种产品的多样性，而且提升了员工的创新和主动精神。创新成果包括谷歌邮箱（Gmail）、谷歌广告联盟（Google Adsense）、谷歌新闻（Google News）	自上而下的聚焦性投资，促使新产品朝着战略性方向迅速发展；对产品解决方案加大投入力度。创新成果包括 Google Plus、谷歌云	战略性业务领域相关产品的创新采取自上而下的决策方式，结合自下而上的性能优化创新，助推企业发展，两者都很重要。创新业务：开发和培养具有颠覆性和创造性的业务或技术，如自动驾驶、生物医疗

资料来源：杨国安和腾讯研究团队进行的谷歌案例分析。

财经作家格雷格·赛特尔（Greg Satell）这样描述谷歌整合工作的成功："谷歌的独特之处在于它能将整个创新战略组合整合为一个无缝的整体。产品经理聚焦客户需求。研究人员去往科学所指引的地方。工程师拿出 20% 的时间放在让自己心潮澎湃的项目上。任何人都可以采用其中一种或多种方法。"

以上所描述的那种情景不是一种管理理念或简单操作所能实现的，而需要将真正意义上的探索精神深深植入企业的基因中。[6]

亚马逊和谷歌有着一群富有好奇心的员工，他们凭借用心设计的创新流程生成和孵化创意。同样，其他市场化生态组织也非常关注创新和速度。例如，仰赖于针对"做还是不做"的迅速决策回顾流程以及黑客马拉松的"问题会诊"举措（见图 8-3），脸书拥有一条高速运转的创意管道。阿里巴巴根据整合的客户信息和相关工具，以秒为单位，为目标用户提供精准信息（如广告）。通过对新型工具和应用的推陈出新，滴滴预测乘客的需求变化，将乘客和司机进行灵活匹配，并为用户筛选出最佳出行路线。滴滴的目标是让预约车三分钟之内到达用户指定的地点，这通常比用户去开他们自己的车花的时间要短。根据用户的每日反馈和建议，初期的微信几乎每周，而不是每月或每年进行版本更新。

尽管许多企业会轻率地认为，这里所展示的不同市场化生态组织的创意漏斗有种似曾相识的感觉，但事实上，与传统企业的阶段–关卡流程（stage-gate process）相比，无论是所迸发出的能量还是所能达成的目标，二者都有着本质上的区别。在研究过程中，当

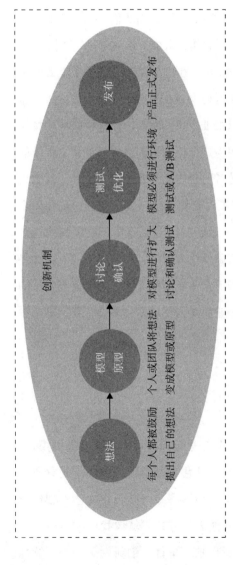

创新机制

想法 → 模型/原型 → 讨论/确认 → 测试/优化 → 发布

每个人都被鼓励 个人或团队将想法 对模型进行扩大 模型必须进行环境 产品正式发布
提出自己的想法 变成模型或原型 讨论和确认测试 测试或 A/B 测试

黑客马拉松

· 每个季度都举行（或更加频繁）
· 自行组建团队必须在 24 小时之内提出想法
· 提案由指定的委员会进行审议，获胜团队有机会向扎
克伯格提出自己的想法
· 从黑客马拉松产出的成果：即时通信、视频、HipHop编
译器、动态时报（Timeline）等

XX 审议（与高管迅速回顾反馈）

· 扎克伯格审议、博兹审议
· 频率：每月
· 每个人都有机会向高管提出和讨论自己的想法
· 审议的目的：给予建设性意见和资源支持
· 主管有责任帮助他们的员工修改方案并协调资源

图 8-3 脸书的创意管道

资料来源：杨国安和腾讯研究团队进行的脸书案例分析。

我们与一些企业谈论构建一个能够迸发创新的现代组织架构时，领导者们常常会说："我们已经这样做了。"而当我们深入研究时，我们发现很多企业所构建起的创意孵化管道由一系列阶段–关卡组成。这种阶段–关卡流程就像一个漏斗，在这个漏斗中，成千上万的想法通过重重测试被筛选过滤。这种模式在制药行业是奏效的，通过测试来验证药物的效用并予以批准生产。然而，这种模式对市场化生态组织来说是行不通的，因为这个机制过去缓慢而僵化。传统的阶段–关卡创意流程从创意提出到商业化需要 18~24 个月（甚至更长时间），而市场化生态组织需要更快速地迭代。我们所展现的全新创意孵化方式之所以能迅速运转，部分要归功于反馈的快速获得。另外，通过小团队和小资源的投入试错，创新想法的立项和终止也来得更加容易和灵活。当下企业必须拥有这种更快速和敏捷的创意生成和孵化模式，因为企业面对的环境变化多端，我们需要在更短竞争时间内赢得市场机遇。

管理启示

富有好奇心意味着拥有成长型思维模式而非固化的思维模式。当人们将他们的个人好奇心真正转化成某个新鲜事物，创意便产生了。一位富有好奇心的艺术家能够将好奇心转化为艺术创作成果，如音乐、绘画、文字或其他表达方式。就像我们在本章开头所观察到的，如果将好奇心看作独立事件，创新就是一个持续性流程。好奇心引发创意，创意带来创新。记住这一点，现在让我们着眼于如何提升企业员工的个人好奇心，并鼓励他们时刻彰显创意。

提升个人好奇心

我们确立了提升个人好奇心的六大步骤。市场化生态组织所找寻的员工正是能迅速完成这些步骤的人（请参考第 9 章）。

第一，从观察现象开始。好奇心始于对想法、经验或客户问题的细致观察。员工必须化身为人类学家，持续不断地对周围环境进行审视（请参考第 2 章），并仔细倾听客户的痛点。那些毫无条理的想法或挑战是好奇心的基础。

第二，确立现象所蕴含的维度和要素。文字是至关重要的，描述你所观察到的东西，使自己的观察更加具体。当我们描述和定义随机性想法，它们会变得更有序。

第三，考虑如何将支离破碎的元素融入统一体系。伴随着想法被文字所定义，你可以将相关想法融入统一体系。当富有好奇心的员工看见重复发生的规律时，单个观察结果将不仅仅是孤立事件，而会与别的观察结果相结合，成为具有可持续性的组织创新。

第四，勇于尝试。为了辨别这些想法是否具有功效，你需要从小处着手，快速测试，不断学习。实验能够让人搞清楚哪个想法奏效，哪个想法不奏效。

第五，将实验拓展到更复杂的环境中。当实验结果积累到一定程度时，团队应该进行拓展实验，在更加复杂的环境设置中测试某个想法的效果。从实验中学习能够提升和优化创意。

第六，让想法规模化和可复制，使其自我维系。最后，当第二代想法能在第一代想法的基础上进一步延伸和发展，这个创意便能够持续维系。让下一代想法接管，继续发芽生长，使其超越本来创意。真正有影响力的想法能够赋能其他更多的想法。

遵循这六大步骤的员工将提升他们的个人好奇心，并能够更积极主动地在市场化生态组织中有所作为。他们也将从探索新想法的机遇中找寻工作意义。

嵌入组织创新

市场化生态组织鼓励个人好奇心，这将带来组织创新和源源不绝的创意。你能用多种方式鼓励这种自下而上的创意孵化。在对市场化生态组织和其他企业进行研究的过程中，我们总结归纳了创意孵化的三大主要方式。

内部构建：作为第一大方式，企业能够以"自发性"或"强制性"方式，"事先规划"或"随时提出"方式鼓励员工生成新想法。表8-1中谷歌的例子展现了我们所研究的市场化生态组织是如何鼓励员工并从员工那儿获取新想法的。一旦某个想法被提出，企业便使用类似于图8-2的创新管道充分集中资源建立模型，迅速进行尝试，并最终决定是对该想法进行规模推广还是迅速搁置。

外部收购：通过收购拥有创造性人才和产品的其他公司，企业，尤其是大型企业，能够对自身创意孵化能力进行补充。例如，谷歌收购YouTube和安卓，脸书收购WhatsApp、Instagram以及虚拟现实领域的Oculus，亚马逊云计算服务收购了众多具有深厚科技含量的初创企业。在上述收购中，企业所购买的不是某个单一产品、服务或技术，往往是人才。留住富有好奇心的员工是企业创新的重要推手。市场化生态组织将被收购企业的员工纳入团队中，给予其足够空间，好让个人想法转化为商业机遇。

表 8-2　鼓励员工生成创意的不同方式

	事先规划	随时提出
自发性方式	脸书：黑客马拉松（季度） 谷歌：产品领域的战略会议 阿里巴巴：产品会议	亚马逊：PR&FAQ 谷歌："20%时间"机制 脸书：闪光团队 Supercell：游戏概念
强制性方式	亚马逊：基于三年战略规划的新想法 谷歌："登月计划"的10倍增长目标	

资料来源：杨国安和腾讯研究团队进行的阿里巴巴、亚马逊、脸书、谷歌和Supercell案例分析。

战略合作：企业还可以与伙伴合作，促进创意孵化。你可以对涉及生物医学技术、卫星成像、物联网、金融技术等不同领域富有创新的企业进行投资，充实服务内容。你也可以与特定领域的领导者进行合作，为不同行业提供创新应用。近期，阿里巴巴和腾讯积极与涉及时装、新鲜食品、家用电器等领域的零售企业开展合作，依托人工智能和大数据技术，共同为传统行业提供全新智慧零售解决方案。最后，你还可以与学术机构设立联合实验室或项目，共同探索诸如人工智能、生物技术、材料科学等尚处于早期探索阶段的学科领域。

就像上述建议所展现的那样，通过将个人好奇心转化为组织创新，创意才能生成并孵化推广。

结论

无穷无尽的创新与高度自律的专注两者之间永远存在一种张力。就像苹果的史蒂夫·乔布斯就高度专注的益处向谷歌联合创始人拉里·佩奇所提出的著名建议一样："专注是我最强调的东西。要想清楚谷歌未来发展的定位是什么。毫不夸张地说，现在的谷歌在未来发展定位上'东一榔头西一棒槌'，毫无章法可言。你最希望谷歌聚焦的五大产品是什么？然后将其余的东西抛诸脑后，因为这些细枝末节的东西将把你拖入无尽的深渊，让你变成微软那样，开发出"尚可却不卓越"的产品。"[7]

麻省理工学院的创新专家和研究人员迈克尔·施拉格（Michael Schrage）也指出了苹果是如何通过自上而下的方式激发创新的："苹果对于发展愿景的明确，对于用户体验和设计理念坚持不懈的追求，确保其将大部分人力投入创意交付，而非发散的创新点子。苹果在创新方面的文化更倾向于对人力自上而下的统一调配，而不是促进自下而上的创意授权。然而，对于苹果的顶尖人才而言，能够使企业愿景获得市场一边倒的认可是激动人心且令人极度上瘾的事情。"[8]

然而，创新可以从企业的多处喷涌冒出，如面对客户的一线团队成员、共享平台、外部合作伙伴甚至是客户。创新也能够通过不同的形式生成——从自上而下、自下而上，或者通过从外而内的收购兼并、合作等不同渠道获取。许多市场化生态组织灵活运用这些方式让新想法源源不绝地出现。

为了保持企业的组织创新，你需要评估企业在产生、获取、测试、筛选和规模化推广新想法方面的效果。缺少用心设计的创新管道，企业将无法满足客户迅速变化的需求或妥善应对技术革新所导致的颠覆性变化。

第9章

人才供给：
如何引进、培育优秀人才
并让其流动起来

　　尽管接下来要讲述的是一个美国故事，但其主旨要义不断见诸世界上许多文化与国家中。为什么我们会这样说呢？勇于冒险、富有好奇心、头脑睿智并具有前瞻性思维，这种精力充沛且颇具事业心的天性可以在任何地方找到。我们所讲述的这个故事恰好被详细记录下来，并为许多美国人所熟知。

　　当托马斯·杰斐逊（Thomas Jefferson）于1801年就任美国总统时，大部分美国人都聚居在距离大西洋50英里（约80千米）以内的区域。对大陆西部的了解仅局限于法国商人、毛皮猎人以及西班牙和英国的探险家的讲述……

　　杰斐逊渴望与大陆西部的美洲原住民建立贸易往来，并打通去往太平洋的水陆交通要道。作为一名杰出的学习能人，杰斐逊还着迷于对学到的东西进行进一步探索：大陆西部的地理环境、美洲原住民的生活状况和语言、植物和动物、土壤植被、岩石、天气与大陆东部有何差异。

杰斐逊总统选择自己的私人秘书兼弗吉尼亚州阿尔伯马尔县的同乡梅里韦瑟·刘易斯（Meriwether Lewis）担任此次远征队的主要负责人。当时已晋升为上尉的刘易斯有非常优秀的军事素养和丰富经验。服役期间，他曾在由威廉·克拉克（William Clark）指挥的步兵团中任职。因为这个关系，刘易斯选择克拉克辅佐自己领导这支美国陆军远征队，后世称之为"探险军团"（Corps of Discovery）。1803 年 2 月 28 日，国会向远征队拨款，杰斐逊的梦想离实现又近了一步。

对于刘易斯而言，具备一定的科学素养并配备远征途中所需的相关装备是至关重要的。1803 年春天，刘易斯来到费城，向当时最顶尖的科学家请教学习。安德鲁·埃利科特（Andrew Ellicott）传授刘易斯有关制图与测量方面的知识，本杰明·史密斯·巴顿（Benjamin Smith Barton）传授植物学方面的知识，罗伯特·帕特森（Robert Patterson）传授数学方面的知识，卡斯珀·威斯塔（Caspar Wistar）传授解剖学和化石方面的知识，本杰明·拉什（Benjamin Rush）传授医学方面的知识……

与此同时，刘易斯还在费城购买了远征途中必需的诸多装备，包括航海经线仪和六分仪这样的科学仪器、气步枪、武器弹药、药品，以及记日记所需要的墨水和其他材料。此外，还有大量其他物品，包括 193 磅（约 884 千克）压块汤粉、玉米磨面机、蚊帐、毛毯、制作帐篷所需的油麻、蜡烛、工具和参考书籍。[1]

试想一下这样一个场景：将某个人派往一望无垠的未知荒野。而这个人缺少经验、知识、技能、行动和生存的基本勇气。他也不知道如何将一群随机的陌生人组成一支团队，也不愿意持之以恒地学习和对危险先知先觉并灵活利用意料之外的机遇。这样的后果是不言而喻的。托马斯·杰斐逊选择梅里韦瑟·刘易斯，这是总统在整个远征筹划工作中所做出的最重要的决定。没有刘易斯，远征队绝不可能成行。杰斐逊看到了这个年轻人身上少有的天分，足以领导团队横跨充满意外的神秘、奇绝和危险的大陆，并带领部队荣归故里，讲述沿途奇闻逸事。这场被世人称作"刘易斯克拉克远征"的壮举是美国 1803 年的"登月计划"，刘易斯就是休斯敦太空中心、肯尼迪航空中心及尼尔·阿姆斯特朗的结合体。他天资聪颖，天赋异禀。

能力、担当和贡献

每一天，市场化生态组织都在已知世界的边缘地带运作，它们向未知的深水区砥砺奋进。它们的使命是创造新想法、新技术、全新的客户体验、新的设计理念以及全新的问题解决之法。它们不仅充分考虑未来发展的机遇，还重新考虑"老树开新花"的可能性。保持这样一种充满激情且富有好奇心的观念就必须要让杰出人才处于掌舵者和划桨者的位置。毫无疑问，人才总体水平偏高的企业比人才总体水平偏低的企业更有可能获取成功。为什么呢？企业不会思考，只有里面的人会思考。

　　然而，企业内人才的个人天赋并不代表全貌，因为企业也会影响员工的思维、行为和感受。企业人才管理就是要确保将合适的人放在恰当的位置，并让其正确做事，做正确的事。关于"打赢人才争夺战"的喧嚣不断暗示着"企业唯有赢得人才，才能立于不败之地"的观念。然而，拥有人才只是企业成功的环节之一。在正确的时机，将恰当的人才放在合适的位置，让员工充分了解企业使命并辅之以最佳工具和资源，才能真正助推市场化生态组织获取成功。这些优化企业人才的必要条件是非常重要的，以至我们经常用下面这个玩笑来打趣：

　　　　问：领导者所能采取的最重要的战略举措是什么？
　　　　答：将自己企业中表现最糟糕的员工给你的竞争对手，鼓励他们继续现在的工作方式，而且持续时间越长越好。

　　关于才能的定义有很多，且侧重点各异。对企业最高层的领导者来说，关键在于他们的卓识远见、对继任者的筹划以及团队的整体绩效。对下一代领导者（人数通常是员工总人数的平方根）来说，关键是把领导者的行为和客户的期望紧密联系在一起（参考第 6 章），形成一个有清晰领导力的品牌。对于具有高潜质的员工（通常占员工总数的 5%~15%），关键是预先甄别，然后根据未来发展需求对其进行培养，以此实现对这些员工的才能管理。这些被选中的具有高潜质的员工通常会花 5%~15% 的时间参与到宝贵的学习中。对所有员工而言，人才管理意味着帮助他们胜任工作、全身心投入工作并找到工作的真正意义。

为回应这些人才需求，企业尝试推出了诸多相关计划，投入了大量财力吸引、留住和优化人才。然而，有时，当人才至关重要的观点被明确指出后，企业往往会迷失于各式各样的努力中，忽略了人才的基本因素。冒着将问题过于简单化的风险，我们就人才提出了一个看似简单的公式：

$$人才 = 能力 \times 担当 \times 贡献$$

能力指的是履行好今天和明天的各项工作所必须具备的知识、技能和价值观。这意味着将优秀的人才引入企业，让他们在企业的各个岗位轮岗历练，并根据其在一段时间内的表现，决定开除或留住他们。当下，自由工作者的工作模式盛行世界，企业想使用某人的能力并不需要将其聘为正式员工，因为临时工已是员工中很重要的一部分。能力还可以是员工与机器人和其他技术以某种方式紧密联系在一起，成为未来人才的来源。企业内部的员工能力同样与企业外部的客户期望息息相关，成为"最佳雇主"并不足够，更要成为"客户最喜爱的员工的雇主"。无论是招聘、培训还是给予员工报酬，目的都是提高其服务客户的能力。有时，你需要让客户参与到这些有关人事的传统做法中，客户的想法有助于制定招聘标准、安排培训，以及在绩效考核和薪资标准的确立上发挥合力作用。

能力显然是很重要的，但若缺乏担当，能力也将丧失功效。有担当或者积极主动的员工勤勉工作，投入时间与精力将交办的任务做实做好。担当经常反映在"员工价值主张"（employee value proposition）上：员工通过洞察力、勤勉工作和良好绩效表现给企业带来价值的同时，也能够得到个人追求的价值。所以当企业能为员工提供他们渴望得到的价值时，员工自然在工作上更有担当和更加投入。员工的担当或投入与企业的战略性目标完成和客户承诺的实现关系密切。在过去十年间，担当和能力是企业期望人才所拥有的特质。

对于下一代员工而言，拥有能力和担当是好的，但我们意识到，除非员工能够在工作中感到自己的工作能实实在在对社会或人类做出贡献，在工作过程中找到工作本身的意义和目标，不然他们对工作的兴趣将减弱，他们的才华也将大打折扣。当员工将行为上的担当内化为情感上的联系（因为他们坚信企业的使命将有助于个人价值的实现）时，贡献就会应运而生。当这种联系被确立后，员工更愿意从工作中获取新技能，以及对志同道合的群体更有归属感。

简单比喻，能力好比人的大脑（知识与专长），担当好比人的手和脚（干活的强度），贡献就像人的心（对工作和群体的感情联系）。在这个公式中，人才是三个概念相乘的结果，不是相加的结果。作为管理机制的一部分，优秀的人才减少企业风险，提升生态组织成功的可能性。一位首席执行官曾经告诉我们，人才是其公司的主要战略。倘若他在恰当的时机将合适的人选放在正确的岗位上，并使其拥有恰当的技能和强烈的担当意识，管理人员不需要担心战略，因为它会自然而然地执行。当杰斐逊为远征行动选择了合适的人选时，他能够对行动的圆满成功充满信心。也可以说，能力出众、勇于担当并认同工作意义的人才是市场化生态组织的推进燃料。

市场化生态组织是如何部署和优化人才的

在腾讯，人才和领导者的遴选和评估皆依据企业的领导力模式，特别是对用户体验的关注。在企业的概念里，以客户为中心指的是站在用户或客户的角度，持之以恒地关注产品和服务的诸多细节的打磨。企业的每名员工竭尽全力，试图了解客户最重要的需求和关注点。为实现这一目标，他们通过细致观察，对客户反馈的审视、直觉判断以及数据分析，试图厘清那些满足核心客户日常需求的产品所存在的深层次问题。正是基于对这一目标的专注，腾讯员工才能创造出诸多标杆式产品，比如前面提及的微信支付（该产品基于中国人在春节期间交换红包的习俗），还有风靡全球的手机游戏《王者荣耀》，以及随时随地为客户提供卡拉OK体验的《全民K歌》。当腾讯对人才进行评估、培训和晋升时，客户导向是员工评估中最重要的特质之一。"一切以用户价值为依归"也成为所有腾讯业务团队压倒一切的工作态度。

腾讯推出的QQ邮箱是反映员工如何以客户为中心打磨产品的经典案例。作为中国领先的邮箱产品，QQ邮箱在许多方面的表现都优于国内的其他邮箱平台。QQ邮箱团队是如何取得这一成就的呢？表9-1概述了驱动团队行为和决策的关键原则。确保团队的每名成员将所有时间和精力全部投入了解客户并以此为据推出的服务中，就这方面的关注度而言，QQ邮箱团队堪称世界级。[2]

表 9-1　腾讯QQ邮箱团队的用户导向体现

指导原则	言下之意
需求源自用户	"千百十原则"： • 这一原则的基础是告诫员工不忽视客户的反馈。团队人员必须时刻勤勉工作，聪明行事，以便在每个流程中满足用户的基本需求，在创新手段上进行优化 • 所有员工都必须对客户进行研究。例如，每个月，团队成员必须在用户论坛上就1 000条信息进行回复，对网络留言中的100篇文章进行检视，并与10名外部用户进行谈话 • 因此，QQ邮箱团队在应用程序的功能上进行了超过1 000处的优化处理
先成为用户	每天半小时，每位团队员工必须假装自己是一名用户，用邮箱去体验应用程序的各个细节并探寻用户的需求
不抗拒变化	积极适应用户需求的新变化或者外部环境的其他变化，利用灵活性开发产品

当亚马逊招聘员工时，14条领导力原则是其评估应聘人员的基础。在这些原则中，居于首位的是客户至上。当应聘者成功完成三至五场严格的循环面试时，他们会发现面试中有一半的时间是围绕文化契合度，特别是对客户需求的关注度展开的。亚马逊所做出的

所有业务或产品决策，其依据主要源自与客户相关的事实和数据。在亚马逊流传着这样一句经典的话语：倘若你通过数据来支持自己所描述的状况，你赢了，如若不然，杰夫·贝佐斯获胜。[3]

在员工招聘方面，阿里巴巴试图找出能辨别应聘人员是否以客户为导向的实例或行为。在阿里巴巴倡导的六大核心价值观中（"六脉神剑"），客户第一同样居于首位。阿里巴巴首席战略官曾鸣关注与客户共创（与客户一起创造新服务或产品）过程中的人才使用问题。[4]该企业遵循四大步骤与客户共创：第一，确保将优秀的人员（拥有以客户为中心倾向的员工）部署到共创项目中去；第二，与目标客户保持紧密联系，知晓他们的渴望和需求；第三，制订行动计划，实现客户价值；第四，持续不断地与客户互动，进行优化。广为人知的"双十一购物狂欢节"就是从这一流程中出炉的卓越成果。

对于新入职的员工，华为通过培训提升他们对客户的关注度。新员工将沉浸在长达一周的入职培训中，早上进行准军事化训练，下午就企业文化进行深度学习。新入职员工聆听着一个接一个的生动故事，比如前文所提及的，2011 年日本大地震引发超级海啸，酿成核电站泄漏惨剧，华为工程师不顾生命危险第一时间帮助位于日本的电信客户恢复通信运转。通过讲述这类故事，以客户为中心的理念变得鲜活生动起来。

细观脸书的文化价值观，该企业非常重视员工的个人影响力，于是它在雇用和留住人才方面的诸多做法都是为了促进这一影响力。脸书喜欢雇用动手能力强、勇于开创的工程师，他们能够通过跨职能项目或闪光团队构建原型、迅速对其进行测试并形成新业态。新入职的脸书工程师并不会被放入固定的岗位甚至不属于固定的部门，他们加入的是脸书这家公司，而不是某个部门或岗位。从一开始，他们就在脸书这个更大的平台上历练：入职流程会让新入职员工接触脸书的整体技术框架、应用工具和工作模式。经历了最初公司级的新兵训练式（boot camp）的洗礼后，他们可以根据自己的兴趣方向和公司内部工作机会，在公司内部不断参与不同的工作。图 9-1 描绘了脸书的一名普通工程师所能拥有的工作经历。

脸书的人才灵活性理念在季度或更频繁的黑客马拉松中表现得最为明显。在此过程中，工程师们自由组队，用 48 小时的工作时限对所面临的新挑战进行集中性攻坚，目标非常明确：提出突破性理念。脸书的大量成功产品都源自这一流程：即时通信、视频、移动开发架构、HipHop 编译器和动态时报。脸书首席执行官扎克伯格亲自对优胜产品和想法进行审查。

脸书的黑客马拉松还有一个变体叫"黑客月"（Hack-a-Month）。该举措允许工程师花一个月的时间参与其他团队的项目。月末，双方团队的工程师和领导者可以就是否变更工作进行协商，看工程师是回到本来的项目团队还是留在新项目团队。这一模式对于工程师的个人成长和企业创新意义重大，以至每个领导者都要帮助下属找寻这类机会，并将支持这一行动视为领导者的部分职责。[5]

为了进一步夯实这些举措，脸书建立了专门的内部主页。通过

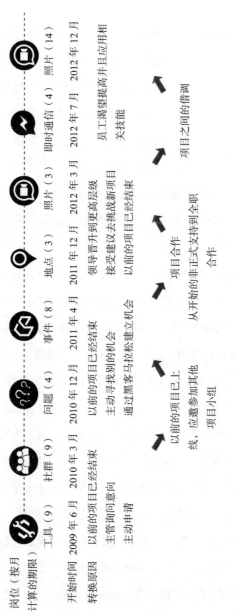

图 9-1　一位脸书项目工程师的工作经历

资料来源：罗伯特·鲍德温。

这一主页，企业的每名员工都能看见职位空缺和黑客月机会。就参与资格而言，员工需要在脸书任职至少一年并出色地完成自己的本职工作。由于许多员工参与黑客月的目的是增加个人经历，特别是与本职工作相关的团队经历，所以他们度过了黑客月这一临时任务后往往会返回自己的团队。尽管这一机制鼓励员工参与工作交换，但这并非强制性的。在一个岗位持续任职很长时间同样能得到认可。尽管主管人员有责任支持黑客月的各种机会，但员工并没有被强制参与，也不会有人因为未参加这类活动而受到公开或隐性处罚。

由于 Supercell 在游戏领域所取得的巨大商业成功只仰赖于数名极具聪明才智的员工，因此该企业对于人才规模的扩展持审慎态度。令人感到震惊的是，在 2016 年的总部招聘中，以技术美工招聘为例，该企业从大约 2 000 份简历中挑选出 10 人入职。显而易见，Supercell 的招聘标准几近严苛：员工在游戏领域的平均从业年限都在 10 年以上，并且拥有良好的从业记录。员工可以以不同角色如美术、策划师、编程人员等身份开展工作。这种能力不仅使员工灵活多变，也让其从不同角度来审视自己正在创作的游戏。一如脸书所秉持的理念，文化契合度也是 Supercell 人才的必备条件，这样才能让一个个富有创新性的小团队运作起来。制作伟大游戏的强烈欲望（不仅仅是对金钱的孜孜以求），承担责任的意愿，表达想法和施加影响的热情，以及团队的合作性都是关键因素。当某位员工被雇用并开始工作时，倘若另一个游戏开发团队的工作更具前途，Supercell 允许个人，甚至整个团队加入其中。内部的灵活性是 Supercell 的特质。事实上，当游戏负责人提出创新的游戏玩法和招募内部和外部人员时，员工可以根据自己的兴趣和能力自主地选择项目，新项目便从团队中源源不断地涌现出来。然而，尽管团队的构建和运行具有高度自主性，但所有决策都是基于企业利益的最大化。[6]

倘若团队无法轻而易举地形成或解散，企业就无法通过创新漏斗尝试新想法。这一看法有两个理由。第一，倘若团队架构过于僵化，即便某个创意被接受了，企业也无法从不同的单元或生态组织中找到恰当的人才。第二，倘若某个想法被证明不切实际，企业中那些无法找到工作机会的团队将更难解散，并在失败的道路上继续前行。就像我们在亚马逊、Supercell、脸书和谷歌等市场化生态组织中所看见的一样，创新漏斗和人才供给需要相辅相成。

管理启示

为了革新组织，你需要问问自己在人才的寻找、培养、流动、保留和淘汰方面做得如何。基于上述市场化生态组织有关人才管理的实践，以及我们对于人才研究的概述，我们在表 9-2 中为你提供一张清单，便于你审查你的企业与人才相关的举措并确定需要优化的地方。这张清单中的相关举措有助于你优化人才质量。

表9-2   人才管理的清单

企业践行下列举措的效果如何？	评分 *
1.确保招聘职位的要求源自外部（基于客户承诺和投资者期望）	
2.招聘员工标准中含文化要求，比如价值观、风格和性格	
3.在寻找新员工的过程中，鼓励背景和思维方式的多元性	
4.由企业的最佳员工推荐潜在员工	
5.在社交媒体适当曝光，营造雇主品牌	
6.锁定寻找优秀人才的渠道（比如大学、猎头公司、裁员企业），将这些地方的卓越候选人吸引到企业来	
7.酌情使用临时人员（比如顾问、外包供应商、临时员工等）	
8.通过具体行为的询问（行为事件面试）筛选候选人	
9.在对候选人进行筛选的过程中，让同事和部门经理共同参与	
10.为卓越候选人提供独特价值主张（包括薪资、工作机会、自主权和职业发展机会），将卓越人才吸引到企业	
11.为关键员工提供导师	
12.制订人力规划，将战略性目标与对应的重要职务和技能要求挂钩	
13.鼓励更加出众的员工在企业各处流动，促进团队的迅速组建和解散	
14.允许员工参与挑战性任务或成为项目团队的一员，并从中吸取教训	
15.大力投资个性化人才培养计划，让你所重视的员工知晓自己的发展机会	
16.确保正规的培训计划聚焦于那些能够迅速促进工作优化的技能	
17.允许员工从工作场景以外的地方吸取经验（比如志愿者小组和企业慈善项目）	

（续表）

企业践行下列举措的效果如何？	评分
18.为员工提供职业路线图，帮助他们看清自己的未来发展方向	
19.让员工主宰个人职业发展历程	
20.开始继任人规划，关注关键岗位的技能需求而不是个人的特质	
21.以创新方式留住有价值的员工	
22.迅速且公平地裁撤不符合业务需求的员工	
23.帮助员工在工作中找到一条实现自我价值的途径	
24.营造成长型思维方式，鼓励员工持续不断地学习和成长	
25.确保部门经理为与人才有关的事务负责	
总分：	

分数所代表的关键信息

100~125 分：

- 好消息！你的企业是人才的吸铁石，拥有能够帮助你赢得未来的充分人才储备
- 潜在风险是，其他公司会挖你的墙脚

75~99 分：

- 你践行着良好的人才举措，有助于你完成目标
- 然而，你可能无法像你所期待的那样迅速完成目标

50~74 分：

- 需要留意你在培养第二梯队人才方面所面临的风险
- 关注与优化人才流程中的一些短板

低于 50 分：

- 糟糕！人才储备紧缺，需尽快优化人才流程，以免企业在人才方面进一步滑坡

*按 1~5 分进行打分，1 分代表非常糟糕，5 分代表非常好。你在人才管理方面做得如何？

结论

不可否认，一家拥有卓越人才的企业终能获取成功。卓越人才有许许多多的职业选择。虽然企业不会让才华横溢的员工当义工，但就像志愿者一样，他们也需要被关心和感谢，因为他们能够在任何他们所认定的企业工作。那些善于管理人才的企业持续不断地为员工提供三种重要的情感福利：

- 相信（believing）：员工从企业中找到个人存在的意义，因为他意识到，他的个人价值观源自企业的使命和价值观，或者与企业的使命和价值观保持高度一致。
- 成长（becoming）：员工通过参与企业活动学习和成长，因为这些活动为员工获得新才能提供宝贵机会。
- 归属（belonging）：员工认同个人身份（我是××人），并与企业建立新的关系，成为志同道合的社群一分子。

我们所研究的市场化生态组织满足员工对相信、成长和归属几方面的需求。通过强化这些情感在员工心中的分量，企业为客户和投资者创造更优价值。市场化生态组织所营造的氛围不仅能吸引和留住人才，而且能够使员工茁壮成长并在企业中轻易流转，迎接新的挑战。

倘若你关注人才，就像杰斐逊钦定刘易斯和克拉克远征一样，你将会在员工追寻新机遇的过程中收获巨大成功。成功的领导人会花费 20%~30% 的时间关注与人才相关的事情。他们周围都是那些与之能力互补的人。

　　管理人才并非偶发事件，也无法一蹴而就。当本章所介绍的有关人才的举措被贯彻落实时，你的企业将拥有获取成功的关键因素。

第 10 章

信息共享：
如何共享信息、数据和工具

通过博客、推特、微信、WhatsApp、Instagram、Pinterest
和脸书帖子，我们正生活在一个万物互联和极度展示自我的时
代。然而具有讽刺意味的是，这些主张全天候透明和自我表达的
应用软件对于推动企业文化中的基本改变作用甚微。在这样一
个出现了 #SayHerName（说出她的名字）①、#MeToo（我也是）②、
#BlackLivesMatter（黑人的命很重要）、#LoveWins（真爱无敌）③、

---

① 针对黑人妇女和女童面临的暴力所发起的运动。——译者注

② 女星艾丽莎·米兰诺（Alyssa Milano）等人于 2017 年 10 月针对美国金牌制作人
哈维·韦恩斯坦（Harvey Weinstein）性侵多名女星的丑闻发起的运动，呼吁所
有曾遭受性侵的女性挺身而出说出惨痛经历，并在社交媒体帖文附上标签，借此
唤起社会关注。——译者注

③ 2015 年 6 月 26 日，美国最高法院裁定同性婚姻在全美合法，让 6 月 26 日成了
具有历史意义的一天。推特上迅速有了这样一个标签：#LoveWins。——译者注

#MuslimAmericanFaces（美国穆斯林的脸庞）和#CodeOfSilence（缄默法则）这些话题标签的时代，大多数的企业文化依旧保持现状：审慎披露、谨慎定位、高度的政治考量。无论是信息、数据或工具都没得到由下往上、由上往下或横向的透明分享。

　　基于安全或权限考虑而不进行信息共享的思维方式依旧十分盛行。在诸多企业中，太多的员工无法将事实告知同事、领导者，有时甚至是自己。他们害怕提出新想法，也从未有承认错误的意愿。由于各种原因，恐惧是企业文化中最重要的因素，他们避免公开挑战权威或违背常规所引发的风险，担心被视为冒犯、能力不足或者只是在显示与众不同或无端挑起是非。

　　心理学家认为，怕被同事孤立或被解雇的恐惧使我们"谨言慎行"。无论出于何种原因，不少员工小心谨慎地扮演着不惹是生非的团队成员角色。从某种意义上看，他们的行为是理性的。历史上，敢于向权威讲真理的人们不少是用他们的鲜血祭旗的：威廉·廷代尔（William Tyndale）①、托马斯·莫尔爵士（Sir Thomas More）②、马丁·路德·金、甘地、圣女贞德以及位于世界动乱地区的大量记者和法官。当一个家庭、一个企业、一个城市、一个社会

---

① 在廷代尔的时代，罗马天主教教廷只允许读拉丁文《圣经》，不容许私自翻译，并且只有神职人员可以拥有和诠释《圣经》。廷代尔却主张应该让普通老百姓都可通过读《圣经》来认识神，决心把《圣经》译成英文，于是被诬陷为异端。——译者注

② 托马斯·莫尔曾当过律师、国会议员、财政部副大臣、国会下议院议长、大法官，1535年因反对亨利八世兼任教会首脑而被处死。——译者注

或一个国家的权力构架没有做好改变的准备时，坦诚直言可能是一个危险的举动。

除了基于人们的恐惧心理或其他政治因素考量企业内部信息的透明共享之外，支离破碎的技术基础设施也会阻碍信息共享。在许多企业中，不管各部门间是否拥有类似的客户群和技术功能，它们还是喜欢开发出自己的一套客户数据库或技术工具（如支付、安全、搜索工具），以满足自己的需求。虽然这种自给自足的倾向使得不同业务单元以快于竞争对手的速度抓住市场机遇并及时回应客户需求，但当企业业务变得越发复杂时，各部门孤立的问题将日益凸显。除了多重系统所导致的功能冗余、重复造轮子和资源利用效率低下的问题，有价值的信息分散在不同的系统和数据库中，造成很多"信息孤岛"。每个团队都像井底之蛙一样，只看到一小片天空，看不到天空的全貌。当新业态的形成需要跨系统和共享平台的数据时，企业的效率和反应能力都将非常低下，即使不至于举步维艰。

幸运的是，对于那些真正积极应对外部挑战、取悦客户、持续创新，以及高度敏捷灵活的企业，它们所坚持的做法与上面的描述恰恰相反。信息的畅通分享是创造有用想法的关键。然而，这一优势并不源自未经筛选的海量信息，而取决于对能够促进更优决策的那些信息的合理使用。通过开放的文化、沟通平台和管理机制，这些企业鼓励员工畅所欲言，并在公开场合表态，而不是在私底下或匿名的网络对话中挑战现有的做法。企业鼓励员工动用一切能够被运用的社交工具和技术手段调研新的想法，追随直觉，形成见解，并快速组建小团队检验想法，开诚布公地承认错误和失败。就像我们在前面谈到的，Supercell甚至会用香槟来庆祝失败。当领导者公开他的个人360度评估报告，进步改善的概率大大攀升。员工分享他们的OKR，这一举动会增强他们对目标的承诺。

信息透明度不仅仅指分享好消息和坏消息的意愿。通过将生态组织内的数据、工具和代码进行跨团队、跨平台甚至跨合作伙伴式共享，市场化生态组织的信息透明度会增加。这会打破和推倒不同系统和数据库间的壁垒，有时甚至不惜以较缓慢的短期业务增长来换取生态组织竞争力的长足进步。

一旦市场化生态组织让它们的一些非隐私数据透明共享，其成员就能从中生成洞察，并与其他成员进行分享。信息透明度能够提升共享平台的价值，使其更具战略性。通过从生态组织的不同部分抓取数据与工具，共享平台能够就客户喜好、竞争环境以及任何一种市场变化提供更加综合的看法。信息共享还能避免不同业务团队或合作伙伴重复投资建设一些类似但效果参差不齐的工具或体系。

市场化生态组织增强信息共享的案例

为了将网络上繁杂的信息进行整合，谷歌推出了搜索引擎。谷歌解决这一难题的具体做法是将信息搜索结果按照其受欢迎程度进行排序。虽然搜索引擎覆盖的规模越来越大，其算法也可处理更多的信息，但谷歌对于外部信息的搜索与深度学习是多年不变的焦点。

谷歌搜索引擎的逻辑同样运用在内部信息的透明度上。谷歌将统一的数据库、技术代码、工具和其他组件都毫无保留地在内部共享，便于进行试验。每一位谷歌员工都能接触谷歌的代码库（开发软件或应用程序的源代码）。有些信息因为相关法律禁止或出于对用户隐私的保护所以无法共享。其他所有信息，从企业的业绩表现到个人的指标及结果，每个人都可以查看并学习了解。企业员工每周有一次机会与创始人见面，询问任何问题，听取企业新闻，包括近期的决策和关注焦点。[1]

2004 年，脸书推出了面向外界的社交媒体平台，将大学生互相联系起来。之后，通过开放平台战略，脸书逐渐被打造成为世界上最庞大和成熟的信息连接社交网络平台。脸书的企业文化拥有强大的开放共享基因。任何被员工反复使用的工作方法、流程或者工具都应该被自动化并上传至工具共享平台。在脸书，各式各样广为人知的共享开发工具为内部开发流程提速增效。[2] 这种与外部世界行为和属性一致的开放和透明特性，促使脸书生态组织中的个体和团队共同进行学习和优化。

亚马逊聚焦于数字化和其他新技术所带来的机遇，这不仅仅是因为技术能够带来新的业态，还因为技术能够支撑公司业务的快速拓展，使之呈现指数式增长。试问谁没有因为收到亚马逊的推荐内容而进行购买呢？阅读本书的所有读者或许都有过类似的经历，我们当然也有。这种对于客户喜好和行为的深刻了解并不像其他许多企业那样只属于销售或市场营销团队，而是弥漫在亚马逊与其所属生态组织的每个角落。知识无处不在的缘由正是信息共享，这得仰仗于亚马逊在多个节点采集有关客户的数据并有效整合，然后将其放在共享平台上供人们使用。生态组织中的任何人，包括工程师，都能够在数分钟之内找到测试自己想法所需要的信息，并与其他同事协作，共同创造新产品，提供服务。

我们之前已经讨论过亚马逊久负盛名的"双比萨团队"以及它们对共享平台上的数据、信息和工具的使用权限。由于亚马逊共享平台的"自助服务"，这些共享资源和能力向所有富有创新性的团队以及拥有新想法的员工开放。贝佐斯阐释了其中的缘由："我之所以看重这些共享平台的自助服务，是因为一个不大明显但至关重要的原因：即使是善意的把关者（gatekeeper）也会降低创新速度。当一个共享平台是自助服务时，一个不大可能实现的想法也可以被尝试，因为不会有一位把关者告诉你：'你这个想法不可能奏效！'你猜结果会怎么样？在这些不可能实现的想法中，有许多最终奏效了，而社会是这种多元性创意的受益者。"[3]

所以，当亚马逊的员工需要探索一个新想法或机遇时，没有任何资源是对他们隐藏的，或者只有高管才有权使用。正如贝佐斯所说："当一个工具的新功能或升级版本弄好后，我们会把它推出去，让所有人都可以使用。"公司深信透明、支持和信任的环境，能帮助员工取得更好的成果。

通过它的电商平台，阿里巴巴将高度分散的中国市场进行有机整合，让数千万消费者和大量小微企业无缝对接。尽管阿里巴巴并非线上零售的创造者，但它的成功仍然超出许多人的期望，因为它构建了以数据为驱动的共享平台，能够迅速察觉和回应外部市场的趋势以及中国商家和客户真正需要与重视的东西（比如诚信体系和可靠的物流服务）。通过信息、数据和工具共享，阿里巴巴助推着他人的成功，同时也成就了自己。

自 2016 年以来，阿里巴巴开始构建功能强大的中台—— 一个能将数据和技术能力进行有机整合的技术服务平台，赋能前端业务更好地应对市场变化。阿里巴巴的中台由四个单元组成：（1）业务支持平台，为阿里巴巴电商平台上的各个业务团队提供一些共性业务逻辑的抽象化模组，比如商家、会员、商品、营销、交易和结算等；（2）搜索单元，提供算法和数据运用的搜索引擎和中间件技术，支持阿里巴巴电商业务的产品搜索和个性化产品推介；（3）数据技术和产品单元，聚焦于在电子商务、广告、交付和其他领域运用的人工智能和大数据，实现数字化运营；（4）创新社区，将资源分配于新业态的孵化。

阿里巴巴通过数据整合和信息共享提升其生态系统中的客户和商家服务。在构建阿里巴巴大中台的过程中，将源自多个系统的用户数据进行整合是其所面临的最严峻的挑战之一。数据整合也被阿里巴巴视为具有优先性的项目。会员管理项目不仅聚焦于在技术和数据层面对用户数据进行整合，而且关注每个业务在与阿里巴巴用户交互过程中的协调能力和交叉销售机会。经过 10 个月的不懈努力，阿里巴巴集团推出了 88VIP 会员计划—— 一个几乎涵盖阿里巴巴所有核心服务内容的超级会员计划。88VIP会员所能享受到的特殊待遇包括88个可选择品牌、天猫超市和天猫国际的购物折扣，以及一系列会员服务的优惠，比如视频网站优酷会员、外卖配送饿了么会员、电影票务淘票票优惠、全国购物卡和虾米音乐会员。这种超级会员计划锁定核心活跃客户，并鼓励他们在阿里巴巴生态组织中体验和购买阿里巴巴及其战略合作伙伴所提供的各种产品与服务。[4] 更重要的是，通过对其会员数据和多个系统进行分享整合，阿里巴巴能够加深对用户以及他们的需求和偏好的了解，以便为业务创新和优化提供重要洞察。

作为阿里巴巴的新业态，盒马鲜生运用新零售业模式，将线上线下的产品和服务进行整合。这种业务模式需要将生鲜杂货、餐馆、线上零售和配送服务进行有机结合。因此，这对于电子商务、线下生鲜门店管理和物流服务的综合需求是巨大的。多亏了阿里巴巴的中台在会员管理、商品展示、线上购物车管理、电子支付和个性化推介方面的强有力支持，盒马鲜生无须一切从零开始，只需要将共享平台上所提供的业务模块灵活应用即可。盒马鲜生首席执行官侯毅对共享平台的影响进行了这样的描述："倘若没有阿里巴巴所构建的中台的强有力支持，盒马鲜生至少要花费24个月的时间去构建其运营和服务能力，现在只需要9个月的时间就完成了。"[5] 同样，为了打入像印度尼西亚这样的新兴市场，阿里巴巴中台为当地电商企业，也包括被阿里巴巴收购的来赞达提供即插即用的系统和服务。就像"双十一购物狂欢节"能够一跃成为客户购买史上的巅峰之作一样，这个共享平台的技术能力和资源同样能够使阿里巴巴在印度尼西亚的电子商务业务的增速超出预期。[6]

同样，Supercell 将从外部收集的有关信息向内部员工公开分享。尽管 Supercell 的业务复杂度不如脸书、谷歌、阿里巴巴或亚马逊，但它每天都会公布公司的最新业务进展，让员工知晓外部世界对他们所提供的游戏的看法：游戏吸引了多少新用户、每天活跃用户的总量、玩家的游戏支出以及玩家的回访率。这样的透明度让 Supercell 的所有员工对自己的企业所处的竞争大环境有了共性认知。

在 Supercell，游戏开发不是某个天才员工独自进行，而是众多天才协同合作、共创佳绩的过程。在这里，游戏开发过程是最具开放性和透明度的一环。Supercell 的任何员工都可以提出新的游戏概念，也被其他人邀请帮助创造新想法。一半甚至更多的开发团队在提出新游戏概念方面发挥积极作用。Supercell 的员工非常明白，企业的目标是创造出能够满足大量受众，并且能够在未来几年中持续满足玩家需求的具有可塑潜质的游戏。由于游戏开发标准之高，中途废弃的游戏数量要比最终发布的游戏数量多许多。《弹珠手游》（Smash Land）便是这一选择的生动案例，在进入开发流程并努力 9 个月后，该游戏最终被废弃。尽管大家喜欢这款游戏，但游戏开发团队不认为这款游戏拥有足够的潜力，使游戏热度在玩家端持续数年。这一短板正是该游戏被下架的原因。叫停该游戏的决定并不存在任何争议，因为该企业制定了非常明确的成功标准，而且在游戏开发的整个流程中，有关游戏的所有反馈自始至终是公开透明的。值得注意的是，终止对某款游戏的开发并不会被视为一种失败，而是一种值得庆祝的学习体验。废弃某款游戏后，团队往往需要与所有员工做一个"事后分析"报告，分享从中获取的经验教训，然后一起举起香槟庆祝，因为选择不发布一款注定失败的产品本身就是值得庆祝的！[7]

为了实现组织革新，坦诚问自己：我们企业在信息的自上而下、自下而上和横向分享方面做得如何？在我们的企业或生态组织中，不同单元在分享数据、工具、代码或知识方面的开放程度如何？

管理启示

为了企业和员工的发展，你可以将信息共享作为一个管理机制进行优化。

企业层面的透明度和信息共享

不同的企业运用不同的方式进行信息共享，实现业务的协同综效；进行工具与数据共享，保障业务的高效运营。表10-1生动展现了我们所研究的八家企业是如何在生态组织中共享信息和工具的。你可以参照运用表格中的举措提升自己企业的信息透明度和共享性。[8]

为了在业务团队、共享平台和合作伙伴之间实现信息共享，生态组织中的每个人都需要具备开放、信任和互惠互利的精神。此外，企业还需要避免困扰很多企业的"非自己发明综合征"（not-invented-here syndrome），简单否定其他企业的优秀做法。相反，我们也看见一些企业倡导"合法化抄袭"，鼓励员工从别的单元或团队"剽窃"好的想法，并将其学习复制到别处。人们能迅速认出谁是创意生成者，因为这些创意人员是网络的中心，并以此来追踪谁在组织中最具影响力。

表 10-1　市场化生态组织如何对信息、工具和数据进行共享

企业	进行自下而上、自上而下和横向的信息共享，实现信息透明	对数据、工具和知识进行共享，实现运营效率
阿里巴巴	• 召开季度业务会议，从业务前端征求创新想法，进行优先排序后转变为行动项目 • 积极将客户囊括进来，共创新产品或服务	• 通过强大的中台为业务团队提供数据和技术
亚马逊	• 通过 PR&FAQ，共享来自所有层级的创新想法 • 发布内部职位机会，促进人才流动，支撑战略灵活性 • 用 Broadcase（内部视频网站）分享贝佐斯的所有内部讲话；"首席工程师专业知识共享"或其他线上培训	• 通过亚马逊云计算服务和自助服务，员工可以找到支撑业务的各种服务、数据和工具 • 内部知识共享平台，比如维基和社区论坛

企业	进行自下而上、自上而下和横向的信息共享，实现信息透明	对数据、工具和知识进行共享，实现运营效率
滴滴	• "在路上"：全员月度例会 • "在风口"：业务领导者们召开季度会议	• 把数据、工具和产品整合于技术和产品共享中台
脸书	• 通过每周全员大会和工作版脸书，分享和讨论公司战略方向	• 员工可以开放使用公司统一的代码库、数据和工具 • 对技术信息和支持进行广泛共享 • 开放共享 Facebook Learner Flow 机器学习工具，使人工智能能够更容易地运用于脸书的产品和软件中
谷歌	• 每周五下午举行的 TGIF 员工大会，高管与全员公开透明共享公司进展，并回答员工提问 • 季度产品会议，征求并优先排序能够优化产品的想法 • 通过线上平台，对 OKR、项目和任务信息进行透明共享	• 由最好的技术领导者领导的信息技术基础平台，共享技术和工具 • 对来自不同单元的代码进行共享，规避重复造轮子 • 就每一个产品领域而言，其所对应的基础设施团队不仅支持领域内业务，而且根据需求，在技术资源方面提供跨产品领域支持
华为	• 通过亲笔信和邮件，首席执行官任正非就企业所面临的关键议题和挑战进行频繁沟通 • 积极通过跨业务或跨功能委员会实现信息共享，从多个角度进行决策	• 共享客户团队，为某一区域的客户提供跨产品线的交叉销售机会 • 区域平台共享深厚的专业知识以及有关区域内关键客户的情况

（续表）

企业	进行自下而上、自上而下和横向的信息共享，实现信息透明	对数据、工具和知识进行共享，实现运营效率
Supercell	• 分享和庆祝从成功和失败中吸取的经验和教训	• 每日向全体员工公布各款游戏相关市场和用户的信息
腾讯	• 通过双周的总办会、月度战略会议、一年两次的战略和管理大会，分享信息、知识，讨论优先项以及统一行动 • 线上 KM（知识管理）平台，鼓励员工提问、分享信息并表达个人看法	• 技术工程事业群，给予业务团队在大数据、信息安全和人工智能方面的后端技术支持 • 每一个事业群自身也拥有平台，分享该事业群独特的技术支持和数据

资料来源：杨国安和腾讯研究团队进行的上述企业案例分析。

个人层面的透明度和信息共享

在我们的教练辅导工作中，我们向不同领导者提供能够更好地进行信息共享的举措，以便帮助他们调动员工的积极性，使员工为他们的贡献负责。参照表 10–2 所概述的不同洞察，你可以对自己企业的透明度以及信息共享状况进行评估。当你和你的团队掌握了这些信息共享技能时，你可以就员工、合作伙伴和盟友的期望进行更清晰的沟通。

表 10–2　领导者的透明度和信息共享状况的评估

原则	高管或领导团队在下列举措中表现如何？	评分*
简明扼要	简化信息，用人们能够明白或感受的语言和框架进行展现，根据轻重缓急将想法进行排序	
聚焦于"为什么"	与其告诉员工应该做什么，不如帮助员工明白为什么应该这样做	
清晰和始终如一的信息	聚焦于同一个基本信息，直到被他人理解为止。信息平均需要重复 10 次才能被人们真正理解	
好奇心和开放包容的思想	通过问问题以及对新替代品的开放包容态度，探寻新想法；征求对行为影响的反馈	
关注能够带来实效的信息	关注能够解决问题或挑战的相关信息，而不仅仅是分享见解	
运用结构化数据	使用调研数据或结构化数据诊断问题并提供解决方案（比如数据驱动的决策）	
运用非结构化数据	愿意观察具体情况，明晰规律并凭借直觉发现结构化数据表中并未显现的状况	
多聚焦于什么是正确的，而不局限于什么是错误的	愿意及时庆祝好消息并从坏消息中吸取教训	
将想法转化为行动	确保见解成为影响个人和企业行为的相关决策	
识别自己的行为所传达的信号	以自己的言行（你说了什么、你如何说的、你什么时候说的，以及你在什么场合分享了这些内容）传递你最重视的东西	

总分：

（续表）

原则	高管或领导团队在下列举措中 表现如何？	评分

分数所代表的关键信息

43~50 分：杰出的信息共享者；其他人能够观察并从这个人或团队中
　　　　　学习借鉴

35~42 分：良好的信息共享者

27~34 分：尚可的信息共享者；找一两个领域着手优化

低于 26 分：要当心了。仔细考虑加强信息共享的具体措施

*按 1~5 进行打分，1 分代表非常糟糕，5 分代表非常好。看看企业在践行人才举措方面的效用如何。

结论

　　我们曾经参加过很多高管团队针对战略、技术、架构、人员或绩效需要进行艰难对话沟通的会议。很多时候，特别是在传统企业中，参会者常常"包装和软化"内容，确保那些需要听取某些信息的人不会反感，能够欣然接受。有时，人们会在会议召开前花费更多的时间和精力，确保信息经过精心雕琢，适合在会上使用。即使是会后，有些与会者还会就某些话应该如何说得更恰当展开讨论。通常，信息被过分雕琢，以致其核心要素没有被充分传达。在其他情况下，业务单元或部门的负责人紧紧抓住自己的系统和数据库，因为这是他们的"地盘"和权力来源。他们试图在讲话方面胜过其他人，却忽视了信息壁垒让整个企业付出日益沉重的代价。

在卓越的市场化生态组织中，高管团队确保信息、数据和工具的共享从根本上开放，克服来自心理、文化和技术上的多重障碍，实现公司整体利益优先的原则。这些生态组织构建统一的代码库、工具和技术平台，以方便跨内部团队、外部合作伙伴和客户的数据和工具共享。当原有的构架和系统成为信息透明度的绊脚石时，高管凭借决心和智慧立行立改。在卓越的生态组织中，人们会公开表态，分享自己的想法和体会，迅速打破信息壁垒的束缚。只有当信息在生态组织内外实现轻松共享时，企业才能真正做到以客户为中心，才能做到创新和敏捷灵活。

第 11 章

协同合作：
如何鼓励不同单元间的协同合作

我们身边处处存在协同合作。在大自然中，蜂群建造了蜂巢，蚁群构筑了蚁穴，鸟群列队在天空翱翔——所有这些形式的协同合作，使得整个族群能够发挥比任何一个独立成员更大的效用。系统理论告诉我们，个体各自为战的运行效能不如个体通过互相依赖或协同合作所形成的效能那样良好。汽车零部件只有在组装完成的时候才能称为汽车；倘若方向盘或轮轴没有与其他部分融合为一个系统，它们也将毫无用武之地。在政治系统中，联邦制将单独的州或省联合组成一个统一的、更具活力的国家。

对人类而言，协同合作的例子同样屡见不鲜。第 1 章中提及的陌生路人之所以能拯救陷入危难的游泳者，靠的就是协同合作。团队效用总是胜过个人才能。企业组织存在的目的就是要将个人能力转化为组织能力。市场化生态组织的核心要义便是这些协同合作系统的进一步延伸，就像著名的发明家亚历山大·格雷厄姆·贝尔（Alexander Graham Bell）将大部分伟大发明归功于众"智"成城一样。

　　有关协同合作的尝试早已有之。从许多方面看，企业的生态系统所具备的协同合作特质便是其能够获得成功的秘密武器。这种秘密武器拥有经久不衰的热度。长期以来，商业社区、供应链、产业集群以及同业公会不断进入公众视野。意大利东北部城市普拉托早在14世纪便拥有了颇具传奇色彩的羊毛纺织集群；日本有大财团以及随后形成的集团公司；美国底特律三大汽车制造商构建了规模巨大的汽车装备制造生态体系，为其提供汽车零部件；在德国、韩国、印度、马来西亚、巴西和俄罗斯，大型企业集团在经济处于高位和低谷时屹立不倒；发展中国家拥有政府支持的企业，这些企业由政府提供资金、人才和其他资源支持平台。

　　尽管这些系统常常由具有不同特色、专长和服务内容的多元化企业组成，但这些协同合作系统并不是真正意义上灵活高效的生态组织。有时，企业为了努力构建更加紧密的联系，弥补自身差距，会进行合并、收购、合营和联盟。但这些企业行为几乎总是导致承诺的预期效用大于实际效用，并常常在推进的过程中出现组成部门价值下降的情况。这些组织关系运行迟缓、低效、难以管理，而且通常是短期交易性质的，"我能从中获得什么好处"的意味非常强烈，因为每个企业都有不同的目标、考核标准、成本、风险、文化、最低预期回报率以及投资回报的周期。一般而言，在这些情况下，"强权即公理"，谈判倾向于零和思维[①]。试问如果没办法放弃巨大销售订单但同时利润又被高度压榨，谁乐意与沃尔玛做生意？因此，决策者不遗余力地将成功所需资源维系在企业内部，便于掌控。然而，在这样一个高速发展且复杂度激增的时代，寄希望于在企业内部拥有你所需要的一切资源是不大可能的。

让现代生态组织与众不同的———一个像脸书、谷歌、Supercell、阿里巴巴等企业一样的真正的生态组织——便是进一步提升单元间的协同合作能力。作为一项管理抓手，真正的协同合作指的是能够协调不同的外部和内部资源、活动、角色、侧重点和投资，以便预测和满足客户需求，拓展创新能力并迅速形成双赢的局面。当我们看到以下情形时，我们便知道该生态组织拥有真正的协同合作能力。

- 提升系统中所有成员的赢利能力。
- 更加整合完善的客户解决方案。
- 更强的市场触达能力。
- 与传统的企业间协作安排相比，能大幅缩短新产品上线时间。
- 提升系统中所有参与者的学习能力，促进其自身实力和能力方面的成长。

上述优势的形成依托大数据和技术所蕴含的智慧和力量，以及

---

① 参与博弈的各方，在严格竞争下，一方的收益必然意味着另一方的损失，博弈各方的收益和损失相加总和永远为"零"，双方不存在合作的可能。——译者注

能洞察客户需求、有技能将一切都联系起来的人才，就好比拥有克雷超级电脑一样的精干"双比萨团队"。在自然界中，生态系统包括两个基本部分：生物（活体植物和动物，也包括土壤中的细菌）和非生物（无生命因素，比如水、岩石、阳光、无机盐，甚至还有风和阴凉处）。这一类比所蕴含的道理是显而易见的：生态组织既需要具备精神信念这样偏人性方面的软件，也需要拥有数字化能力这样偏技术层面的硬件，这样才能形成将纷繁复杂的事物转变为满足客户需求所需要的协同合作。当这种协同合作发挥功效时——它确实在某些全球巨头中发挥功效——内部和外部因素的流动将会更加敏捷灵活，以便更好地进行创新并满足客户需求。这种协同合作所带来的优化程度是任何人在数年前所不曾想象到的。

那么，共享平台与团队如何协同合作，使整体效用大于个体效用呢？

- 共享平台设定原则和标准，业务团队则制定具体举措，赢得市场。共享平台不会规定团队应该做什么，而是提供原则和标准，作为其他人遵循和协同合作的基础。
- 当业务平台生成用户流量或销售线索时，业务团队将这些流量转化为商业机遇。
- 当技术平台共享数据、技术、工具和能力时，业务团队可以根据自身情况酌情运用这些资源。
- 通过上述业务和技术共享，强大的后端平台帮助前端业务团队构建市场化生态组织的四大关键能力：外部环境感知、客户至上、创新和敏捷灵活（请参考第10章）。

· 共享平台实现跨团队学习共享。当不同团队能够发现和创造好的想法，平台可以让这些想法快速流转和扩散。

· 绩效和奖励机制确保共享平台更好地响应业务团队和合作伙伴的需求。

上面提及的有关共享平台和团队之间的互利可以被概括为"协同交互作用"。共享平台和团队，以及团队之间的协同合作形成了一个互学互鉴的社群，那些具有实效性的想法和数据在社群得到迅速推广，使得整体效用大于个体效用。

在生态组织中，牵头企业的职责是致力于营造协同合作的氛围和基础设施，将各有所长的团队和伙伴（每个团队为客户价值做出不同贡献）有机结合起来。通过网络效应和更多团队与伙伴的聚合（如电商平台上更多商家的参与），繁荣的生态能创造更多知识或额外需求，为协同合作带来良性循环和回报。牵头企业为吸引合作伙伴，必须创建合理架构和激励要素，对相互交叠的功能进行管理并减少生态组织各成员间不必要的摩擦。它让生态组织中的每个人关注客户，关注客户需求，持续进行灵活创新。在生态组织中，合作伙伴和业务团队扮演的角色具有多样性，包括市场信息、零部件供应、运营能力、销售渠道以及互补性产品和服务。牵头企业如亚马逊、谷歌、腾讯和阿里巴巴通过自身所拥有的声誉和影响力，为业务团队和合作伙伴创造市场机遇。它们助力某一产品、服务或技术更快速地被市场接受，融入整体生态系统，就像腾讯对微信，谷歌对谷歌地图，以及亚马逊对亚马逊云计算服务所做的。关于协同合作所产生的协同效应，地图服务是一个非常生动的例子。对于谷歌、腾讯和阿里巴巴这些企业所推出的地图服务功能而言，能否与优步、滴滴和美团这些涉足大众交通的战略伙伴进行协同合作是至关重要的。地图的效用能发挥多少，很大程度上取决于使用地图的客户数量和使用频率。私家车、公共交通（甚至是个人）越频繁地使用地图，就越能让地图服务商获得更多的即时数据，更好地帮助司机规避交通拥堵状况，推荐最佳的出行参考路线。因此，从尽可能多的合作伙伴那里获取实时交通数据所需要的协同合作，对于打造更具智能化的服务至关重要。

促进生态协同合作的企业案例

谷歌将协同合作根植于自身独有业务与合作伙伴之间。类似谷歌地图和其他相关基础设施（如安卓系统）扮演着创新中心的角色，有潜力的合作伙伴能够结合谷歌所提供的功能要素打造全新的应用程序。在这个全球客户数量高达 1.5 亿的谷歌世界里，合作伙伴能够非常容易地测试和发布自己的应用程序。

来自剑桥大学的彼得·詹姆斯·威廉森（Peter James Williamson）和新加坡管理大学的阿诺德·德迈耶（Arnoud De Meyer）就谷歌组

建开放手机联盟（Open Handset Alliance）所彰显的协同合作进行了细致入微的描述："截至 2011 年，谷歌汇集了 84 家技术与移动通信企业，大家依托开放的安卓操作系统，提升创新速率，为客户提供更多元、更廉价、更优质的移动体验。通过这个开放共享平台，安卓生态系统中的合作伙伴能够以更高的速率、更低的成本发布内容更丰富、种类更多元的新应用程序。"[1]

在行事风格上，谷歌与苹果形成了鲜明对照。苹果将独一无二的设计能力看作企业最宝贵的部分，并对自身设计流程进行严格管控。然而，苹果在软件开发方面采用了开源方式，该企业很大一部分价值是由此创造的。毕竟，是这些应用程序吸引大量客户购买苹果手机。迄今为止，苹果已经就第三方开发者所创造和设计的内容或应用软件支付了超过 100 亿美元。

在《财富》杂志举办的国际科技头脑风暴大会上，亚马逊全球零售消费负责人杰夫·威尔克（Jeff Wilke）揭示了亚马逊的协同合作理念。[2] 当他被问及亚马逊是如何做到同时抓住这么多不同市场机遇的时候，威尔克描述了亚马逊的"可分离式单线团队"（separable single-threaded teams）。"单线团队"的意思是团队只需要关注某个产品或某项服务，没有其他分散注意力的事务。"'可分离式'指的是组织架构的分离，就像 API 之于软件一样。"他解释道。在软件领域，API 指的是为创建软件应用程序所配备的一系列例行程序、数据传递的协议和工具。从根本上来说，API 为软件组成部分间的互动提供接口。因此，单线团队不用关注别的任何事情，它们只需要确保自己的子程序运行准确无误即可。

　　显然，要成功构建单线团队（通常是"双比萨团队"的形式）只能靠亚马逊云计算服务的数据和技术的强有力支持。这些团队只需要关注自己的任务和实验，而不需要担心其他必要的支持。因此，凭借足量的资源和令人惊异的灵活性，亚马逊进行了大量的实验。例如，亚马逊线上购物通过辨别美国高收入社区以及高收益企业所在地区的邮政编码来确认销售方向。由于大部分产品销售都是在圣诞节期间完成的，所以亚马逊会选择在关键邮政编码区域开设快闪实体店。线上销售所透露出的信息能够让亚马逊精准知晓在这些小而聚焦的零售门店应该提供哪些产品。这些快闪店的目标客户之所以能大幅增加，是因为各亚马逊团队有在旺季准确接触这些目标客户的能力。

　　同样，亚马逊收购全食超市也是展现协同合作的一个生动案例。全食超市的实体零售与亚马逊的线上销售形成了相辅相成的关系。对于亚马逊而言，考虑到客户购买频率以及进一步推动客户在其他品类的购买潜力，生鲜超市是一个规模巨大却未被充分开发的市场。通过若干协同合作的步骤，亚马逊将两大业务进行整合：为了与亚马逊物美价廉的良好声誉保持一致，亚马逊就全食超市的部分商品进行了两次公开降价。通过亚马逊现有的线上物流配送能力，亚马逊让全食超市的自有品牌商品在线上也可购买。在一些目标城市，亚马逊通过亚马逊会员服务提供全食超市的送货和取货服务。亚马逊还在选定区域推出储物柜和快闪店。

未来，通过对全食超市的收购，亚马逊会让线上线下业务进一步协同合作。协同合作的举措可能包括：将全食超市纳入亚马逊会员服务，为会员客户提供奖励计划；将全食超市、即时送达服务和亚马逊线上生鲜杂货店更加紧密地整合在一起，以及推出更大力度的降价举措。通过这些尝试，亚马逊将会进一步创造独特想法，并依托协同合作逐步优化和改造实体零售店的体验。

与亚马逊如出一辙的还有腾讯。作为一个开放共享平台，不同企业和合作伙伴依托腾讯微信推送自家产品和服务。这种以客户为中心的导向将微信打造成为一个规模巨大的应用程序，该应用程序将人们日常生活中的各类服务囊括进来，包括电子支付、交通出行、自行车租赁、餐饮、电影、网络游戏、音乐、购物、新闻、生活支付、投资理财、保险和酒店预订。

近来，阿里巴巴的共享平台变得越发强大，之所以这么说，是因为该平台通过合理利用其共享资源和能力能够迅速推出新业态。例如，在短短 9 个月时间里——而不是更常规的 24 个月，阿里巴巴迅速推出了一个构造复杂且极富创新性的零售生态——盒马鲜生。通过阿里大中台所提供的会员服务、销售点支付、物流和目标营销等技术与服务能力，盒马鲜生将线上线下的生鲜食品零售业务和餐厅服务整合起来。以下是这一全新业态与强大中台成功进行协同合作的细节。[3]

9 月推出的"新零售一号项目"充分运用了阿里巴巴中台

所提供的技术。

　　我们花了9个月的时间致力于此项目的推出。虽然该项目还有很大的提升优化空间，但目前整体运营流程还算正常。能够在9个月内推出这个项目，有点出乎我们意料，因为这样庞大的系统至少需要两年的时间才能完成。

——侯毅　盒马鲜生首席执行官

- 由大数据支持，将线上电商和线下超市进行一体化运营：由京东前物流规划主管侯毅打造，该服务将"超市＋餐厅＋物流＋应用软件"纳入一体化运营。
- 该系统比线下超市和纯电商更复杂：该系统将线上线下服务进行整合，包括仓储物流管理系统、企业资源规划与财务、前置仓配送物流、应用程序、会员管理、支付、市场营销等。该项技术没有成熟模式可借鉴。
- 充分利用阿里巴巴的中台技术，加速产品推出进程：阿里巴巴的技术能力和开发能力对于盒马鲜生的构建至关重要。盒马鲜生直接使用了阿里巴巴的底层技术结构、支付系统和会员系统，将开发时间缩短至9个月。
- 通过中台接口，与阿里巴巴的最前沿技术保持同步：盒马应用程序与阿里巴巴的个性化推荐技术相结合，使消费者能够获得类似于手机淘宝或天猫的个性化体验。

管理启示

在市场化生态组织中，有四类协同合作必须无缝对接和管理，才能有效打造四个关键能力——外部环境感知、客户至上、创新和敏捷灵活。

- 共享平台与业务团队之间的协同合作，比如阿里巴巴的中台与盒马鲜生业务团队之间的协同合作。
- 共享平台与战略合作伙伴的协同合作，比如微信与餐饮、交通出行等领域的战略伙伴的协同合作。
- 业务团队之间的协同合作，比如亚马逊线上零售、亚马逊会员服务和全食超市之间的协同合作。
- 业务团队与战略合作伙伴的协同合作，比如谷歌的安卓业务团队与手机厂商之间的协同合作。

不幸的是，在大多数情况下，协同合作总是以失败告终：信息被囤积，而不是被共享；基于内部政治而不是客户导向去做决策；缺乏冒险精神或想法共享受限，创新被束缚；敏捷灵活度因为决策迟缓和山头主义受到削弱。

在生态组织中，每个业务团队都能生成创新的想法。生态组织协同合作所面临的挑战莫过于建立这样一种能力：利用共享平台的支持和业务团队自身，你能够迅速就有关想法进行实验；一旦这个想法被证明是成功的，你能够与其他业务团队进行系统性共享。例如，在腾讯，杨国安的职责之一就是通过一些论坛和其他平台，与战略合作伙伴或者促使战略合作伙伴之间共享经验教训、创新模式和最佳实践，在腾讯与战略合作伙伴之间或者各个战略合作伙伴之间的不同领域中，进行更加紧密的协同合作，包括业务协同、知识共享、咨询支持和金融投资等。为了提升协同合作的成功概率，你可以运用我们所总结的五大原则，实现共享平台与业务团队、共享平台与战略合作伙伴或者生态组织中业务团队之间的协同合作（见表 11-1）。

表 11-1　促进协同合作的原则和具体行动

原则	具体行动
明确整体目标	• 定义能够涵盖生态组织中各组成部分的共同愿景、使命和战略，提供团结和互助的必要性
关键信息共享	• 创建有序的流程或基础设施，实现信息、数据和见解的跨业务共享
协作技能	• 确保员工或合作伙伴具备协同合作的相关技能 • 实现人才跨单元、跨平台甚至跨合作伙伴流动
分享权责	• 厘清共享平台、业务团队和合作伙伴的定位和决策权限 • 创建跨单元团队，给予它们决策权
提供激励	• 为协同合作提供金钱和非金钱激励

明确整体目标

　　共同追求为你的协同合作提供了聚焦点和明确的方向，很多协同合作会涉及来自企业不同单元的成员，他们希望通过合作达成不同的期望，甚至冲突的目标。要把这些不同组合的人员拧成一股绳，花时间去确立一个比各组成单元凭借自身能力所能完成的更大、更具影响力的目标是关键的第一步。这些目标为协同合作奠定基础，因为不协同合作，这些目标是无法达成的。它们必须超越个别单元的小目标。在表 11-2 中，我们罗列了制定跨团队整体目标应该满足的若干标准。

表 11-2　制定整体目标的标准

标准	定义
志向（aspiration）	定义一个有挑战性的大目标，让期望结果超过目前所拥有的资源
行为（behavioral）	关注让战略能够具体落地所需的行为
客户优先（customer focused）	强调对外部关系人的价值创造，特别是组织所服务的客户
配套（disciplined）	将生态组织的整体目标植入各个管理工具，比如招聘、培训、资源配置、绩效、决策和技术
能量（energizing）	能鼓舞和激发相关人员，为目标的达成营造感情能量和激情
未来导向（future-oriented）	关注未来，形成向前看的思维模式

关键信息共享

当协同合作成功落地时，来自任何一个单元的想法、专业知识或工具都能被共享并被其他单元使用。我们发现，当企业完成了被我们称为"学习矩阵"（见表 11-3）的流程时，有价值的想法就得以在生态组织中顺畅共享。有关这个工具，我们要特别感谢曾任职于通用电气和高盛的史蒂夫·科尔（Steve Kerr）。完成这一矩阵共分五个步骤。

第一，将下面这句话填充完整："想要在 X 方面达到世界级水准，我们必须＿＿＿＿。" X 可以指代任何致力于提升的组织能力或做好的事情，比如服务、品质、客户至上、周期或培训。这一步骤的目的在于确立让某项生态组织举措获得成功的关键因素。你或许需要一个小研究团队、任务小组或者其他形式的小组定义这些关键成功因素。这些被定义出来的因素将成为表格横排中的 A~H。

第二，回答这样一个问题：哪个业务团队或伙伴正在进行与这些关键因素有关的工作？把这些业务团队和伙伴的名字写在表格纵列的 1~8 后，根据团队数量的多少可以有所增减。

第三，在横排纵列所形成的方格中用 1~5 打分：1 代表"糟糕"；2 代表"勉勉强强"；3 代表"尚可"；4 代表"良好"；5 代表"他人认为我们是卓越的"（由业务团队之外的某人评定）。这个评定可以由组织单元负责人或单元以外的团队（比如上级或外部评估机构）给出。0~4 分可以由组织单元中的成员打，5 分必须出自单元以外的人。

第四，当所有方格填写完毕时，你就完成了打造某个组织能力或做好某件事情的学习矩阵。这一矩阵帮助我们精确找到打造某一组织能力的优秀单元和生态组织在这方面的整体得分。这一矩阵得分是负责打造这个组织能力领导者的计分卡，也为不同单元间的优秀想法共享提供清晰的依据。

第五，构建相互观摩学习流程，让每一纵列中得分较低的团队（或单元）向得分较高的团队取经。

表 11-3　在生态组织中分享创新想法的学习矩阵

从事该项工作的相关业务团队或合作伙伴	想要在 X 方面达到世界级水平，我们必须具备的关键成功因素							
	A	B	C	D	E	F	G	H
1								
2								
3								
4								
5								
6								
7								
8								
……								

有许多机制能够鼓励高得分团队的宝贵知识和经验传递分享到另一个团队：

- 将得分较高的团队打造成他人可以观摩和学习的最佳实践场所。
- 将得分较高的团队的经验和做法整理成案例，供他人借鉴运用。
- 让得分较高的团队的人才到得分较低的团队轮岗。
- 激励那些得分较高的团队为得分较低的团队整理和分享知识经验，例如，给他们发放特别奖金。
- 指定专人不断跟踪生态组织的这个矩阵中组织能力的得分，确保获得 5 分的方格越来越多。

协作技能

那些才华横溢且拥有个人专业知识的员工以使整体效用大于个体效用为己任。在合唱团里，不是所有独唱者都能在合唱中发挥作用。我们确立了一系列协同合作所需的个人技能（见表 11-4），[4] 在招聘新员工、管理轮岗、晋升或培训现有员工时，你可以评估和确保他们具备这些方面的技能。

表 11-4   协同合作所需要的个人技能

协同合作的技能	定义
促进信任	践行承诺，尊重他人的意见和建议，考虑他人的感受并保持信心
灵活行事	能够轻易转换角色的能力：领导者和追随者；想法的发起人和想法的支持者；社交联系人和任务管理者

（续表）

协同合作的技能	定义
开放	愿意分享意见和信息，以开放、共享想法而不是抑制他人做贡献的态度参加团队决策
专注团队而不仅仅是自己	强调综合的团队目标并且致力于整个团队的成功，关心团队成员并以积极参与者的身份践行团队任务
为他人的成功喝彩	愿意分享荣誉并为他人的成功喝彩；以积极的方式谈论他人
处理分歧	友善地表示不同意见；当分歧产生时，能够直面问题，进行沟通；求同存异；对事不对人；以探寻新想法为目的提出问题

分享权责

权力与责任和角色息息相关。领导者往往通过定义需要完成的任务以及谁对这些任务负责，将决策权分配下去。决策权共享需要思考以下问题：需要做哪些决策？谁对这些决策负主要责任？什么时候需要做出这些决策？如何进行决策？如何让决策的质量可以被追溯和优化？

在需要协同合作的任务中，决策权常常是在跨团队间进行分配。由于这些团队极有可能包括来自共享平台和多个业务团队的代表，因此决策的形成源自不同利益相关者的投入。清晰的权限能够形成明确问责关系，以便协同合作的诸多努力能够迅速应对外部情况的需要。

提供激励

协同合作是需要付出成本的。这些成本包括：员工所耗费的时间和精力、机会成本，以及规避营造零和氛围的政治代价。当生态组织能建立一些共享激励的机制（像内部定价或奖金共享），回报共享平台或其他团队所付出的额外努力，协同效果将会大幅增加。归根结底，协同合作往往意味着额外的工作量和不便，甚至不是参与人员平时工作职责的一部分。

物质奖酬是促成协作的可选之法。有一家企业刻意把每个事业部门奖金数额中的 10% 用于奖励该部门以外的个体。这样的奖励刺激理念突出协同合作的重要性。非物质奖励，比如公开认可参与协作的个体员工和团队同样能促进协同合作。卓有成效的市场化生态组织通过视频、广播、演讲及论坛等形式为促进协同合作的员工，而不是那些囤积信息、希望自己重复造轮子的员工摇旗呐喊。

在腾讯、阿里巴巴和华为，业务团队（比如游戏工作室、业务团队、面对客户的项目团队）和共享平台（比如分销、云服务或区域专业支持平台）的协同合作通过内部定价机制得以实现。业务团队被看作内部客户而不是焦急等待支持的排队人员。以市场为导向的协同合作在业务团队、共享平台和合作伙伴间生根发芽，确保机制运转的高效和资源的最优化利用。

结论

市场化生态组织的设计构想就是要确保整体效用大于个体效用的总和。具体形式包括团队内的协同合作使个人技能得到更充分的发挥，业务团队之间、业务团队与共享平台和合作伙伴等进行资源、信息和能力共享。当员工或团队实现协同合作时，生态组织的四大关键能力将表现出众：外部环境感知、客户至上、贯穿始终的创新和无处不在的敏捷灵活。

将想法转化为影响力

如何领导
市场化生态组织

看过前面章节的内容，你应该能够阐释为什么外部环境和战略使得组织革新变得非常有必要（第一部分）；就组织能力和组织形态而言，组织革新的轮廓是什么（第二部分），以及卓越的市场化生态组织是如何通过六大管理抓手确保新组织模式高效运行的（第三部分）。进入第四部分，我们聚焦于"谁"的问题，也就是打造和维系全新组织架构所必备的领导力，从而为组织革新流程最后一个环节画上一个圆满的句号（见图Ⅳ-1）。

通过回答"为什么"、"是什么"、"如何运营"以及"谁推动"的基本问题，并使用各章节中的诊断工具和提升改进的管理行为清单，你能够将我们着重研究的生态组织中的理论转化为对自身企业的真正影响。

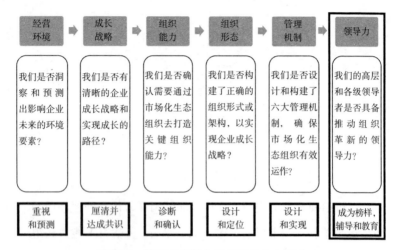

图IV-1　构建市场化生态组织的六大环节

　　本书的这一部分有两个章节。在第12章中，我们评述领导力在实现市场化生态组织方面所起到的作用和扮演的角色。在我们研究过的所有企业中，领导力对生态组织的构建和可持续发展意义深远。当领导者将打造市场化生态组织看作一个提升企业核心竞争力的议题，并亲力亲为地对此进行塑造和指导时，领导力的效用就会显现出来。当个人领导者的想法成为他人所认可和遵循的见解，领导力的效用将会放大。在这一章中，我们将与读者就以下两个问题进行交流分享：高效领导力的组成因素是什么，以及领导者如何培养新一代的领导力。

　　第13章主要围绕如何在不同行业背景下运用市场化生态组织的原则和举措。为了说明这一点，我们生动且翔实地描述来自不同行业的三家企业是如何革新自我的。在前面的章节中，我们向读者展现了可以用于自身企业的不同工具、准则和举措。现在，让我们将这些宛若一个个孤岛的想法串联起来，成为用于组织革新的系统性方略。无论是国有企业还是民营企业，大企业还是小微企业，传统行业还是新兴行业的企业，国内企业还是国际企业，有无高新技术，任何期待打造外部环境感知、客户至上、贯穿始终的创新和无处不在的敏捷灵活等关键能力的企业都需要进行自我革新。我们希望本书中的想法能够引导你就生态组织、组织形式和治理机制等方面形成自己的独到见解，并通过领导力和想法的传播产生影响力。

第 12 章

领导力：
领导者需扮演什么角色
来让正确的事情发生

《财富》杂志发布的"2018 年最受赞誉的十大企业"中，你能将多少个位列前十的企业名称与其创始人或最高领导者正确匹配？看看你是否能将表 12-1 中的空白处填写完整。表 12-2 所展示的是 2018 年中国最受赞誉的企业以及它们的领导者。你能将这些企业名称和领导者姓名一一对应吗？

我们发现，人们都能将大多数企业的名称与其领导者正确匹配（至少对本国企业）。为什么呢？因为企业往往具有最高领导者，通常也是其创始人的独有特质。领导者已成为他们所创办和管理的企业的一张名片。事实上，在我们重点研究的八个市场化生态组织中，现任最高领导者全部都是企业创始人，企业的一举一动皆投射出领导者的个人价值观和领导风格。

表 12-1 《财富》杂志"2018 年最受赞誉的十大企业" 以及它们的最高领导者和创始人

企业名称	答案	最高领导者和创始人
1. 苹果		A. 凯文·约翰逊和霍华德·舒尔茨
2. 亚马逊		B. 萨提亚·纳德拉和比尔·盖茨
3. 谷歌（字母表集团）		C. 杰米·戴蒙
4. 伯克希尔-哈撒韦		D. 加里·凯利和赫布·凯莱赫
5. 星巴克		E. 杰夫·贝佐斯
6. 迪士尼		F. 弗雷德·史密斯
7. 微软		G. 沃伦·巴菲特
8. 西南航空		H. 拉里·佩奇和谢尔盖·布林
9. 联邦快递		I. 蒂姆·库克和史蒂夫·乔布斯
10. 摩根大通		J. 罗伯特·艾格和华特·迪士尼（你不应该答错这个！）

表 12-2 "2018 年中国最受赞誉的十大企业"及它们的最高领导者和创始人

企业名称	答案	最高领导者和创始人
1. 华为		A. 雷军
2. 格力		B. 李保芳
3. 海尔		C. 王卫
4. 小米		D. 马云
5. 阿里巴巴		E. 梁稳根
6. 贵州茅台		F. 董明珠
7. 顺丰快递		G. 马化腾
8. 中国中车		H. 张瑞敏
9. 三一重工		I. 任正非
10. 腾讯		J. 刘化龙

资料来源："Top 10 Most Admired Companies in China for 2018," *China Daily*, October 18, 2018，http://www.chinadaily.com.cn/a/201810/18/WS5bc7bdc1a310eff303282fc6.html。

　　我们试图明晰，为确保企业成功的可持续性，生态组织的领导者们做了哪些工作，以及他们究竟是如何领导各自企业的，虽然他们拥有迥然不同的领导风格和方式。通过学习借鉴这些杰出领导者的做事方式，你可以审慎反思并将这些深刻见解用来提升自己的领导力，并在企业的各个层级中培养领导力。

生态组织领导者的角色和职责

　　领导者的最终职责便是确保企业的持续成功。为了实现这一目标，高效领导力是基于领导者个人特质与利益相关者回报之间紧密互动的结果（见图 12-1）。

　　早在 2009 年，笔者戴维和同事就曾对领导力专家学者们的观点进行综合分析，用于定义高效领导者需要知道什么和做什么。研究分析结果（可参看戴维和同事合著的《领导力密码》一书）显示，高效领导者需要扮演好战略家、执行者、人才管理者、人才培养者和具备良好个人素质。[1] 在分析市场化生态组织的高层领导者的关注点时，我们发现的领导力重点有很多相似（但略有不同）之处，可参考图 12-2 的总结。

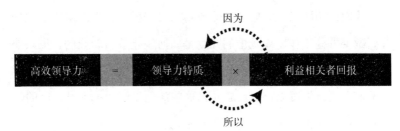

图 12-1　领导者与利益相关者的相互关系

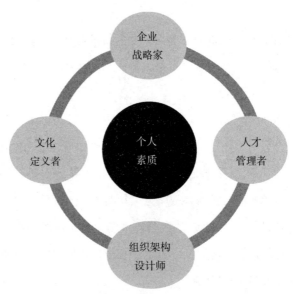

图 12-2　市场化生态组织领导者的五大角色

　　在我们着重研究的生态系统中，所有领导者在这五大角色或领域中投入自己的大量时间和精力。

- **企业战略家：**

——预测和设想未来；

——凭借对关键趋势的深刻理解，特别是在技术研发和未被满足的客户需求方面，创造全新市场机遇、产品或服务；

——在企业成长方向（客户、产品或者区域）和成长途径（收购、构建或合作）上形成共识。

- **组织架构设计师：**

——设计以客户为中心的信息共享和市场化生态组织，代替官僚组织的内部导向和流程规范；

——构建高度自主的业务团队，借助共享平台的资源，在生态系统中互联互通；

——强化员工的问责机制，将员工回报与客户、创新和敏捷等相关能力挂钩；

——促进基于共同价值观和管理机制的协同合作。

- **文化定义者：**

——通过清楚知晓企业希望以什么而闻名世界，定义一个基于目标、品牌和价值观的企业文化；

——持续不断地围绕企业文化的"为什么"、"是什么"和"如何做"进行交流沟通，深植企业文化；

——在日常行为举止中率先垂范，亲力亲为地塑造企业文化；

——通过你所选择的管理抓手深植企业文化。

- **人才管理者：**

——把人才放到重要的战略地位；

——制定严格的人才标准，选取符合企业文化的高素质人才；

——用工作意义和目标来激励员工，以满足他们对信念的需求；

——帮助员工以不同方式，如跨单元间的轮岗，发展员工潜力，以满足他们对成长的需求；

——帮助员工间建立良好的工作关系，以满足他们对归属感的需求。

- **个人素质：**

——具备企业发展所需要的个人素质，包括精力和激情、对他人的同理心、快速学习的能力、使命驱动的世界观、韧劲和打拼创业的精神；

——帮助其他领导者具备这些个人素质。

现在，让我们看几个例子，深入了解领导者的五大角色在实际工作中的运用。

企业战略家

扮演企业战略家角色的领导者必须就"我们该往何处去"的问题进行解答，并确保领导者周围的人清楚了解这个问题的答案并严格践行之。他们不仅致力于构想一个愿景，还要清晰准确地予以传达。

亚马逊创立伊始，贝佐斯对于企业的侧重方向以及如何构建一个以客户为中心的企业拥有非常清晰的认知：商品的多样、低廉的价格和服务的便利性。为了达成这一目标，他花费 70% 的时间在新业态和新产品上，而不是深陷于充满运营细节的泥沼。他还通过确立总体发展方向的年度战略规划流程，倒逼整个企业的员工以发展的眼光思考问题，特别是思考七八年之后的发展趋势。与此同时，他也进行日常抉择，将未来的战略方向与当下交叠起来。

马云深信自己的企业使命——"让天下没有难做的生意"。凭借着对互联网技术能力的深信不疑以及践行企业使命的强烈使命感，他委托其总参谋长和任务小组设想三十年后的企业会如何运营以及阿里巴巴需要做哪些事情才能实现这一设想，最终形成了涉及零售、技术、金融、制造和能源的"五新"战略。

马化腾将腾讯定位为能够连接人、物（物联网）、企业和政府的社交网络平台，也是游戏、音乐、文学和电影等数字化文娱内容的提供者。他还依靠京东和美团这些战略合作伙伴为腾讯用户提供其他产品和服务。为了使企业保持战略灵活性，马化腾在 2018 年对企业进行了一次重大战略升级。腾讯开始关注如何使用互联网及人工智能、大数据、云计算等新兴科技，提升不同产业的运营效率和用户体验，深耕消费互联网的同时，也积极拥抱产业互联网。[2]

关于如何使用自己的工作时间，扎克伯格有着清晰的优先选项，就是聚焦于战略方向和产品创新。他花费大量时间思考新应用软件（如 Instagram 和 WhatsApp）和新技术（如增强现实和人工智能）所能推动的新业务机遇，以及脸书该如何通过构建内部团队或从外部并购掌握这些新机遇。作为脸书最卓越的产品经理，扎克伯格对产品创新和功能优化进行频繁回顾和反馈。黑客马拉松的优胜团队也将获得扎克伯格本人的反馈和建议，用于产品的进一步开发。他还向工程师们传达强烈而直接的信息，让他们清楚知晓自己希望企业大力投资的新产品。数年前，当移动通信技术如洪水般"淹没"互联网时，扎克伯格向所有工程师清楚表明，他不会对无法在移动平台上使用的新产品或功能进行回顾反馈。通过个人言行，他清楚传达企业的优先项，有助于高效且准确地把控企业战略方向。[3]

在滴滴，首席执行官程维正竭尽全力为客户提供智能出行服务，想象未来这一刻的来临：车辆的设计目标就是为了共享，并通过无人驾驶技术大幅度提升安全、体验和效率。通过使用实时大数据，滴滴收集道路上数百万辆联网汽车信息。企业还尝试与地方政府合作，依凭大数据对交通流量进行更好的管理，实现城市智能化发展。

所有市场化生态组织的领导者分配足够的时间和精力以拉远镜头的方式设想未来，与此同时以推近镜头的方式关注日常运行。这些领导者对业务发展方向以及如何着手做这件事都有着清晰的认识（请参考第 3 章）。

组织架构设计师

扮演组织架构设计师角色的领导者必须回答：我们如何重新定

义组织概念并重新规划组织的重要组成部分，为员工、客户和投资者带来更优的价值？他们对组织逻辑进行重新定义，从科层架构到系统思维，到组织能力，再到生态组织；把生态组织中的不同单元拧成一股绳，打造更卓越和强大的组织能力（见图 1-2）。尽管许多企业已经具备了生态组织框架中的若干部分，但真正意义上的市场化生态组织需要把这些部分协同集成，在瞬息万变的时代，从根本上创造更大的价值。

2012 年，马化腾正式宣布腾讯的生态战略。这一路径基于之前的开放平台战略的进化，将自身的搜索业务剥离整合到搜狗，电商业务剥离整合到京东。这些战略合作伙伴代表着"腾讯的半条命"，基于这个战略思想，马化腾重新定义腾讯在整个生态系统中的布局与定位，而非仅限于企业本身。通过业务合作、相互支持以及股权参与，战略合作伙伴成为腾讯发展版图的重要组成部分。在组织转型方面，腾讯在 2018 年 9 月底又正式宣布重新构建两大新的事业群以配合新战略的落地（深耕消费互联网，拥抱产业互联网），同时组建技术委员会强化中台能力，促进根植于不同事业群的多个技术团队之间的开源协同。[4]

2015 年，马云决定在阿里巴巴实行由高度自主的业务小团队和强而有力的中台共同组成的组织模式。由年轻业务主管经营的 20 多个高度敏捷灵活的业务团队被充分授权，基于市场需求快速决策。为进一步赋予这些敏捷灵活团队赢得市场的能力，马云决定在中台打通和整合散于不同业务团队的用户数据和技术支持（如人工智能、大数据以及云计算），使得共享中台能够为面向客户的敏捷小团队提供即插即用服务。[5]正因如此，从2015年开始，阿里巴巴的利润和收益再次呈现快速上涨的趋势。

正如上述例子所示，这些成功的领导者能够重新思考组织设计逻辑，并运用市场化生态组织中的原则和举措，重新架构全新组织结构。在瞬息万变的市场中，组织架构设计的重要性不言而喻。

文化定义者

扮演文化定义者角色的领导者需要解答的问题是，企业希望凭借什么属性，不单在员工心目中，更为关键的是在现有和未来客户的心目中闻名。所有市场化生态组织的领导者对清晰准确地传达企业文化负有主要责任。他们不能将这一重要职责推给人力资源部门去做。领导者需要就正确的企业文化进行广泛的沟通和交流，持之以恒地运用企业文化影响各种决策，并通过人才管理体系抓手，让企业文化贯彻落地。

在华为，任正非热衷于构建正确的企业文化，灌输责任与担当意识，使员工将客户需求放在首要位置。以客户为中心、以奋斗者为本和自我批评精神，是华为最重要的三大价值理念。他通过各种形式确保文化鲜活渗透到企业不同角落，包括给员工讲故事和撰写亲笔信；将时间用于与客户、员工和合作伙伴会面，而不是与投资者或政府官员会面；不遗余力地把资源投资在技术研发和人才优化上，确保企业长期成功；以及基于清晰明确的价值观和文化做出人事决定。[6]

通过提供商品的多样选择、低廉的价格和便捷的服务，贝佐斯痴迷于将亚马逊打造成世界上最以客户为中心的企业。他明确有力地阐释企业的 14 条领导力原则，并将其融入亚马逊的所有业务决策（包括企业应该涉足哪个毗连业务，提供哪些创新的产品和服务）和人事安排（筛选、评估、晋升和开除）中。就像贝佐斯和亚马逊许多高管所坚信的那样，企业发展不能光倚靠人的"良好动机"，更需要的是"良好机制"，这样生态组织才能行稳致远。[7]

市场化生态组织领导者认为企业文化是实实在在的，而非装点门面的花瓶。定义正确的企业文化能够将企业内部价值观转化为外部客户和投资者创造的价值。

人才管理者

扮演人才管理者角色的领导者需要解答的问题是，在我们的业务进程中，谁与我们同行，我们如何帮助优秀人才实现他们的目标。这些领导者知道该如何甄别、培养和激励来自本国和海外的优秀人才。在当下，尽管技能和行为承诺是员工完成本职工作的必要条件，然而领导者们对于员工的情感承诺也需要日益关注。这种情感承诺源自对更高目标的追求，不仅是为了挣钱维持生计，更是为了贡献社会。

人才管理人员尤其需要甄别和培养符合未来业务发展需要的高潜力人才。市场化生态组织的领导者意识到，培养致力于探索未知领域的未来领导者的最佳方式莫过于通过授权使其逐步承担更大职责，快速获得反馈，以及给予责任感与奖金的综合激励。让高潜力员工快速学习、快速失败并在前进的道路上不断成长。

对人才设定高标准、严要求是贝佐斯反复强调的。除了使用14条领导力原则以及对应聘者进行严格筛选的多轮面试，亚马逊还委任德高望重、熟悉亚马逊文化的主管出任"抬杠者"（bar raiser）的角色，确保新进员工的水准必须在现有团队成员的平均水平之上。[8]严格的标准也被应用到日常决策和工作行为中。企业期待员工极为勤勉地工作（工作和生活的平衡并不是亚马逊的考虑项），并随时做好在必要时扮演新角色、担负新职责的准备。

20世纪90年代早期，尽管那时的华为还是一个处于初创阶段的小微企业，任正非所秉持的人才理念从那时开始就是一贯的。长期以来，华为积极作为，将目光锁定在中国最杰出的大学（比如清华大学），用丰厚的薪酬待遇吸引大批优秀毕业生前来就业。任正非坚信，培养人才最好的方式就是让人才进行跨功能和跨国家的轮岗。企业大力倡导以奋斗者为本的论功行赏理念。根据绩效表现，干部将被火速提拔或光速降职。例如，一位负责华为智能终端和其他设备的高管就曾经在华为的职业生涯中几次在岗位上被免职。

伴随着滴滴日益多元化和国际化的业务运营模式的形成，创始人程维努力使滴滴的人才结构更多元化。人才多元化除了包括性别和种族这些传统定义之外，还包括不同技能、性格（例如有些主管擅长开疆拓土的"草原文化"，有些更加合适运维现有市场的"中原文化"）、国籍、年龄和背景。

通过上述方式，领导者全面调动了员工的手（能力）、脑（投入）和心（情感），完成对员工来说意义非凡的各项工作。杰出的领导者们既要确保人才顺利达成当下所需要的结果，还要培养能满足未来环境需要的人力储备。

个人素质

评判高效领导者，不能仅凭他们知道什么以及做了什么就妄下断言。他们的人格魅力和个人特质会决定他们能够走多远、跳多高和影响多少人。个人素质并不是相对一个固定角色而言，而是能够做好不同角色的领导行为、信念和价值观。优秀领导者往往信念坚定，对企业使命或目标深信不疑。再加上根深蒂固的价值观，他们在遭受反复挫折和其他严峻挑战的困境下依旧昂首向前。具有优秀素质的领导者还能够从成功和失败中迅速吸取经验与教训。

我们还发现，在瞬息万变的世界中，"鱼与熊掌兼得"的能力是另一项非常重要的个人技能。领导者需要兼顾自上而下与自下而上的工作模式，客户优先与员工优先，长远投资与短期结果，以发散性思维获取新想法与以收敛性思维集中注意力等方面的要求。为了驾驭这些明显对立的要求，优秀领导者还需要具备超强的学习能力，行动果敢，迅速作为，同时不断调整。尽管很多两者兼顾的事情无法从根本上进行管理或解决，但鼓励对话和敏捷灵活性是驾驭对立要求的关键所在。

贝佐斯、马化腾、马云和任正非，他们都是企业使命明确和价值观坚定的领导者。他们将个人价值转变为企业目标。他们是言行合一的领导者。他们的价值观给予其度过业务下滑期或者困境所需要的能量和韧劲。对于贝佐斯而言，2000 年末互联网泡沫破裂正是亚马逊所面临的生死存亡考验。对于马化腾而言，2010 年与奇虎 360 之间的"3Q 大战"是对其领导能力的一种考验。缺乏明确的企业使命和坚定的价值观，领导者将在考验面前临阵脱逃或做出错误的决策。

所有市场化生态组织的领导者都是具备超强学习能力的人。将这些领导者三五年前的样子与现在相比，你会发现他们的成长令人难以置信。与滴滴成立初期相比，现年三十多岁的程维已拥有了极富经验的战略思维能力、组织设计能力以及个人领导力。英语老师出身的马云迅速成长为受人敬仰且具有商业前瞻性的企业家，以及享誉全球的领导者。面对挫折，马化腾学会了对事情发展进行客观思考，面对现实，以及探索更美好的未来，2010 年与奇虎 360 的互联网大战促使他推出腾讯开放平台战略，并最终在 2012 年进化为生态组织战略。显然，作为一名领导者，你的个人行事作风将充分说明你知道什么以及你是如何处理事情的。

市场化生态组织的领导方式

要一口气承担上述所有角色是一项艰巨的任务。我们发现在调研的市场化生态组织中，最高领导者会采用不同的领导方式应对这些复杂且富有挑战性的角色。我们观察到至少有三种不同的领导方式：分布式领导（distributed）、搭档领导（pairs）和独自领导（solo）。

分布式领导

在埃卡·潘纳宁参与创立 Supercell 之前，他曾在一家名叫数码巧克力（Digital Chocolate）的电子游戏公司担任总裁，在游戏运营领域拥有 14 年的行业经验。他团队中的其他领导者在各自的领域（游戏开发、同步和异步系统开发、图像优化和游戏艺术设计）同样拥有深厚的经验。用采访者索纳利·德里克（Sonali De Rycker）的话说，潘纳宁认为"领导者的管控越少，团队就越有力量"。[9] 对此，潘纳宁是这样解释的："我的目标是成为全世界最没权力的首席执行官。我的意思是，我所做的决策越少，团队所做的决策就会越多。在理想状态下，这意味着所有的决策由团队做出。几年前，我们开发了一款叫《弹珠手游》的游戏，企业内部的所有人都喜欢这款游戏。虽然这款游戏很接近预定目标，但终究还是未能达标。于是，开发团队成员聚集在会议室，大家畅所欲言，最后决定终止这款游戏。那天，我刚好在外地出差，他们也懒得向我咨询，只是通过邮件的形式让我知晓最终决策结果。这就是 Supercell 应该遵循的运行模式。"[10]

搭档领导

搭档式领导是通过两个（甚至三个）高管的合理分工和相互支持形成，他们共同应对复杂环境的多样性需求。

滴滴：程维和柳青

在创建滴滴前，程维拥有在阿里巴巴工作 8 年的经历，因此他在互联网和国内企业运营方面拥有丰富经验。程维所关注的事情有两件：未来和业务运营。他善于分析且拥有乐观的心态，不仅致力于构建企业当下所需要的东西，而且设想未来发展趋势。他说："我认为我所做的一切代表着未来。未来已然来到了我们身边……值得庆幸的是，滴滴着手构建线上共享平台的时间还不算太晚。在第二轮互联网革命时，我们希望构建超级人工智能交通出行平台，并逐步将滴滴转型升级为人工智能企业。"[11]

在加入滴滴前，程维的搭档柳青曾经是高盛亚太区董事总经理。具有全球视角和国际视野的她在金融和发展方面经验丰富。柳青素以冷静的头脑和专注于长期目标著称。据说，她拥有卓越的完成交易的敏锐度，并以协同合作的态度应对竞争。[12] 苹果的蒂姆·库克表示，柳青并未将滴滴看作单纯的汽车共享企业：

柳青是一个颠覆者，从其雄心勃勃的尝试就能窥见一二，她致力于改变中国人的出行、旅行方式，并实现人们的互联互通。凭借她和程维共同领导的共享汽车和出租车服务新兴企业——滴滴出行，她所打造的交通出行平台为数以千万计的通勤者提供出行便利性和灵活度。

她和她的团队在富有创造力的大数据运算法则方面取得成功，该算法不仅提高了滴滴的服务效率，还减轻了道路拥挤度。通过分析通勤者的出行规律，就像海洋学家追踪潮汐一样，滴滴可能会实现使用手机即可帮助解决交通堵塞问题。[13]

就像程维所说的："两个人能够带来最佳的决策机制，因为一个人容易犯错，三个人的决策效率过低。总得有那么一个人成为你决策过程中的刹车，而这个人的基本价值观应该与你自己保持一致，以便你们能互相弥补对方的错误。"[14] 基于这些机制优势，滴滴获得了巨大的成就：收购优步中国，成为全球规模最大的按需出行平台，企业市值突破 800 亿美元，将企业运营范围拓展至欧洲、中东、非洲和巴西，以及在加州山景城（该地恰好是滴滴在无人驾驶领域的竞争对手的后花园）创立新人工智能实验室。

谷歌：拉里·佩奇、谢尔盖·布林和埃里克·施密特

众所周知，佩奇将成功定义为将某些事物改善 10 倍，而不是提升 10%。害羞、内敛、智慧、有野心、具有协作精神和富有创造力，这是一些与佩奇关系密切的形容词。他的工作理念是，我们应该构建还未存在于世的伟大事物。他将这些理想称为"登月计划"，鼓励人们在思想和行动上实现大跨越。[15]

布林则是一个外向的人，正好与佩奇内敛的性格互补。布林创造或者鼓励同样使谷歌名扬四海的企业文化特质，因为他明白，人才是谷歌与其他企业的关键区分点，甚至可以说是唯一区分点。就技术人才而言，该企业处于硅谷这一富足之地，布林希望谷歌能够拥有硅谷最顶尖的人才。谷歌的政策是只招聘A级员工，并给予他们发挥创造力的自主权，以及免费提供一切后勤保障（餐食、咖啡、零食、健身设施、日间托儿所、按摩、洗衣服务和医疗护理）。作为报答，员工要提出好的想法。[16]

在佩奇和布林所共同营造的提倡"优胜劣汰"的达尔文式文化里，员工必须就想法中的亮点和优势进行比拼。诸多广受欢迎的谷歌产品和战略都是经过这一流程推向市场的，生动的例子包括保罗·布克海特（Paul Buchheit）创建的谷歌邮箱，以及由布克海特和阿米特·帕特尔（Amit Patel）创造的非正式企业口号"不作恶"。

当佩奇和布林将软件工程师施密特招致麾下时，他们意识到，最高层团队协作是极其重要的，于是他们找来这方面的教练，帮助他们将施密特温文尔雅但具有内驱力的个性与他们的忍耐低调管理风格融为一体。谷歌能够快速实现规模化成长，一定程度上也归功于施密特。

脸书：马克·扎克伯格和谢丽尔·桑德伯格

在科技和其他任何领域里，我们很难想到比扎克伯格和桑德伯格还要好的领导力组合。这对领导力组合的部分声望源自最近关于脸书的身份定位争议（脸书是一个规模巨大的平台，还是社交媒体巨头），以及桑德伯格在女性和领导力话题上的鲜明立场。作为脸书的创始人、首席产品经理和战略家，扎克伯格抓住移动互联的发展机遇。关于其领导力的描述出奇一致：具有挑战性，催使员工超越他们自我假设的能力局限。与此同时，他非常重视团队富有创造力的成果，就像脸书采用"双比萨团队"鼓励创新尝试；他也明白，只有持续不断失败才能使创新接踵而至。

作为首席运营官，通过聚焦企业收益和业务运营，桑德伯格帮助脸书得以规模化成长。她将自己在世界银行以及华盛顿特区工作期间所获得的专业素养运用于商业模式创造和业务运营中。她还带来了对团队多元化的高度认知。像扎克伯格一样，她倾向于依靠非常大胆的想法和计划行事。[17]

扎克伯格和桑德伯格在一起共事很融洽。观察人员将他们成功构建的工作关系归功于他们不间断的沟通交流、信任和透明度。由于脸书的目标、优先考虑项和挑战持续不断地发生变化，两位高层管理人员每周有两次例会。在例会中，他们给予对方坦诚的意见反馈并通过反复探讨协商解决双方分歧，确保双方运行在正确的轨道上。他们对意见反馈和开放性对话的重视也反映在企业文化中。

腾讯：马化腾和刘炽平

作为首席体验官和首席产品经理，马化腾与几位大学好友在位于深圳的一间局促的办公室里创立了腾讯。他们推出了一款名叫QQ的即时通信软件，在中国市场大获全胜。

马化腾关注腾讯的未来发展大方向，而比其小两岁的刘炽平发挥自己在麦肯锡和高盛工作过的优势，强化企业在战略和运营方面的能力。2005 年以来，刘炽平在腾讯的快速发展过程中扮演重要角色，他的国际化和财务背景帮助企业走出国门，走向世界。[18]

独自领导

这类领导者是企业建立的主要推动者，且一直独揽大权。虽然如此，但每个独自领导者身边都有一个强大的团队。

华为：任正非

当下，华为采用了每 6 个月替换一次的轮值 CEO 制度，董事会成员轮流出任首席执行官。尽管如此，任正非仍然负责营造领导力文化并保持强大的个人影响力。作为组织管理架构师和思想领袖，他负责构建华为以客户为中心和以奋斗者为本的企业文化。他目光远大，专注于未来十到二十年的发展趋势。这种长期导向通过企业私有化得以维护和加强，通过对研发与发展进行投资承诺予以推动。任正非将自己的领导方式分成七个部分进行阐释：

1. 使命驱动的雄心壮志：通过为客户提供最佳服务和解决方案，帮助客户实现他们的梦想。

2. 适应性愿景：持之以恒地专注于企业的未来发展，很少就过往进行反复思考。他总在设想，自己所希望的未来十年的华为是什么样的。

3. 鼓舞人心：通过讲故事的方式，将自己的想法声情并茂地传达给员工。

4. 谦逊勤勉：对任何试图将他的领导力神化的做法保持高度警觉，强调责任共担和利益共享。

5. 命令型风格：任正非的部队服役经历反映在他的强势和韧劲上。他乐于分享，但不失去对企业的掌控。

6. 合作共赢：随着时间的变化，任正非逐渐认可这样一个想法——合作共赢是可以实现的。

7. 学习的力量：在任正非看来，思考使你将制定灵活性愿景和战略所需要的节点连接起来。[19]

阿里巴巴：马云

马云是一位以愿景作为驱动的杰出领导者，其最大优势在于运用自己的激情感染其他人。他不断谈及自己的愿景，并反复重申阿里巴巴的价值观、使命和企业文化。他努力将具有阿里巴巴风格的方法论和思维模式植入所有员工的心中。他通过讲故事、用隐喻的方式将企业愿景传播出去："我常常说自己是一个瞎子骑在瞎老虎背上，不过那些骑在马上的专家都失败了，我们活了下来。""只有饿死的狮子，没有饿死的蚂蚁。""阿里巴巴要活 102 年。"还有一些说法甚至带有自嘲意味。马云是一个愿意分享自己糗事和窘境的领导者，比如他在学生时代成绩糟糕以及创业初期身无分文。以下展示了马云心目中最重要的领导力品质：

1. 发展一门富有价值的技能，使你与众不同。就马云而言，流利的英语就是其与众不同的技能。

2. 拥抱你的短处和不足。《阿甘正传》中的阿甘是马云的行为榜样。

3. 永不放弃，什么时候开始都不算晚。

4. 制定一个清晰、长远且目的性强的愿景，推广你的价值观。灌输一系列清晰明了的价值观，就像马云提出的"六脉神剑"：客户第一、团队合作、拥抱变化、诚信、激情和敬业。[20]

5. 拥有令人着迷的个人座右铭和打动人心的故事。[21]

亚马逊：贝佐斯

亚马逊创始人贝佐斯会告诉你，他在农场的成长经历对其领导方式产生了深刻影响：自力更生，修补破损的东西，运用自己所拥有的一切将事情做到最好，以及不提供没有必要的产品或服务。[22]在追求客户极致体验的征途中，他很少给予干劲高、绩效表现好的员工奢侈品。他的领导方式基于对客户体验的痴迷：无延迟、无故障、无缺货产品。关于贝佐斯领导方式的故事层出不穷，所有这些都是对其领导特质的彰显：员工被期望做必要的事情，无论这会使他们付出什么样的个人代价。早在1999年，他就说过："我们的愿景是运用平台将亚马逊打造成为地球上最以客户为中心的企业。在这里，客户能够找到任何他们想在线上购买的东西。"[23]保持简单、守住担当、知晓市场，以及排除万难，实现目标：这些就是其领导力的核心要义。

在生态组织中，不同单元间所需的领导力差异

除了所有位于高层的高效领导者所共有的这些关键领导力技能和角色之外（见图 12-2），生态系统不同单元还必须具备一些差异化领导力，确保领导者的行为与单元任务需求一致。

业务团队与共享平台间的领导力差异：对于那些在业务团队工作的领导者而言，能够更积极地在市场中竞争，行事更大胆并使产品或业务战略的迭代更迅速的领导力更显重要。放眼阿里巴巴中具有高度自主性的业务团队，大多数业务领导者都是三十多岁、打法更加短平快的年轻人才。滴滴也同样如此。腾讯也正在积极培养更年轻的人才，逐步让他们在面向客户的一线业务部门担任要职，因为在腾讯的用户群体中，有相当一部分是拥有独特喜好的千禧一代。

然而，对于那些在共享平台（提供业务、技术或功能保障）工作的领导者而言，他们应该更加专业或以技术为导向，对于构建基础设施和后端职能这种需要花费更长时间的任务，需要具有更多的耐心和长期规划，思维更系统化。例如，技术架构师在设计整体信息技术基础设施和标准化服务模块时，需要进行更系统且长期的思考；人力资源领导者需要构建专业知识和共享服务中心，为服务于业务团队或战略合作伙伴的人力资源业务合伙人赋能。

不同业务生命周期的差异化领导力：处于不同业务生命周期的

领导者同样需要迥然不同的技能、行事方法和其他特质。对于尚处在从 0 到 1 探索期的业务部门而言，成长是他们最关心的点，领导者需要更富创新能力的思维模式、探索全新模式或产品的勇气、敢于冒险的胆量，以及在其他方面所展现的创业精神。领导者享受业务高速发展带来的挑战。一旦业务进入平稳期或步入正轨，他们很快就会产生厌倦心态。

然而，对于已然成熟的业务，领导者应该侧重于业务运营的可预见性和稳定可靠性。他们需要巧妙地构建标准化系统和流程，并通过使用清晰明了的关键绩效指标，对数量众多的员工进行管理，确保可预测性结果的生成。最后，他们必须致力于维系产品或服务质量在规模化放量之后保持稳定，以达成预设的绩效目标。这类人才在滴滴称为"中原文化"领导者，善于运营大规模成熟业务的稳定成长和质量优化。

根据团队所具备的专长和特质，滴滴有意识地将领导力团队分配到处于不同发展阶段的业务。当企业进入一个全新的市场，立志在 3~6 个月内迅速成为市场领导者的时候，滴滴派来具有"拓荒者"思维方式以及相关技能，善于开疆拓土的人才。一旦滴滴在某一领域取得了市场主导地位，"拓荒者"团队就会离开，去到新的战场，"定居者"团队随即入驻接管，确保服务的稳定性，使质量不断优化和业务稳定增长。程维曾用中国历史来比喻这一情况，他将这两类团队比作具有"草原文化"和"中原文化"的不同领导者。[24]

总之，在市场化生态组织中，没有一个单一的领导力模式能够适应所有领导者。位于生态组织中的不同位置（是业务团队还是共享平台）和周期（处于业务生命周期的哪个阶段）的团队领导者，需要因应任务的不同特点而有所差异。

如何提升企业的领导力

对于我们介绍的优秀企业的领导力，你所能做的不仅仅是敬佩或喝彩，而是将他们的经验植入自身企业中。

评估和培养自己以及其他高层领导者

第一，对自己的领导力模式进行检视。我们发现，超过 80% 的企业都拥有自己的领导力模式，对不同层级领导力角色所需要的关键特质（技能和行为）进行定义。将你的领导力模式与市场化生态组织的领导力（见图 12-2）进行比照。你所定义的领导力在这五大方面的契合度如何？如果需要的话，对你的模式进行更新，将生态系统领导者所具备的新型技能更新进去。除此之外，评估你的领导力模式是否充分考虑到领导者根据所负责的组织单元的位置和周期的不同而有不同种类的领导力（而不是传统领导力模式以层级为主要考虑）。

第二，将领导者的个人领导能力和整体领导能力与更新后的领导力模式进行比照，找出主要差距所在。借助本书第 1 章中的企业革新路线图（见表 1-3），你也可以使用我们所提供的诊断性问题，更详细地对自己和下一代领导者对企业革新的准备程度进行评估（见表 12-3）。你扮演这些角色和完成任务的表现如何？这些综合性的问题列表能够帮助你反思你的领导力差距在哪儿，以及优化侧重点是什么。

表 12-3 在市场化生态组织中，关于高效领导力的诊断性问题

市场化生态组织的各个维度	高潜力的下一代领导者在践行下列举措方面能力如何
第一部分：了解大背景（企业战略家）	
经营环境	• 预测和洞察塑造行业格局变化的重要趋势
	• 深刻理解科技对行业未来格局的塑造作用
	• 通过与未来潜在客户建立联系，了解其需求和期望
	• 通过阐释无形资产是如何创造未来价值的，向投资者传递信心
成长战略	• 清楚阐述企业的目标（使命、愿景或战略）
	• 鼓励战略灵活性，使企业能够快速响应或创造未来机遇
	• 把战略愿景转化为组织流程和个人行为，让战略落地和实现
第二部分：理解全新组织形式（组织架构设计师）	
组织能力	• 理解生态组织的关键能力在为员工、客户和投资者创造价值方面所起到的重要作用
	• 确认企业在自身行业中制胜的关键组织能力
	• 成为将重要组织能力落实到位的主要负责人和代言人
	• 为外部环境感知、客户至上、贯穿始终的创新和无处不在的敏捷灵活等关键组织能力制定可衡量的结果指标
组织形态	• 建立和确定不同组织单元如共享平台、业务团队和合作伙伴的定位、权限和职责
	• 帮助每一个组织单元在各自领域发挥卓越的效用：实现资源共享的共享平台、专注市场需求和业务拓展的业务团队，以及紧密协作的合作伙伴
	• 在共享平台和业务团队之间，各个业务团队之间，以及内部平台/团队与外部伙伴之间建立协作互动联系，使生态系统的整体绩效大于每个个体绩效的总和

（续表）

市场化生态组织的各个维度	高潜力的下一代领导者在践行下列举措方面能力如何

第三部分：设计和践行管理机制（文化定义者和人才管理者）

文化凝聚
- 认识到企业文化对实现企业可持续性成功的深远影响
- 以企业重要客户和投资者的视角，确定公司所需要的正确企业文化
- 将企业内部核心价值观紧密连接到外部市场价值创造，让企业价值观从真正意义上为业务带来价值
- 通过构建认知理解、行为引导和流程工具等不同方面的管理抓手，深化正确的企业文化
- 自己言传身教，示范所崇尚的企业文化

绩效激励
- 明确有力地表达对员工的行为和目标两方面的短期和长期期望
- 更多关注员工做对的事，而不是做错的事，鼓励正向对话的问责
- 为员工提供指导意见，注重沟通交流（而不是命令和掌控他们），帮助其实现目标

创意孵化
- 通过对标、实验、优化和人才获取，为企业升级创造有用的新想法
- 通过提出问题、留心观察、探索选项、洞见规律和不断尝试，展现好奇心
- 建立创新漏斗机制，敏捷灵活地让创意生成、筛选过滤、小步试验和最终决策（放弃还是投资）形成有序流程
- 通过构建、收购和合作确保组织创新能力

人才供给
- 定义能够实现业务成功所必备的人才能力要求（那些能够增强外部环境感知、客户至上、创新和敏捷灵活等组织能力的人才）
- 将合适人员引入企业，进行轮岗（流动性），并及时留下（或不用）他
- 鼓励员工在工作中寻找意义和价值，帮助他们拥有积极的工作体验
- 制定人才管理举措，助推员工的工作效率和个人幸福感

（续表）

市场化生态组织的各个维度	高潜力的下一代领导者在践行下列举措方面能力如何
信息共享	• 鼓励员工公开大胆地表达和分享自己的想法 • 尊重所有员工的想法（鼓励思维的多样性），关注最具影响力的想法（鼓励行动的聚焦性） • 将结构化和非结构化信息用于业务的决策和运营 • 与其他部门的领导者分享数据、工具和见解
协同合作	• 明晰如何将不同高度自主的组织单元连接为网络，使整体效果大于各组成部分效果的总和 • 鼓励员工将个人能力转变为集体或共享的能力 • 在共享平台与业务团队之间或各业务团队之间营造协同合作的氛围和条件 • 将好的想法从一个单元快速扩散到其他单元

第三，致力于自身和领导力团队的能力优化。在我们调研的市场化生态组织中，最关键的领导者大多数仍然是企业创始人。然而，要提升各级和各组织单元的领导力水平，企业可依据所需能力要求，采用招聘、培养、淘汰、外借等不同手段组合。领导力培养方式包括增加工作经历、轮岗、扩大工作职责、培训发展，以及接受个人教练指导。

第四，跟进和衡量领导者在关键素质、行事风格以及创造利益相关者的价值方面的表现，确定领导力优化的进展。领导者不是天生的，而是后天培养和历练的结果。因此，你可以将这些领导力原则运用于自身企业中，确保在组织革新过程中具备合适领导者来推动和运营全新战略和组织管理模式。

面向未来，构建新一代领导力

面向未来朝前看，领导者和领导力将继续影响市场化生态组织和其他企业的成功与否。为了确保下一代领导力的行稳致远，让我们就其所面临的若干挑战进行考量。

打造领导力品牌。 在我们所研究过的生态组织中，其创始人和首席执行官的相关例子佐证了"领导者的个人能力具有深远影响力"这一论证。这些堪称典范的领导者预测商业环境机遇，打造新的产业。他们为获取战略成功重新定义业务模式，依凭全新组织形式打造生态组织关键能力，运用管理机制确保组织和个人的高效运作。

然而，集体领导力具有更深远的影响力。纵观这些优秀创始人和最高领导者，没有一个人是依靠单打独斗获得成功的。他们让领导力渗入企业的各个角落。在这些生态组织的每个层级和单元，众多领导者都不同程度地展现了图 12–2 所描述的五大领导力角色，并将战略目标转化为日常行为。所有这些企业都致力于打造独特的领导力品牌（从不同领导者中看到和"闻到"类似的气质），展示各自企业的独特身份和文化。比如，亚马逊的领导者在观察角度、行为举止、思维方式和感知方面与谷歌或脸书的领导者就明显不同。

培养继任领导者。作为杰出领导者或企业创始人，他们最常遇到的难题便是构建下一代领导力，能否培养下一代领导者接任现任领导者，是确保企业延续性发展的关键所在。有时候，对于充满活力和创业精神的创始人或最高领导者而言，他们的人格魅力和自我意识与企业发展联系过于紧密，以致他们难以将个人领导力衣钵（leadership equity）传给下一代。然而，一位领导者的最终成功与否取决于未来领导者能否将现任领导者所取得的成就发扬光大。将领导力衣钵从创始人或另一个强势领导者手中传给更广泛的领导团队可以确保企业成功的可持续性。

我们曾辅导过许多极度成功的领导者，他们创立的公司市值高达数十亿美元或人民币。所谓"岁月不饶人"，面对垂垂老矣的领导者们，我们常常问他们是否已经具备符合条件的继任人选，他们的回答通常是肯定的。而当我们问他们是否愿意将自己的头衔、权力和职位让予下一代领导者，是否愿意主动让位，使未来领导者能够为企业的未来发展进行充分准备的时候，他们给出肯定答案时表现得稍显犹豫。这些杰出的领导者往往很难将个人身份与他们曾经创造和现在正在领导的企业分离。他们或许在职业追求中倾注了太多精力，以致在企业以外的生活中因找不到恰当的个人身份认同或意义而感到格格不入。

那么，对于那些有意为下一代领导力谋篇布局的现任领导者，我们会给出什么建议呢？

第一，在理性和感性上，你是否做好了被接任者取代的准备？就理性而言，你对市场发展趋势的认知和企业应对之法的判断是否开始出现偏差？你是否发现自己对商业环境中的一些关键对手或创新认识肤浅甚至毫无察觉？你是否沦落到只是被动应付竞争对手的打法而不是主动为全新的议程开辟道路？更为重要的是，你是否能在情感能量（emotional energy）上应对领导力所涉及的诸多需求——勇于冒险，做出将影响许多人命运进程的艰难抉择，时刻保持充沛精力，与投资者、客户和员工交流沟通，富有好奇心地探索全新想法？尽管我们都知道，对于一个领导者而言，在事业巅峰期急流勇退比在落入颓势后黯然离场要好得多，然而如何恰到好处地把握离场时机则需要对自己有清晰且全面的了解，毕竟世界上最难了解的人可能不是别人，而是自己。

第二，继任不是一蹴而就的独立事件，而是一个长期的过程。有潜力的继任者应该被给予机会，在诸多情况下进行领导，并在关键的内部和外部利益相关者面前展现自我。一旦继任者被选定，即将卸任的领导者需要将领导力衣钵转移给继任者。他需要公开鼓励所有利益相关者转为向新任领导者询问企业发展的相关议题，以完成领导力的平稳交接。这意味着与继任者分享决策权并为继任者提供支持，公开肯定新任领导者已为全新业务需求准备就绪；这意味着"该放手时就放手"的智慧。

第三，真的放手！一旦继任者被敲定并走马上任，前任领导者需要放手让继任者开展工作。不要试图"垂帘听政"，对继任者的决策施加隐性影响。为了从真正意义上将领导职务交予继任者，具有活力的前任领导者往往需要对自己的技能和激情拥有全新的展望和安排。想想比尔·盖茨，这个缔造微软并加速信息时代进程的巨人。卸任后，他将精力转移到公益慈善事业，为世界上极端贫困人群所面临的健康挑战带去福音，帮助人们拥有健康而丰富的生活。从某种意义上看，盖茨在这一领域所展现出的激情和担当减少了其插手微软新任领导者为企业制定新发展方向的可能性。当然，这里的意思并不是说，你必须要成为一位世界知名的慈善家才能从真正意义上放手，你也可以将精力转移到诸如家庭、个人爱好或其他服务性事务上。卓越的领导者懂得如何让他人放心大胆地扮演好领导者的角色。

结论

从本书重点研究的八家市场化生态组织与在此之前的大量研究中，我们确立了高效领导者需要胜任的五个关键角色：企业战略家、组织架构设计师、文化定义者、人才管理者和具有良好个人素质的人。成功的领导者围绕这五个维度进行展示和塑造，构建非常成功的企业。这些领导者值得尊敬，他们所采取的举措是值得我们学习的典范。

然而，企业整体领导力更加重要。为了实现可持续性的影响力，企业的存续时间应该比任何一位领导者（创始人或强势的现任领导者）都要长。这种领导力的创造需要你将精力投入下一代领导力的培养中：打造与未来市场机遇相吻合的领导力品牌，智慧地处理好接班人继任事务，然后放手离开。

第 13 章

组织革新:
如何将市场化生态组织的
原则和措施运用于企业

很少有企业能够经得起巨大变化的考验;很多成功企业都是在特定环境下和有魄力领导者的带领下茁壮成长起来的,然后随着环境的变化和领导者的更换,这些企业逐渐淡出人们的视线。对照1955 年《财富》杂志公布的世界 500 强榜单,只有 12% 的企业(60家企业)还留存于 2018 年发布的榜单中。1965 年,企业能留在标普 500 指数名单中的平均周期为 33 年,而到了 1990 年,其平均周期缩短至 20 年。预计到 2026 年,其平均周期将进一步缩短至 14年。市场化生态组织能够使企业更好地适应环境、转型升级和有更强的生命力。

我们在本书中所重点研究的生态组织都比较年轻,截至 2019 年,这些生态组织的平均年龄为 19 岁。作为数字或信息时代的原住民,这些企业建立在未被开垦的绿洲上，换句话说，它们不需要挣脱历史遗留问题所带来的束缚。从它们初创的那天开始，适应变化的能力就成为其基因的一部分。它们从不执着于用单一的方式看待世界或以一成不变的方式自我运转；这些极度聪明的企业将其大部分的知识智慧植入"共享平台-业务团队-合作伙伴"的生态组织优势中。

那么，那些存在时间更长、成立于环境相对稳定的其他时代或背景下的企业又将如何呢？对于它们来说，数字技术还是一个新鲜事物，它们的诞生与这些工具无关。在当下和未来的商业环境中，这些企业中的绝大部分正在或将要面临由新技术、非常规的竞争对手以及全新客户喜好所引发的巨大产业转型。

四维-约翰逊实业股份有限公司（Siwei-Johnson Industrial）是杨国安的组织能力建设学习联盟的一员。该企业致力于生产往返于银行间的特殊运钞装甲车，并在全球市场范围内成为该领域的领导者。长期以来，凭借富有创意的全新车型设计和对全球更弱小的同行进行收购，该企业成长势头迅猛。然而，面对诸如微信支付和支付宝这样的颠覆性技术，企业创始人突然意识到自身发展正面临着重大困境，因为在当下的中国，纸质货币的使用频率已经大幅下降，大家已经可以完全不需要带着钱包了。对于四维-约翰逊这类传统企业，面对经营环境中出现的新变化，领导者意识到自己别无选择——改变或死亡。然而，"如何改变"依旧是萦绕在这些企业领导者心头的难解之题。

在本章中，你将会看到四个具有实用性的问题，这些问题有助于你判断自身企业进行革新的意愿和能力状况。之后，我们将对来自三个不同行业的企业进行详细描述，它们是成立于 1901 年、涉足药品分销领域的沃博联（Walgreen Boots Alliance），成立于 1998年、涉足电商零售领域的京东，以及成立于 1995 年、涉足生鲜超市领域的永辉，看看它们是如何运用构建市场化生态组织的六大环节进行企业革新的。

准备组织革新时需要思考的问题

所有传统企业皆面临着不同程度的转型升级压力，而且常常至少会采用市场化生态组织的部分理念进行回应。然而，倘若没有一套完整的模式，这些"东一榔头西一棒槌"式的努力常常无法充分推动转变。图 1-4 所展现的六大步骤代表着系统且实用的组织革新指南。无论你的企业所属行业、存在时长或规模如何，这一路线图都将有助于企业创造更大的价值。

从研究和丰富的咨询顾问经验中，我们发现要使重大企业革新获得成功，高层领导者需要在关乎成败的四大关键问题上具备坚定的信念、高度的共识和清晰的思路。这些问题可以判断企业革新的意愿和准备程度。通过对这四个问题进行坦诚和系统的回答，并遵循六步革新路线图，无论企业的所属行业、规模或存在时长如何，你都可以实现组织革新。

我们是否真的需要转型革新

首先必须对自身企业未来 3~5 年的发展达成高度共识：我们将面临什么颠覆性变化？因应这些变化，我们能创造和掌握哪些全新市场机遇？倘若不拥抱变化的话，对于企业成长、利润、客户价值、员工投入度等方面有何影响？核心领导团队对这些问题的思考和共识至关重要，你可以参照之前有关经营环境（请参考第 2 章）和达成的战略方向（请参考第 3 章）的原则、举措和工具，帮助领导个体或团队系统地围绕这些问题进行思考。

与核心领导团队及其他重要利益相关者进行坦诚、深入和多轮次的对话沟通，就企业转型革新达成高度共识。必要时，也可邀请值得信赖的其他企业家、高管或外部专家，协助这些必要共识的达成。在集体会议召开前，与每位核心成员进行单独交流沟通，争取他们对企业转型革新方向的认同和支持。

明确企业转型革新急迫的原因。必须厘清一系列"为什么"问题，包括：基于一些影响深远的外部趋势，为什么这个企业战略方向和成长路径对于企业持续成功至关重要且切实可行？为什么市场化生态组织比传统的科层式组织更具优势？为什么总部平台的定位需要从以管控为主转为以赋能为主，以支持和服务前线业务团队和合作伙伴，使之在不同市场领域更具竞争力？为什么我们需要建设中台，共享数据、工具和技术？

我们是否明确了转型革新的方向

要减轻自己或其他人因为企业转型革新而产生的焦虑与恐慌。当现行工作方式和习惯已影响着员工 80%~90% 的工作内容时，当根深蒂固的做事方式难以改变时，企业革新所引起的焦虑与恐慌是无法避免的。通过充分沟通和澄清转型革新的相关信息，让员工参与到转型革新的讨论中，并帮助他们看到革新对他们的正面影响，这样能减轻相关人员的焦虑和恐慌。

向成功转型革新的企业学习，实地考察，减少团队对转型的猜忌与怀疑。当然，你选择进行观摩学习的企业在规模、存在时间和所属行业方面务必对自身企业有参照意义。

厘清企业革新的方向和路径，包括目标（企业使命或愿景）、成长路径（客户、产品或区域）、实现手段（内部构建、外部收购或合作）、需要构建的关键能力（外部环境感知、客户至上、贯穿始终的创新和无处不在的敏捷灵活）以及实现这些能力所需要的最佳组织形式和管理机制。很多时候，企业追求的未来成果以具体目标的形式进行明确而有力的阐释，比如特定的财务回报或客户占有率。但我们认为，企业转型革新追求的，更多是一个发展方向，而不是一个终点。这个发展方向就是通过市场化生态组织强化战略灵活性，更能面对瞬息万变和高度不确定的环境。这些转型革新的方向和目标，将向员工、客户、竞争对手和投资者释放明确的信号——企业未来将以什么样的形象被大众熟知，并营造正确的企业文化。

制定明确、清晰、可行的方向和路径，让团队知道和接受关于"是什么"的一系列问题，减轻他们对转型革新的焦虑和恐惧，取而代之的是对未来的期待。所以，这些规划必须将未来设想作为出发点并回想当下，而不是简单地将它看成基于过去基础的延伸。

我们是否明确了实现目标的方法

为了实现战略转型和组织革新，我们需要重新塑造企业的硬件部分（第 5 章中所描述的有关共享平台、业务团队和合作伙伴的组织设计）和软件部分（第三部分所罗列的六大管理机制）。但务必记住的是：每个企业的自身实际情况不尽相同，起点也有差异，适用于其他企业的做法不一定适用于你的企业。因此有关市场化生态组织的组织形态和管理机制的相关原则和举措仅仅是供你参考的行动蓝图，便于你制定、尝试并不断迭代优化，形成最适合企业自身实际情况的一套组合拳。为了帮助你提升企业革新的成功概率，我们有下列几个建议，帮助你思考在转型革新中"如何做"的问题：

确保合适的领导者到岗到位。就像第 12 章中所提及的那样，寻找那些擅长并愿意进行企业革新，以及在目标达成方面拥有良好记录的领导者。倘若目前你在关键岗位缺乏合适领导者，可以从现有人员中拔擢后起之秀，也可以从外部聘请经验丰富的领导者。

从小处着手，寻求速赢。选定一块最有可能成功的试验区。这一步意味着你需要对企业的二元性业务进行妥善管理，因为企业的传统业务可能依旧按照传统的管理流程进行运转，而处于试验区的业务则遵循了市场化生态组织的原则和举措。通过运营成功概率较高的试验区，你能够积蓄信心，形成良性循环，为获得进一步的成功打下坚实基础。

先打磨可行的组织管理模式，然后复制扩散。理想状态的试验区必须拥有合适的领导者，该业务面对外部环境颠覆性变化，有强烈的转型革新急迫性，能够以共享平台、业务团队和合作伙伴组成小型生态组织。授予领导者足以推动改变的权力，鼓励他们大胆尝试。给予他们充分的自由空间，在组织形式和管理机制方面进行创新。在责权利方面有机结合，便于自我驱动、承担责任、灵活应对。允许他们尝试、失败、学习和向前迈进。

就像纳德拉在微软所做的一样，营造成长型思维模式，将失败看作宝贵的学习机会。持续对工具或模式进行迭代更新，探寻最适合你的那个。企业革新效用的显现需要时间，所以要沉住气。

我们是否有足够概率成功

要想提升你的成功概率，必须对自己革新企业的能力抱有十足的信心。信心源自对前文提及的有关"为什么""是什么""如何做"等相关问题的清晰解答，还源自将企业革新看作个人和企业创造价值的关键所在。信心给予你坚持到底的勇气，即使你周围质疑重重，前方有道道关卡。

成功的生态组织都需要来自高层领导者始终如一的坚持和承诺。倘若马云不相信大中台战略能提高转化率，进而促进业务和利润增长的话，阿里巴巴的转型革新根本无从谈起。倘若马化腾和刘炽平没有深信创意性业务的成功取决于游戏开发团队的全心投入、打造爆款的话，腾讯游戏工作室的组织革新不可能发生。通过责权利结合，让工作室团队像小老板一样经营管理工作室。

除了最高领导者之外，你也需要将领导力分布到企业的各个角落。没有首席技术官张建锋（行颠）的鼎力相助，阿里巴巴难以建构中台战略。除了马化腾和刘炽平的坚定信念和大力支持之外，腾讯游戏工作室的成功革新还需要业务领导者任宇昕的大力配合。你下注的是人才，而不是战略。正确的人才能纠正错误的战略，然而错误的人选无法达成既定目标，无论战略有多么高明。

准备一张用于指导组织革新的整体蓝图。零敲碎打、毫无章法的转型革新是无法产生持久影响力的。表13-1提供了详细指引清单，参考表格内容，你能够明晰自己在每个关键领域所要实现的目标以及需要采取的相应措施。有了这个整体框架，尽管你最开始会从小处着手革新，但你应始终保有对全局发展的规划蓝图。除此之外，这个变革步骤指引还能让你跟进和回顾革新进展。当你在框架中的任何一个维度获取成功后，你就可以向着其他维度进发了。

表 13-1　企业革新的步骤指引：关键领域、问题、目标和措施

关键领域	问题：我们有多大程度……	目标：由于在这方面的不懈努力，所以……	措施
经营环境	能理解与预测影响企业未来的环境因素和趋势？	全体员工将了解企业革新的必要性	解答"为什么" • 对企业的未来有共同看法 • 准备沟通计划，清楚有力说明革新的必要 • 进行全面沟通宣导
战略方向	拥有明确的成长战略及实现路径？	企业利益相关者（领导团队、投资者、客户和员工）能够： • 明确表达企业的成长战略 • 定义和跟进战略推进的可衡量指标	解答"是什么" • 制定清晰明了且志向高远的企业成长战略，内包含使命、愿景和目标
组织能力	定义和明确执行实现成长战略所需的关键组织能力？	高管团队能对企业和生态组织所需具备的组织能力达成共识： • 外部环境感知 • 客户至上 • 贯穿始终的创新 • 无处不在的敏捷灵活	解答"需要什么" • 定义并明确阐释执行战略所需的组织能力 • 对不同业务单元进行能力审核 • 确定跟进和优化关键能力的举措
组织形态	设计了合适的组织架构，打造关键组织能力和支撑成长战略？	企业将完成这两项任务： • 规划以"共享平台-业务团队-生态伙伴"为设计思路的组织架构图 • 清晰定义组织架构中不同组成部分的定位、权限、责任和回报	解答"如何做" • 明确新组织架构，这可能是对现有架构的转变 • 为企业运作制定章程

（续表）

关键领域	问题：我们有多大程度……	目标：由于在这方面的不懈努力，所以……	措施
管理机制	设计并践行六大管理抓手的相关举措，确保业务团队、共享平台和合作伙伴的高效协作和相互支持？	企业通过六大管理抓手的配套使用，确保新组织架构的高效协作和相互支持： • 文化凝聚 • 绩效激励 • 创意孵化 • 人才供给 • 信息共享 • 协同合作	解答"如何做" • 配备一揽子能够强化六大管理机制的具体举措或流程 • 帮助每个组织部门选取恰当举措，完成既定目标
领导力	具备合适的高层领导者和贯穿企业的各级领导者，推动企业转型革新的成功？	• 高层领导者确立企业战略、设计组织架构、定义文化、管理人才和以身作则，为市场化生态组织的运作提供关键成功因素 • 各层领导者都拥有推动生态组织所需的领导力 • 高质量的领导力激励员工追求卓越，确保客户承诺，树立投资者信心	解答"如何做" • 定义支撑生态组织的核心领导能力（五大角色）和差异化领导力（位置与周期相关） • 对照这些能力要求，评估领导者 • 投资各层级领导力的培养

企业革新的真实案例

为了让你对"市场化生态组织也能在传统企业应用和革新"这个想法更有信心，我们现在与你分享三个企业革新的鲜活案例。虽然三家企业来自不同行业、国家，处于不同转型阶段，但它们都正在经历重大变革，从传统的官僚组织变为敏捷灵活且富有创意的生态组织。美国药品分销龙头企业沃博联正在开始尝试落实市场化生态组织的原则和举措；中国电商零售业巨头京东在企业革新的道路上正处于深化阶段；处于中国领先地位的生鲜超市永辉在市场化生态组织的构建方面已取得引人注目的成就，目前正在复制和扩大这个模式到更多创新业务。

沃博联：全球领先的医药和保健品零售企业

沃博联在众多医药健康和保健企业中脱颖而出，成为全球领导者。[1] 沃博联是美国和欧洲地区最大的零售药房，也是保健品和日常用品的集散地，企业员工多达 41.5 万人。加上通过股权投资，沃博联在全球 11 个国家拥有 18 500 家药店，也构建了世界上最大的全球医药批发和分销网络之一，包含超过 390 个分销中心，每年为 25 个国家的 23 万多个药店及医生、健康中心、医院提供分销和配送服务。除此之外，沃博联也是世界上最大的处方药和其他健康、保健类产品的买家之一。该企业凭借自身规模和专业优势帮助美国及全球扩大处方药供应，并解决处方药成本日益增加的难题。企业拥有：

- 无可比拟的医药供应链和专业采购能力，为客户提供富有创意的解决方案和最佳效率；

- 一系列零售和商业品牌组合，包括沃尔格林（Walgreens）、杜安雷德（Duane Reade）、博姿（Boots）、联合医药（Alliance Healthcare），以及诸如 No7、Soap & Glory、Liz Earle、Sleek MakeUP 和 Botanics 等日益全球化的保健美容产品品牌；
· 在美国、欧洲地区和重要新兴市场拥有多元且稳定的利润收入；
· 在成熟和新兴市场拥有业务增长所需的独特业务平台。

　　该企业的传统优势在于其零售药店，而零售药店的侧重点是通过传统交付配送模式，为客户提供服务和产品。该企业的未来发展方向就是除了专注于传统"以零售药店布局为主导的交付配送模式（delivery）"之外，补充"以创新业务为主导的发展模式（development）"。在这样一个双引擎驱动的模式下，该企业一方面注重完善优化现有零售药店的传统交付配送模式，另一方面以发展为主线，关注零售药店的创新和未来发展趋势，包括数字化销售渠道以及药店内部零售创新。

　　沃博联将创新和创业精神纳入企业文化的持续建设工作中。通过"交付＋发展"双引擎驱动的模式，对自身进行不断革新，转型成为一家客户至上、富有创新和敏捷灵活的企业。

表 13-2　沃博联对市场化生态组织原则的运用

关键领域	企业关注点和应对措施
经营环境：多大程度理解与预测影响企业未来的环境因素和趋势？	沃博联正面临着极富挑战和变幻莫测的经营环境。整个医药行业正经历着社会（生活方式）、科技（数字化时代）、经济（新兴竞争对手如亚马逊、西维斯收购安泰所形成的新医疗健康集团）、政治（监管）、环境（声誉）和人口（老龄化人口）的深刻变化
战略方向：多大程度拥有明确的成长战略及实现路径？	沃博联的战略强调与处于领先地位的零售、医疗、科技、生产、供应链以及其他实体进行联盟和合作。这一战略能够帮其更迅速地获得自我构建部分之外更大的规模、更多的知识、更丰富的经验和更全面的资源，而且这些额外资源和能力皆对企业未来发展至关重要： • 通过传统商店进行的交付配送业务将继续侧重运营效率和客户触达。纵观整个零售业，大卖场模式必须有所改变才能赢得未来，沃博联也正在大力修整其药店零售模式 • 发展模式业务会运用一种全新的方式使企业更迅速敏捷地响应市场变化，打造个性化客户服务以预测并满足客户需求，以及通过战略合作，运用技术助推创新和敏捷灵活性
组织能力：多大程度定义和明确执行实现成长战略所需的关键组织能力？	• 外部环境感知：由于企业的规模和经验，沃博联对自身所在的大环境拥有良好的认知。通过与客户的紧密联系，定期举行的内部员工创意孵化活动，对伙伴如零售、医疗和技术企业的高度重视，该企业能不断获取有关新业务机遇的想法 • 客户至上：沃博联认识到，人口老龄化以及对医疗的更大需求和更多使用，是企业成长的新机遇。凭借这样的认知，沃博联正打造以客户为中心的解决方案，方便客户获取产品和服务 • 贯穿始终的创新：强调以"快速失败，迅速学习"为精神指引的持续创新能力。伴随着对新零售模式的大力践行，以产品和服务到达市场的速度为重点的创新，将在药店"交付配送业务"中生根发芽。"发展业务"的核心要义就是激发越来越多的创新做法，使沃博联以更好的方式满足客户需求 • 无处不在的敏捷灵活：敏捷灵活是沃博联创新模式的成功核心能力。在"发展业务"中，沃博联需要创业有力度、人才选拔有高度、奖励措施有强度、重大决策有速度的领导者。目的就是要将业务规模化的速度提升到传统企业难以达到的水平，并同时对传统零售业务进行革新

（续表）

关键领域	企业关注点和应对措施
组织形态：多大程度设计了合适的组织架构，打造关键组织能力和支撑成长战略？	沃博联的"共享平台–业务团队–生态伙伴"组织遵循下列设计方案： • 共享平台：沃博联围绕着对技术、客户信息、财务、人力资源和法律事务等领域的深刻见解构建共享平台。通过标准化流程，该专业化共享平台有助于药店更高效地进行交付配送；通过对新的市场机遇的洞察，该专业化平台有利于企业更迅速地发现新业态 • 业务团队：在"发展业务"领域，沃博联将组建以市场为导向的团队，更好地服务客户。生动的例子包括近期致力于与微软、字母表集团旗下的生命科学部门 Verily、克罗格（Kroger）、联邦快递和哈门那（Humana）进行合作的团队。这些团队的重要议程就是为客户探索有别于传统药店的解决方案。为了实现这一目标，聘用具备创业风格和做事方式的合适领导者是非常重要的。这类领导者被选用，是基于他们深厚的业务知识、创业精神和敏捷灵活性 • 生态伙伴：助推新市场的拓展和维系传统零售分销体系的时候，沃博联在必要时灵活借助生态伙伴的力量和资源
管理机制：多大程度设计并践行六大管理抓手的相关举措，确保业务团队、共享平台和合作伙伴的高效协作和相互支持？	当沃博联决定遵循市场化生态组织的设计时，它将着手考虑下列管理机制： • 文化凝聚：行动迅速、创业精神、知识渊博（新兴业务），并同时具备效率和活力（药店） • 绩效激励：通用于美国上市公司的薪酬模式（基本工资、奖金和股份），鼓励和奖励那些助推企业整体成功的人才 • 创意孵化：目标是保持想法和行动的流通，迅速决策和推进落实 • 人才供给：高层领导者必须展示向客户承诺过的期望。在"发展业务"中，尽管这些领导者可能来自沃博联内部或外部，但他们必将向客户许下的承诺记在心间，扛在肩上 • 信息共享：透明度和行动迅速 • 协同合作：协同合作精神在企业内外被高度重视和推广，是沃博联战略执行的核心
领导力：多大程度具备合适的高层领导者和贯穿企业的各级领导者，推动企业转型革新的成功？	沃博联的生意遍布 25 个国家，其传统领导力和领导者能够处理好某个国家和国家与国家之间的市场需求。恪守智慧互联互通原则成为企业身份不可分割的一部分。客户至上、创新和敏捷灵活的共享领导力渗透到生态组织的各个角落。沃博联领导者与处于所有发展阶段的企业进行合作，有助于其通过意想不到的科技解决方案，解决提升生命质量的挑战

京东：中国领先的电商零售企业

作为中国知名的线上线下连锁超市和国内第二大电子零售商，京东是首家跻身《财富》杂志全球 200 强的中国互联网企业。[2] 该企业深受客户信赖，由于对假冒伪劣产品的零容忍政策，有了一群追求价廉物美的忠实粉丝，这些忠实粉丝是富于鉴赏力的客户，使得京东的时装和奢侈品业务以两倍的速度增长。京东的电子商务物流基础设施覆盖中国 99% 的人口，当天或次日送达的订单量超过 90%。在中国，这是一项令人惊叹的成就，也是其主要竞争优势之一。

2014 年，京东与腾讯建立战略合作伙伴关系，推出社交网络与电子商务相结合的新业务模式。凭借这一举动，它们接触到的客户数量超过 10 亿人。战略合作帮助品牌企业运用好基于大数据的最全面的社交与商业精准营销方案：大约 80% 的订单都是通过移动设备达成的。这种类似的故事还在继续：时光飞逝，转眼间到了 2016 年，京东与沃尔玛建立战略合作伙伴关系，有助于为客户提升交付配送的效率，为京东优化交付配送路径并通过存货整合提升沃尔玛的库存周转率；2018 年 6 月，京东与谷歌就多项战略计划正式达成合作，包括在世界各地就零售解决方案进行联合研发，探索新一代零售基础设施解决方案的创建。

即使京东是以新兴科技为创立基础的电子商务企业，也需要进行持续不断的自我革新，确保具有敏捷灵活性和竞争力。2016 年以来，通过组织创新和技术升级，该企业将外部环境感知、客户至上、创新和敏捷灵活提升至新的高度。

表 13-3   京东对市场化生态组织原则的运用

关键领域	企业关注点和应对措施
经营环境：多大程度理解与预测影响企业未来的环境因素和趋势？	京东正面临着下列环境挑战和机遇： • 已经达到很高的市场渗透率意味着企业成长动能不再是扩大用户数量，而是提升每用户平均收入（ARPU，average revenue per user） • 面对来自其他线上竞争对手日益严峻的竞争压力，京东必须对源自品牌企业的产品进行更高水平的筛选，并通过精准营销和推荐，提升转化率 • 用户更富有和消费升级，使高品质产品和优质服务的需求量陡增 • 技术的快速迭代更新使企业在获取、存储和分析用户数据方面拥有更好的能力。技术革新帮助京东在采购、营销、物流和其他服务方面做出更加精准的决策
战略方向：多大程度拥有明确的成长战略及实现路径？	京东高管团队始终如一地不断强调京东转型成为一个科技驱动、数据丰富、新形态组织（共享平台-业务团队-生态伙伴）的重要性。2019 年，京东基于这一框架聚焦三件重要事情： • 渠道下沉：为吸引更多客户，京东将更多产品下沉到更低的县市 • 数字化：依托大数据和数字化，提升管理体系的效率 • 新商业模式：在线下市场推出新商业模式。持续不断地对其进行尝试直到完善，然后将其迅速复制推广
组织能力：多大程度定义和明确执行实现成长战略所需的关键组织能力？	为执行上述战略，京东进一步提升自身核心能力： • 外部环境感知：京东将使用大数据和人工智能提供销售预测，迎合客户的服务需求。京东还将通过物联网能力优化价值链，特别是在仓储和物流服务环节 • 客户至上：为了提升每用户平均收入，京东试图比以前更好地了解和预测客户需求，而不是局限于产品销售。为了提升用户体验，京东做了大量的相关优化和提升 • 创新：组织创新和技术革新是必不可少的。采用"共享平台-业务团队-生态伙伴"的组织模式，共享平台提供不同的技术模块或应用工具，不同业务团队酌情使用，提升业务执行速率。在采购和运行能力方面，业务团队需要被授予更多的权力和自主空间。在系统和数据方面拥有更强大技术集成的共享平台需要落实到位

关键领域	企业关注点和应对措施
组织能力：多大程度定义和明确执行实现成长战略所需的关键组织能力？	• 敏捷灵活：采用小总部、大团队的思路，总部对不同业务团队进一步授权，让它们更敏捷地决策，应对用户需求和竞争环境的变化
组织形态：多大程度设计了合适的组织架构，打造关键组织能力和支撑成长战略？	以下是"共享平台–业务团队–生态伙伴"的组织形态： • 共享平台：主要关注焦点是将以前分布在不同业务部门的技术团队、系统和技术进行整合。强大的技术共享平台将为业务部门提供服务模块，帮助其构建全新业务能力，并提供更完整的客户信息 • 业务团队：在不同业务部门的业务团队将进一步形成闭环，拥有对运营至关重要的相关职能，包括产品采购、展示、交易、市场营销等。通过一系列全新管理举措和奖励安排，实现业务团队的责、权、利更优匹配 • 生态伙伴：与处于行业领先位置的企业，比如腾讯、沃尔玛和谷歌建立战略合作伙伴关系。京东计划与供应链中的更多品牌企业加强合作，同时与永辉、唯品会、步步高等形成合作伙伴关系。除此之外，京东还将加大对技术和物流公司的投资力度，强化自身能力
管理机制：多大程度设计并践行六大管理抓手的相关举措，确保业务团队、共享平台和合作伙伴的高效协作和相互支持？	• 文化凝聚：京东的使命是"科技引领生活"，愿景是"成为全球最值得信赖的企业"。因此，京东将客户至上提升至战略高度 • 绩效激励：为超越市场增长幅度的团队提供更加丰厚的激励奖金 • 创意孵化：那些最具战略意义的创新和业务拓展想法，大部分源自由刘强东领导的核心领导团队 • 人才供给：吸引和招聘更大数据、增强现实、虚拟现实和区块链等技术领域的高端人才，强化中台能力。京东还着重培养深入理解业务情况的技术人才 • 信息共享：组建由不同事业部门的技术领导者组成的指导委员会，对中台的工具与数据整合和联合研发进行指导 • 协同合作：提升共享平台与业务团队的协同合作。技术业务伙伴（TBP，technical business partner）由共享平台分配到相应业务团队开展工作。TBP的绩效考核和奖金数额由业务团队和共享平台共同决定，以促进技术平台与业务团队的协同合作

（续表）

关键领域	企业关注点和应对措施

领导力：多大程度具备合适的高层领导者和贯穿企业的各级领导者，推动企业转型革新的成功？	• 京东管理层致力于在前端打造敏捷灵活的业务团队，通过强中台（供应链、技术、市场营销和客户服务）的后援支持，促进团队间的协同综效。技术是京东重要的投资方向
	• 从京东管理层开始，一套强有力的价值观为所有员工的决策和行为提供指导，比如对于假冒伪劣产品的零容忍政策。京东管理层认为领导力需具备五大原则：
	  1. 始终如一的价值观：客户为先、诚信、团队、创新、激情、主人翁意识和感恩
	  2. 公平、公正、公开
	  3. 有激情、愿景和勇气
	  4. 严于律己、以身作则和挑战自我
	  5. 志向高远、同理心和使命驱动
	• 京东管理层还坚信四种能力：
	  1. 自我认知、学习和创造的能力
	  2. 组织管理的能力
	  3. 战略管理的能力
	  4. 成为作风优良、业绩突出的领导者的能力
	• 内部激励和晋升是至关重要的：例如，为了更好地适应企业的快速发展，满足大量关键人才的需求，内部员工应该得到晋升，特别是具备70%能力胜任更高职位的年轻优秀人才。对于成熟业务和系统的管理岗位及更高层的空缺职位，遵循内部员工优先的原则，确保超过80%的空缺职位由内部人员晋升填补，给予内部员工在核心管理团队更多的历练和成长机会
	• 京东拥有大量的人才培养计划，以满足不同职级职务的需求，包括京东为培养高潜力总监的试点计划、京东工商管理硕士课程和京东管培生计划，以及精英实习生计划

永辉超市：中国领先的生鲜超市

2000 年，永辉在中国福州创立，起初只是一家生鲜超市。[3] 随后，永辉步入了企业发展的快车道，陆续在上海、重庆和北京开设分店。2010 年，永辉在中国的 A 股市场成功上市，使企业发展步入了超车道。2014 年，永辉推出永辉 Bravo，打造高端连锁超市，并着手与其他企业密切合作，确保位于供应链后端的高质量产品供应，以及前端的客户流量。牛奶国际（Dairy International）很快对永辉进行投资。一年后，京东的投资进入永辉，促成小型生鲜连锁便利店"永辉生活"的推出，每个便利店的服务范围为方圆几公里的区域。2016 年，永辉将产业价值链进行下移，涉足食品加工业务（彩食鲜），为大型连锁餐厅提供服务。2017 年，腾讯向永辉注资，推出"超级物种"（盒马鲜生的直接竞争对手）—— 一家线下线上高端生鲜连锁超市，也提供内部餐饮和烹饪服务。为提升自身技术能力，永辉向达曼国际（Daman Global Company）投资。

永辉起初只是一家生鲜超市店。在往后的发展历程中，通过基于"共享平台-团队-生态伙伴"设计理念的自我革新，永辉持续不断地涉足全新的毗连业务。于是，通过共享平台的打造和对当前核心业务中的各业务部门进行整合，永辉孵化了三大创新业务：超级物种、永辉生活和永辉到家。近年来，永辉 Bravo 超市营业额增长率超过 30%，远远超出了行业平均盈利水平（永辉的净利润为 3%，行业平均水平为 1%~2%）。过去两年间，创新业务如超级物种的营业额增长了 10 倍。

表 13-4　永辉对市场化生态组织原则的运用

关键领域	企业关注点和应对措施
经营环境：多大程度理解与预测影响企业未来的环境因素和趋势？	永辉正面临若干挑战和机遇： • 越来越多的竞争对手，包括阿里巴巴和京东，开始依凭更好的技术和更完善的数据涉足生鲜超市业务 • 生鲜超市业务需要不断加强供应链和门店管理才能将各个环节的损耗降至最低，因为该业务所涉及的产品极易腐烂，像龙虾和螃蟹这样的生鲜产品甚至可能在运输过程中就死了 • 仰赖源自京东和腾讯的大力投资，永辉能够对合作伙伴的技术和数据加以利用，特别是腾讯的腾讯云和微信支付 • 在全球范围内，永辉拥有大约 1 000 位买手，使其在中国的生鲜行业拥有最好的供应链管理能力。这一优势是永辉能与线上竞争对手对拼的基础。与此同时，该企业不断提升自身在技术和数据方面的能力，从而进一步深化以客户为中心的理念和运营效率
战略方向：多大程度拥有明确的成长战略及实现路径？	永辉发展战略分为三个层面： • 第一层面：核心业务——永辉 Bravo 超市占地约 6 000 平方米。通过运用以更强大技术和数据能力为抓手的强中台能力，为客户带来更优体验（比如自助结账）和更加精准的营销（运用电子折扣券吸引目标客户），永辉 Bravo 超市的业务不断健康增长 • 第二层面：创新性业务——超级物种和永辉生活。超级物种占地大约 600 平方米，提供生鲜超市和餐饮服务。它还为方圆 3 公里以内的线上下单客户提供生鲜配送。永辉生活便利店占地大约 100 平方米。为了提升市场渗透率，大量永辉生活便利店即将开业 • 第三层面：试验性业务——彩食鲜和永辉到家。永辉利用其前端业务规模优势，创造性地推出新业态，比如像彩食鲜这样的 B2B 企业。目前，永辉已经在中国的 6 个省份设立了彩食鲜生鲜加工厂，以满足超过 300 人的 B2B 客户的餐饮食物供应需求，其中包括一些大餐厅和医院。2018 年，彩食鲜获得了来自诸如高瓴资本和红杉资本的投资，这使得永辉拥有更大的动力将自身转变为一家拥有食物供应链的企业。永辉生活 & 到家指的是将线上订购与物流业务结合起来的新兴业态，由永辉云创开发。与单纯的电子零售或单一的实体零售不同，永辉生活 & 到家是将永辉物流与卫星仓、永辉生活应用小程序进行整合，最大限度满足客户的多元需求，包括线上下单 30 分钟内，为方圆 3 公里内的客户提供品质生鲜配送服务

（续表）

关键领域	企业关注点和应对措施
组织能力：多大程度定义和明确执行实现成长战略所需的关键组织能力？	通过将供应链管理上的核心优势与在技术和数据方面获得的新能力进行有机结合，永辉的组织能力提升方向如下： • 外部环境感知：永辉总是以为外部客户提供服务为己任，而为了实现这一目标，该企业打造共享平台并将处于前端的业务团队视为自己的内部客户，做好保障服务工作。随着定位服务的技术准备就绪，永辉能够更好地了解商店附近有哪些潜在客户，并有针对性地向他们提供折扣券，吸引其进店选购 • 客户至上：永辉过去和大多数其他超市一样都是以产品为中心，因为它们不知道其客户的相关情况。通过永辉生活应用程序、线上商店和微信小程序这样的多渠道接触点，永辉能够将客户信息整合为完整的客户画像。整合完善的客户画像对门店采购合适的商品组合，进行门店管理，以及进行更高效精准的市场营销至关重要 • 创新：通过与美国、欧洲和日本的国际竞争者进行标杆对比和向其学习，以及积极进行技术上的创新与突破，永辉持之以恒地就新商业模式和管理手段进行尝试。除此之外，永辉每年斥资高达 6 000 万人民币，聘请专业的顾问公司，助推其在系统和具体措施方面的升级 • 灵活敏捷：通过针对员工所推动的"业务合伙人"计划，永辉授予面向客户的业务团队更多的权力，便于其基于企业利益的最大化做出决策。永辉 Bravo 超市、超级物种和永辉生活的员工以六人团队的形式进行合伙组合。作为所负责业务板块的合伙人，他们就成功经验和失败教训进行分享，并被授予充分的决策权，比如为使企业利润最大化而进行动态定价（在香蕉开始有腐烂迹象时，给予该产品大幅折扣）
组织形态：多大程度设计了合适的组织架构，打造关键组织能力和支撑成长战略？	"共享平台–业务团队–生态伙伴"的组织形态使永辉变为一家拥有多渠道能力、多业务格局的企业： • 共享平台：凭借与腾讯合作所获得的更强人工智能和云计算能力支持，以提升技术应用能力（包括会员管理、人脸识别、购物车管理和自动支付）为目标的强大中台随之建立起来。这个技术中台将为所有面向客户的业务提供客户数据共享的整合支持。还有另外一个重要共享平台体现了该企业在采购和价值链方面的能力。虽然每一个业务（永辉 Bravo 超市、超级物种和永辉生活）都拥有服务于自身业务所对应的S2B2C（suppliers-businesses-consumers，供应–商家–客户）供应链平台，但在采购和价值链方面，永辉的不同业务仍然拥有不少共同的采购和供应链服务 • 业务团队：在永辉的所有业务中，面向客户的团队（六人一组）以主人翁意识运营所负责的小店（门店中按品类分的小店）。每个团队对所负责小店的月度财务结果负责，并与公司共享预设的利润分成。它们对门店日常运营享有决策权，比如价格设置、产品组合以及产品展示方式。每月利润将以线上财务信息的形式进行公开 • 生态伙伴：永辉与物流公司牛奶国际、京东，以及腾讯建立战略合作伙伴关系，从后端（采购和产业价值链）与前端（市场营销和用户流量生成）提升自身能力

（续表）

关键领域	企业关注点和应对措施
管理机制：多大程度设计并践行六大管理抓手的相关举措，确保业务团队、共享平台和合作伙伴的高效协作和相互支持？	永辉通过下列六大管理抓手为"共享平台–业务团队–生态伙伴"的有效运作赋能： • 文化凝聚：永辉强调"帮助别人成功，自己才能成功"的企业文化。核心价值观是"包容、开放、分享、共享"。正因如此，共享平台团队才会将业务团队视为内部客户，开展后勤保障工作。强调透明度的企业文化也鼓励卓越的团队将自己最好的做法与其他团队分享。财务信息的公开透明加深了业务团队与企业之间的信任度，因为业务团队的利润分享是在公开透明和即时情况下进行的 • 绩效激励：所有业务团队（六人为一队）都是以模拟财务报表的形式进行反馈和利润分享（门店团队采取月度报表，区域共享平台或末端共享平台的团队采取半年或年度报表）。另外，根据绩效表现，将业务相近的团队进行排名，按四个档次（超马、标准马、带马、病马）进行分类。落后的病马团队（末位10%~20%）将被解散，由卓越团队（超马）的成员填充。评级差的团队成员不会被解雇，而是被重新分配到一个拥有更好领导者的新团队去 • 创意孵化：当对诸如永辉厨师或超级物种等新业务模式进行试验时，永辉通常会采用两个独立团队对全新业务模式和产品进行试验。一段时间过后，由主管领导决定哪一个模式和团队拥有更好的结果，并将另一个团队中具有建设性的实验成果植入获胜团队中 • 人才供给：永辉采用T形人才发展模型。永辉眼中的人才需要在某个领域具有深厚的专业知识，并且在不同职能和业务中轮岗以历练自己。这种人才发展导向拓宽了人才的视野，提升了人才的学习能力。人才的内部流动性与永辉持之以恒的实验创新及赛马理念息息相关 • 信息共享：永辉拥有高透明度，对每个团队的财务数据、工作目标以及卓越团队的最佳做法进行共享。这种信息共享在企业各阶层促进信任的形成和持续不断的学习。企业也将技术共享平台的相关数据和工具进行跨业务共享 • 协同合作：永辉采用内部市场机制，对业务团队和共享平台团队所产生的价值进行评估。根据这一价值评估结果，按照预设利润分配方案由业务团队、共享平台以及企业分享利润。当企业赢利时，永辉采取与业务核心员工五五分成的方式进行利润分配。在业务团队（比如永辉Bravo超市的鱼类专区）、区域服务共享平台（比如鱼类采购和价值链团队）和末端共享平台（比如信息技术、人力资源和市场营销团队）的员工分享利润的50%，企业获取另外50%。这种利润分配方式促进了互惠共赢的协同合作氛围，因为业务团队、平台团队或公司其他员工所共享的利润与面向客户的团队的兴衰成败息息相关

（续表）

关键领域	企业关注点和应对措施
领导力：多大程度具备合适的高层领导者和贯穿企业的各级领导者，推动企业转型革新的成功？	2000 年，永辉由张轩宁、张轩松两兄弟创立。自成立以来，永辉持续不断地革新业务模式和组织模式。高层领导者在三个方面扮演着重要角色： • 业务模式的创新：在生鲜超市业务上，永辉持之以恒地探寻全新商业模式和业态，更好地服务客户 • 定义企业文化：塑造"包容、开放、分享、共享"的企业文化。这种开放的态度为企业的不断创新奠定基础 • 人才管理：以合伙文化管理人才。永辉的领导者相信人的潜质。将员工视为真正的业务合伙人，使员工能够拥有强烈的干事创业意愿，以主人翁的理念思考和行事

结论

药店分销、电商零售、生鲜超市，推动市场化生态组织取得成功的原则和举措随处可见。你所在的产业或企业会是下一个成功案例吗？

本书旨在为领导者提供一个整体性指引，帮助他们成功面对组织革新过程中的各种挑战。通过重点研究市场化生态组织，我们厘清了企业革新中的"为什么"和"如何做"等问题。企业革新的目的就是在变幻莫测的市场大环境下使企业能够创造更大价值，而能够实现这一目标的组织设计蓝图正是本书详细探讨和描述的议题。

我们以全面和整体性的视角试图阐明这种新型组织形式的轮廓和框架。为了更好地阐释这一新型组织形式，我们将其分为六大部分，并配备用于评估、诊断和其他改善的工具，帮助读者在未知的征途中前行。就像我们在本书开篇时说的那样，对于所有企业（无论是传统企业还是新兴企业）的领导者而言，将企业引向新的方向是一项令人生畏的议题。对于传统企业的领导者，他们必须与根深蒂固的认知进行艰苦卓绝的抗争才能产生新的更好局面。对于新兴企业的领导者，他们必须时刻留意自身组织形式是否依旧跟得上市场发展的步伐。尽管困难重重，但企业革新是可以实现的。每天，我们都在与积极致力于组织革新的高层管理者打交道。他们从小处着手，对组织建设进行逐步推进。他们时刻保持大局观（正如我们提出的由六大部分组成的整体框架），聚焦于当下能够提升的单个部分。由于所有部分都是相互依存的，在某一部分发生的转变会引起其他部分的转变。

对于我们素未谋面的诸多读者而言，你们同样可以完成这一艰巨但伟大的事业。希望本书能激励你破除常规思维模式，正确并客观地看待自身企业所具有的潜力以及所能达到的高度。就像本书开篇所描述的那80位普通人，他们在现场积极作为，富有创造性地战胜了致命的激流。现在，你和你的企业正掌握着一件威力巨大的工具，它能帮助你战胜经营环境中的任何激流。

注 释

第 1 章

1. 内部资料。"80 Strangers for Human Chain to Rescue Family from Ocean Riptide", video, YouTube，July 11, 2017,www.youtube.com/watch？ v= jYC WT3CU0RE.

2. 关于 Supercell 的信息来自腾讯市场化生态组织研究小组（以下简称腾讯研究团队）对 Supercell 公司首席运营官扬内·斯内尔曼和中国区总经理吉姆·严（Jim Yan）的采访。采访由杨国安和腾讯研究团队的其他成员主持。扬内·斯内尔曼于 2017 年 1 月 10 日接受了采访，吉姆·严于 2017 年 4 月 13 日接受了采访；两次采访都是在上海面对面进行的。以杨国安为首的标杆工作小组包括来自腾讯不同部门的五名人力资源总监和顾问（舒润哲、陈欣、黄静、李晓红和王颖）。这项研究从 2017 年 1 月至 6 月在中国和美国分别进行面对面交谈和电话沟通。

3. 麦肯锡对组织研究的最新系统方法被称为"组织健康"（organizational health）。参见 Scott Keller and Colin Price, "Organizational Health: The Ultimate Competitive Advantage," *McKinsey Quarterly*，June 2011, www. mckinsey.it/idee/organizational-health-the-ultimate-competitive-advantage。

4. Dave Ulrich and Dale Lake, Organization Capability: Competing from the Inside Out (New York: Wiley, 1990).

第 2 章

1. Amazon, "Introducing Amazon Go and the World's Most Advanced Shopping Technology," YouTube, December 5, 2016, www.youtube.com /watch ?v= NrmMk1Myrxc.

2. Dave Ulrich et al., *HR from the Outside In: Six Competencies for the Future of Human Resources* (New York: McGraw-Hill, 2012).

3. 每隔几个月，当我们更新这个图表时，组织就会发生变化。新公司进入排行榜的模式保持不变，但这些公司的相对定位和细节变化迅速。一周之内，一个组织可能获得或失去其市场价值的 15%。这种波动表明变化的速度很快。

4. Aon Hewitt, "2017 Trends in Global Employee Engagement Report," https://www.aon.com/engagement17/index.aspx.

5. Brian Primack et al., "Use of Multiple Social Media Platforms and Symptoms of Depression and Anxiety: A Nationally-Representative Study Among U.S. Young Adults," *Computers in Human Behavior* 69 (April 2017): 1–9; H. B. Shakya and N. A. Christakis, "Association of Facebook Use with Compromised Well-Being: A Longitudinal Study," *American Journal of Epidemiology* 185 (February 2017): 203–211.

6. Laura Alejandra Rico-Uribe et al., January 2018. "Association of Loneliness with All-Cause Mortality: A Meta-analysis," *PLoS ONE* 13,no. 1 (2018): e0190033, https://doi.org/10.1371/journal.pone.0190033;and Julianne Holt-Lunstad,Timothy B. Smith, J. Bradley Layton, "Social Relationships

and Mortality Risk: A Meta-analytic Review," *PLoS Med* 7, no. 7 (2010): e1000316, https://doi.org/10.1371/journal.pmed.1000316.

7. Vivek Murthy, "Work and the Loneliness Epidemic," *Harvard Business Review*, September 28, 2017, https://hbr.org/cover-story/2017/09/work-and-the-loneliness-epidemic.

8. Jason Daley, "The U.K. Now Has a 'Minister for Loneliness': Here's Why It Matters," *SmartNews*, Smithsonian.com, January 19, 2018, www.smithsonianmag.com/smart-news/minister-loneliness-appointed-united-kingdom-180967883.

9. Dave Ulrich and Wendy Ulrich, *The Why of Work: How to Create an Abundant Organization* (New York: McGraw Hill, 2011); Dave Ulrich, "Got Meaning?," *LinkedIn Pulse*, November 28, 2017, www.linkedin.com/pulse/finding-meaning-mundane-dave-ulrich; Dave Ulrich, "Belonging: An Emerging (Next) Leadership and HR Agenda," *LinkedIn Pulse*, January 30,2018, www .linkedin.com/pulse/belonging-emerging-next-leadership-hr-agenda-dave-ulrich.

10. 杨国安和腾讯研究团队 2017 年 6 月 1 日在广州微信总部进行的面对面采访。

第 3 章

1. 杨国安和腾讯研究团队于 2017 年 3 月 14 日至 20 日在美国和中国分别以面对面和打电话方式对阿里巴巴资深高管及行业专家进行的采访。另请参阅阿里巴巴集团"公司简介"，2019 年 3 月 15 日登录网站 www.alibaba-group.com/en/about/overview。

2. 亚马逊、谷歌、脸书和华为的使命宣言，来自各公司的官方网站。

3. Jeff Bezos, "Jeff Bezos Owns the Web in More Ways Than You Think,"

interview by Steven Levy, *Wired*, November 13, 2011, www .wired.com/ 2011/11/ffbezos.

4. Satya Nadella, *Hit Refresh: The Quest to Rediscover Microsoft's Soul and Imagine a Better Future for Everyone* (New York: Harper Business, 2017).

5. Brad Stone, *The Everything Store: Jeff Bezos and the Age of Amazon* (New York: Little, Brown and Company, 2013).

6. 杨国安和腾讯研究团队于 2017 年 3 月 1 日至 22 日在中国和美国分别以面对面和打电话的方式对亚马逊在职及离职员工进行的采访；Brad Stone, *The Everything Store* (2013).

7. 杨国安和腾讯研究团队于 2017 年 3 月 15 日在旧金山对亚马逊前业务总经理进行的面对面采访。

8. VIPKID, "VIPKID Journey Dallas—The Presidential Election," YouTube, August 17, 2018, https://www.youtube.com/watch?v= 99xnJtRgJi4.

9. 有关亚马逊的收购名单，请参阅以下链接：https://en.wikipedia.org/wiki/ List_of_mergers_and_acquisitions_by_Amazon#Acquisitions。

10. Brad Stone, *The Everything Store* (2013).

第 4 章

1. Ben MacIntyre, *Rogue Heroes: The History of the SAS, Britain's Secret Special Forces That Abotaged the Nazis and Changed the Nature of War* (New York: Broadway Books, 2016), xiii.

2. 为期 6 个月的英国特种空勤团成员培训过程被认为是世界上最严酷的训练。新兵们需要负荷 50 磅（约 23 千克）重物，在威尔士山区跑上一个月。挑战制高点是连续行军 40 英里（约 64 千米），然后在丛林中度过数周时间，经受严重脱水和物资匮乏的考验，接着又参加另一个逃跑和逃生的课程，最后通过抗审讯测试。90%的考生在完成训练之前就退学了，身体和心理都极其坚强才能被选中。用前英国特种空勤团教练彼得·赖特的话说，"这些人坚强得不明白'失败'是什么。他们非常有韧性。当困难来临时，他们继续前进"。每个队员都有一项专门技能：医学专门技术、狙击技术、爆破技术或通信技术。许多成员也是训练有素的语言学家。显然，他们一定很聪明。他们必须以一种不被注意的方式表现出自信。

3. 我们承认这次救援的电影版本可能与真实的事件有所不同，但我们更关注海豹突击队的活动，而不是菲利普斯船长本人。举例：参见 Maureen Callahan, "Crew Members: 'Captain Phillips' Is One Big Lie," *New York Post*, October 13, 2013, https://nypost.com/2013/10/13/crew-members-deny-captain-phillips-heroism。

4. 腾讯新闻稿、年报、委托书及股东委托书，2019 年 3 月 15 日，www.tencent.com/en-us/company.html ；Brad Stone and Lulu Yilun Chen, "Tencent Dominates in China; Next Challenge Is Rest of the World," *Business Week*, June 28, 2017, www.bloomberg.com/news/features/2017-06-28/tencent-rules-china-the-problem-is-the-rest-of-the-world.

5. 张建锋（阿里巴巴首席技术官）在 2016 杭州云栖大会上发表的演讲，《计算：让想象力无限》，https://yunqi.youku.com/2016/hangzhou/download?spm=5176.8098788.567836.1。

6. 为增加投资者的信心，请参阅 Dave Ulrich, *The Leadership Capital Index: Realizing the Market Value of Leadership* (Oakland, CA: Berrett-Koehler Publishers, 2015)，以提高那些投资者看重并且表现为市场价值增加的能力；为增加客户承诺和每单客户收益，请参阅 Dave Ulrich and Norm Smallwood, *Leadership Brand* (Boston: Harvard Business Review Press,

2007）；为增加员工承诺和生产率，请参阅 Dave Ulrich and Wendy Ulrich, *The Why of Work: How to Create an Abundant Organization*（New York: McGraw Hill, 2011）.

7. 杨国安和李晓红，《中国企业组织能力调研白皮书》（2016 年、2017 年和 2018 年）。

8. 有关产业时代的能力，见杨国安，《组织能力的杨三角：企业持续成功的秘诀》（北京：机械工业出版社，2010 年）；杨国安，《组织能力的突破：从杨三角看领先企业成功之道》（北京：机械工业出版社，2012 年）。有关当今所需能力，请参阅杨国安、李晓红，《变革的基因：移动互联时代的组织能力创新》，（北京：中信出版集团，2016 年）；杨国安、李波、芮益芳，《变革的基因（实践篇）：如何创新战略、搭建团队、提升战斗力》（北京：中信出版集团，2017 年）。

9. Wayne Brockbank, Dave Ulrich, David G. Kryscynski, and Michael Ulrich, "The Future of HR and Information Capability," *Strategic HR Review* 17, no. 1 (2018): 3–10, https://doi.org/10.1108/SHR-11-2017-0080.

10. Malcolm Gladwell, *What the Dog Saw: And Other Adventures*（New York: Little, Brown and Company, 2009), 167.

11. 杨国安和腾讯研究团队于 2017 年 3 月 14 日至 15 日在美国加州山景城通过电话对谷歌和脸书的在职和离职员工进行的采访。

12. 参见摩拜单车网站主页，https://mobike.com/global/。

13. Joseph Kurian A. Manavalan, "Amazon's 'Eat Your Own Dog Food' Approach to Building Platforms," *LinkedIn Pulse*, June 19, 2017, www.linkedin.com/pulse/amazons-eat-your-own-dog-food-approach-building-manavalan.

14. 阿里巴巴集团首席执行官张勇致全体员工的公开信，2017 年，http://

www.ebrun.com/20170104/209250.shtml。

15. 杨国安和腾讯研究团队于 2017 年 3 月 1 日至 22 日在中国和美国分别以面对面和打电话的方式对亚马逊在职及离职员工进行的采访。

16. Supercell 的首席运营官扬内·斯内尔曼于 2017 年 1 月 10 日在上海接受杨国安和腾讯研究团队面对面采访。

17. 杨国安和腾讯研究团队于 2017 年 6 月 1 日在广州微信总部对微信领导者进行的面对面采访。

第 5 章

1. Dave Ulrich and Justin Allen, "Private Equity's New Phase," hbr.org, August 9, 2016, https://hbr.org/2016/08/private-equitys-new-phase.

2. 杨国安和腾讯研究团队于 2017 年 3 月 2 日在滴滴中国北京总部对滴滴首席执行官程维和几位领导者进行的面对面采访；滴滴出行执行总监赖春波在 2017 全球软件开发技术峰会上的演讲，https://t.cj.sina.com.cn/articles/view/1708729084/65d922fc034002olg。

3. 杨国安和腾讯研究团队于 2017 年 6 月 1 日在广州微信总部对微信领导者进行的面对面采访。

4. 杨国安和腾讯研究团队于 2017 年 4 月 13 日在上海对 Supercell 大中华区总经理专吉姆·杨进行的面对面采访；杨国安和腾讯研究团队于 2017 年 5 月 5 日在深圳腾讯大厦对腾讯游戏产业领导人进行的面对面采访。

5. 《华为年度报告》，2017 年，https://wwwfile.huawei.com//media/corporate/pdf/annualreport/annual_report2017_cn.pdf ?la=en。

6. Jeff Bezos, "To Our Shareholders," Amazon annual letter to shareholders, 2011, 2012, in "All of Jeff Bezos' Amazon Letters to Shareholders Together in One PDF," in *Words of Ward, Your Guide to Financial Freedom*, April 20, 2017,

http://dameats.com/wordsofward/2017/04/20/all-amazon-letters-to-shareholders-combined.

7. 杨国安和腾讯研究团队于 2017 年 3 月 14 至 20 日在美国加州帕洛阿尔托对阿里巴巴的高级管理人员和行业专家进行的面对面和电话采访；钟华，《企业 IT 架构转型之道：阿里巴巴中台战略思想与架构实战》（北京：机械工业出版社，2017）。

8.《滴滴往事：腾讯曾支援 1000 台服务器战"快的＋阿里"》，《上海证券报》，2017 年 12 月 1 日，http://tech.163.com/16/0809/07/BU0T3R0L00097U7R.html；《滴滴程维：30 多家对手厮杀，凭啥我活下来了？》2016 年 8 月 6 日，《创业邦》，http://www.ebrun.com/20160806/185998.shtml。

9. 杨国安和腾讯研究团队于 2017 年 3 月 2 日在滴滴中国北京总部对滴滴首席执行官程维和几位领导者进行的面对面采访；滴滴招聘页面（中文版），2019 年 3 月 15 日，http://talent.didiglobal.com.

10. 任正非在华为 2014 年四季度区域总裁会议上的讲话，2014 年 11 月 6 日，https://tech.sina.com.cn/t/2014-12-25/doc-icesifvy1782228.shtml。

11. 杨国安和腾讯研究团队于 2017 年 3 月 1 日至 22 日在中国和美国分别以面对面和打电话的方式对亚马逊在职及离职员工进行的采访；Chris Vander Mey, *Practical Lessons on Building and Launching Outstanding Software, Learned on the Job at Google and Amazon* (Beijing: O'Reilly Media, 2012).

12. Supercell 公司的首席运营官扬内·斯内尔曼于 2017 年 1 月 10 日在中国上海接受杨国安和腾讯研究团队的采访。

13. 腾讯公司公告，2014 年 3 月 10 日，http://www3.hkexnews.hk/listedco/listconews/sehk/2014/0310/ltn20140310033.pdf。

14. Jeff Bezos, "To Our Shareholders," Amazon annual shareholder letter, 2008,

in *Words of Ward, Your Guide to Financial Freedom*; and Brad Stone, *The Everything Store: Jeff Bezos and the Age of Amazon* (New York:Little,Brown and Company, 2013).

15. Supercell 首席执行官埃卡·潘纳宁于 2017 年 1 月 10 日在芬兰赫尔辛基的 RovioCon 的演讲；扬内·斯内尔曼的访谈，2017 年 1 月 10 日。

16. 杨国安和腾讯研究团队于 2017 年 3 月 14 日至 15 日对脸书在职员工和离职员工进行的采访。

17. 同上；蓝狮子（中国）企业研究院，《案例：重新理解 Facebook 开放平台》，2016 年 1 月 1 日，http://caiwei.yuedu.163.com/source/a5d2f41880d3496 6d24e5dad55 4b7_4。

18. 2017 年 3 月 14 至 20 日对阿里巴巴高级管理人员和行业专家的采访；钟华，《企业 IT 架构转型之道：阿里巴巴中台战略思想与架构实战》。

第 6 章

1. Curt Coffman and Kathie Sorenson, *Culture Eats Strategy for Lunch* (Liang Addison Press, 2013); Charles B. Handy, *Understanding Organizations* (New York: Oxford University Press, 1976); Edgar Schein, *Organizational Culture and Leadership: A Dynamic View* (San Francisco: Jossey-Bass, 1992).

2. 文化作为一种治理机制的角色是奥利弗·威廉姆森获得诺贝尔奖的基础。Oliver Williamson, *The Economic Institutions of Capitalism* (New York: Free Press, 1998); Sidney Winter, *The Nature of the Firm: Origins, Evolution, and Development* (New York: Oxford University Press, 1993); *Markets and Hierarchies: Analysis and Antitrust Implications* (New York: Free Press, 1988). See also William Ouchi, "Markets, Hierarchies, and Clans," *Administrative Science Quarterly* 25 (1980): 129–141.

3. Nicholas Carlson, "Google CEO Eric Schmidt: 'We Don't Really Have a Five-Year Plan'," interview of Eric Schmidt by Seven Perstein, *Tech Insider*, May 21, 2009, https://www.businessinsider.com.au/google-ceo-eric-schmidt-we-dont-really-have-a-five-year-plan-clip-2009-5.

4. Chartered Institute of Internal Auditors, "Culture and the Role of Internal Audit: Looking below the Surface," 2014, www.iia.org.uk/policy/culture-and-the-role-of-internal-audit.

5. Satya Nadella, "Starting to Evolve Our Organization and Culture," open letter to employees at Microsoft, July 17, 2014, Microsoft News Center, https://news.microsoft.com/2014/07/17/starting-to-evolve-our-organization-and-culture.

6. 杨国安和腾讯研究团队于 2017 年 3 月 17 日在华盛顿州西雅图对亚马逊云计算服务前副总裁进行的面对面采访。

7. APV, "Alibaba IPO Roadshow Presentation Video," video, YouTube.com/watch？v=K0tqH9ljj8.

8. Jeff Bezos, quoted in Paul Farhi, "Jeffrey Bezos, Washington Post's Next Owner, Aims for a New 'Golden Era' at the Newspaper," *Washington Post*, September 2, 2013. 这是自 2013 年 8 月杰夫·贝佐斯以 2.5 亿美元收购《华盛顿邮报》之后进行的第一次采访。

9. "华为任正非曾拒见摩根士丹利投资团队：他又不是客户"，毒舌科技，2016 年 6 月 11 日，http://www.sohu.com/a/82435452_358836.

10. Supercell 大中华区总经理吉姆·严于 2017 年 4 月 13 日在上海接受了杨国安和腾讯研究团队的采访。

11. 杨国安和腾讯研究团队于 2017 年 3 月 2 日在滴滴北京总部对滴滴首席执行官程维和其他几位滴滴领导者的采访。

12. 2017 年 3 月 14 日至 15 日，杨国安和腾讯研究团队在加州山景城对谷歌在职和离职员工进行的电话采访。

13. Amazon, "Our Pioneers...," Amazon Jobs website, accessed March 14, 2019, https://amazon.jobs/en/pioneers。

14. 杨国安和腾讯研究团队于 2017 年 3 月 15 日亲自前往加州旧金山对亚马逊前硬件产品总经理进行的专访。Brad Stone, *The Everything Store: Jeff Bezos and the Age of Amazon* (New York: Little, Brown and Company, 2013); Chris Vander Mey, Practical Lessons on Building and Launching Outstanding Software, Learned on the Job at Google and Amazon (Beijing: O'Reilly Media, 2012).

15. 亚马逊前云计算服务副总裁，2017 年 3 月 17 日。

16. Jeff Bezos, "To Our Shareholders," Amazon annual letter to shareholders, 2017, in "All of Jeff Bezos' Amazon Letters to Shareholders Together in One PDF," in *Words of Ward, Your Guide to Financial Freedom*, April 20, 2017, http://dameats.com/wordsofward/2017/04/20/all-amazon-letters-to-shareholders-combined.

17. Jeff Bezos, quoted in Peter Burrows, "Bezos on Innovation," *Bloomberg Business Week*, April 17, 2008, http://www.bloomberg.com/news/articles/2008-04-16/bezos-on-innovation.

18. Supercell 首席运营官扬内·斯内尔曼于 2017 年 1 月 10 在上海接受了杨国安和腾讯研究团队的面对面采访。

19. 2014 年谷歌创始人的信，https://abc.xyz/investor/Founders/letter/2004letter/。

20. 时任京东首席人力资源官、法律总顾问隆雨于 2017 年 9 月 15 日在京东北京总部接受了杨国安的面对面采访。

第 7 章

1. Martin Armstrong, "The Most Common New Year's Resolutions for 2018," *Statista*, January 2, 2018, http://www.statista.com/chart/12386/the-most-common-new-years-resolutions-for-2018.

2. Zarina Hussain, "How Lee Kuan Yew Engineered Singapore's Economic Miracle," *BBC News*, March 24, 2015, http://www.bbc.com/news/business-32028693.

3. Lee Kuan Yew, *From Third World to First: The Singapore Story* (New York: Harper, 2012).

4. Jeri Darling, "Reframing Performance Reviews for Greater Impact: An Interview with Accretive Health Chief People Officer, Caroline Stockdale," *People & Strategy*, June 1, 2013, http://www.thefreelibrary.com/Reframing+performance+reviews+for+greater+impact%3a+an+interview+with ...-a0343363073.

5. Mercer, "2013 Global Performance Management Survey Report: Global Results."

6. Carol Dweck, *Mindset: The New Psychology of Success* (New York: Ballantine Books, 2007).

7. See Paul R. Niven and Ben Lamorte, *Objectives and Key Results: Driving Focus, Alignment and Engagement with OKRs* (New York: Wiley, 2016); Eric Schmidt and Jonathan Rosenberg, *How Google Works* (New York: Grand Central Publishing, 2014).

8. Thomas Schulz, *Was Google Wirklich Will* [What Google really wants] (Munich: Verlagsgruppe Random House GmbH, 2015); Danielle Muoio, "Google and Alphabet's 20 Most Ambitious Moonshot Projects," *Business Insider*,

February 13, 2016, http://www.businessinsider.com/20-moonshot-projects-by-google-turned-alphabet-2016-2.

9. 杨国安和腾讯研究团队于 2017 年 3 月 14 日至 15 日在加州山景城对谷歌在职及离职员工进行的电话采访。

10. 阿里巴巴集团，"文化与价值观"，2019 年 3 月 15 日引自阿里巴巴官网，https://www.alibabagroup.com/en/about/culture。

11. 黄卫伟，《以奋斗者为本：华为公司人力资源管理纲要》（北京：中信出版集团，2014 年）。

12. Amazon, "Leadership Principles," Amazon Jobs website, accessed March 15, 2019, http:// www .amazon.jobs/en/principles.

13. 杨国安和腾讯研究团队于 2017 年 3 月 14 日至 15 日在加州山景城对脸书在职及离职员工进行的电话采访。

14. 同上。

15. 感谢查理·塔普（Charlie Tharp）的宝贵见解，即激励系统主要是传达最重要信息的沟通工具。

16. Dani Dipirro, "Make the 3-to-1 ratio of Positivity Work for You," *Positively Present* (blog), accessed March 15, 2019, http://www.positivelypresent.com/2010/01/what-is-positivity-.html.

17. 腾讯研究团队对腾讯领导者进行的采访。

第 8 章

1. Matthew Syed, "Viewpoint: How Creativity Is Helped by Failure," *BBC News Magazine*, November 14, 2015, http://www.bbc.co.uk/news/magazine-34775411.

2. 同上。

3. 2017 年 3 月 15 日，杨国安和腾讯研究团队在加州旧金山亲自采访了亚马逊前硬件产品总经理。

4. Linda A. Hill et al., "The Capabilities Your Organization Needs to Sustain Innovation," *Harvard Business Review*, January 14, 2015.

5. Greg Satell, "Want to Do Corporate Innovation Right? Go Inside Google Brain," *Harvard Business Review*, June 1, 2016.

6. 同上。

7. 史蒂夫·乔布斯，引自沃尔特·艾萨克森《史蒂夫·乔布斯传》（北京：中信出版集团，2011）。

8. Michael Schrage, "Just How Valuable Is Google's '20% Time'?," *Harvard Business Review*, August 20, 2013.

第 9 章

1. Thomas Jefferson Foundation, Inc., "Origins of the Expedition," Monticello, Home of Thomas Jefferson, February 2003, http://www.monticello.org/site/jefferson/origins-expedition; Thomas Jefferson Foundation, Inc., "Preparing for the Expedition," Monticello, Home of Thomas Jefferson, February 2003, http://www .monticello.org/site/jefferson/preparing-expedition.

2. 腾讯网站，"企业文化"，2019 年 3 月 14 日访问网页 https://www.tencent. com/en-us/culture.html；苏一壹，《QQ邮件App，七星品质聚合万千》，搜狐网，2014 年 7 月 12 日，http://www.sohu.com/a/20839670_116068；滑明飞，《QQ邮箱达人：做有人情味的产品》，《环球企业家》，2012 年 6 月 8 日，http://tech.qq.com/a/20120618/000154.htm。

3. 2017 年 3 月 15 日，杨国安和腾讯研究团队在加州旧金山对亚马逊前硬件产品总经理的采访。

4. Marin Reeves, Ming Zeng, and Amin Venjara, "The Self-Tuning Enterprise," *Harvard Business Review*, June 2015, https://hbr.org/2015/06/the-self-tuning-enterprise.

5. 杨国安和腾讯研究团队于 2017 年 3 月 14 日至 15 日在加州山景城对脸书在职及离职员工的电话采访。

6. Supercell 公司首席运营官扬内·斯内尔曼在上海接受的杨国安和腾讯研究团队的面对面采访。

第 10 章

1. 杨国安和腾讯研究团队于 2017 年 3 月 14 日至 15 日在加州山景城对谷歌的在职及离职员工进行的电话采访；Eric Schmidt and Jonathan Rosenberg, *How Google Works* (New York: Grand Central Publishing,2014)。

2. 2017 年 3 月 14 日至 15 日，杨国安和腾讯研究团队在山景城、帕洛阿尔托对脸书在职及离职员工进行的电话采访；蓝狮子（中国）企业研究院，《案例：重新理解 Facebook 开放平台》，2016 年 1 月 1 日，http://caiwei.yuedu.163.com/source/a5d2f41880d34966d24e5dad55 4b7_4。

3. Jeff Bezos, "To Our Shareholders," Amazon annual letter to shareholders, 2011, in "All of Jeff Bezos' Amazon Letters to Shareholders Together in One PDF," in Words of Ward, Your Guide to Financial Freedom, April 20, 2017, http://dameats.com/wordsofward/2017/04/20/all-amazon-letters-to-shareholders-combined.

4. 阿里巴巴，https://www.alibabagroup.com/en/news/press_pdf/p180809；《阿里 88VIP 独创生态会员体系，被央媒评为 2018 年度最佳创新奖》，猎云网，2019 年 1 月 1 日，http://www.sohu.com/a/289628480_118792。

5. 关于阿里巴巴的信息来自杨国安和腾讯研究团队于 2017 年 3 月 14 日至

20 日在加州帕洛阿尔托对阿里巴巴高级管理人员和行业专家进行的电话采访；2018 年 1 月 11 日《中国创业家》杂志梁宵对盒马鲜生创始人兼 CEO 侯毅 的 专 访，https://finance.sina.com.cn/chanjing/gsnews/2018-01-11/docifyqqieu5621980.shtml；钟华，《企业 IT 架构转型之道：阿里巴巴中台战略思想与架构实战》；Nicole 林，《玩家为什么会那么快就退出游戏？减少玩家流失的 10 个建议》，白鲸出海，2015 年 3 月 5 日，http://www.baijingapp.com/article/16。

6. 杨国安和腾讯研究团队于 2017 年 3 月 14 日至 20 日对阿里巴巴相关人员进行的采访；2018 年 1 月 11 日梁宵对盒马鲜生创始人兼 CEO 侯毅的专访；Nicole 林，《玩家为什么会那么快就退出游戏？减少玩家流失的 10 个建议》。

7. Supercell 公司的首席运营官扬内·斯内尔曼于 2017 年 1 月 10 日在上海接受了杨国安和腾讯研究团队的采访。

8. 基于 2017 年 1 月至 6 月腾讯研究团队（由杨国安领导）在中国和美国分别以面对面和打电话的方式对各公司在职及离职员工进行的采访。

第 11 章

1. Peter James Williamson and Arnoud De Meyer, "Ecosystem Advantage: How to Successfully Harness the Power of Partners," *California Management Review* 55, no. 1 (fall 2012): 34.

2. Beth Kowitt, "The Secret to How Amazon Dominates," *Fortune*, July 18, 2017, http://fortune.com/2017/07/18/amazon-whole-foods-jeff-wilke.

3. 杨国安和腾讯研究团队于 2017 年 3 月 14 日至 20 日对阿里巴巴相关人员进行的采访。

4. We are grateful for insights from Ron Ashkenas, coauthor of *Boundaryless*

Organization: Breaking the Chains of Organizational Structure (San Francisco: Jossey-Bass, 2002); and Mark Nyman, coauthor of *HR Transformation*.

第 12 章

1. Dave Ulrich, Norm Smallwood, and Kate Sweetman, *The Leadership Code: Five Rules to Leady By* (Boston, MA: Harvard Business Review Press, 2009).

2. "Tencent Announces Strategic Upgrade," Tencent Holdings Limited, October 1, 2018, https://www.prnewswire.com/news-releases/tencent-announces-strategic-upgrade-300721749.htm.

3. 杨国安和腾讯研究团队于 2017 年 3 月 14 日至 15 日在加州山景城对脸书在职及离职员工的电话采访；Ekaterina Walter, *Think Like Zuck: The Five Business Secrets of Facebook's Improbably Brilliant CEO Mark Zuckerberg* (New York: McGraw Hill, 2016).

4. Jill Shen, "Tencent Creates Technology Committee to Boost In-Company Collaboration," Technode, January 10, 2019, https://technode.com/2019/01/10/tencent-special-technology-committee/.

5. 阿里巴巴集团首席执行官张勇致全体员工的公开信,《阿里巴巴组织架构再调整》, 2015 年 12 月 7 日, http://www.sohu.com/a/46935967_259281；钟华,《企业 IT 架构转型之道: 阿里巴巴中台战略思想与架构实战》（北京: 机械工业出版社, 2017）。

6. 黄卫伟,《以奋斗者为本: 华为公司人力资源管理纲要》（北京: 中信出版集团, 2014 年）。

7. 杨国安和腾讯研究团队于 2017 年 3 月 1 日至 22 日在中国和美国分别以面对面和打电话的方式对亚马逊在职及离职员工进行的采访。

8. 同上；Brad Stone, *The Everything Store: Jeff Bezos and the Age of Amazon*

(New York: Little,Brown and Company,2013).

9. 2017 年 5 月 30 日，Accel News 网站刊登了一篇题为《为什么 Supercell 公司的创始人想成为世界上最没有权势的 CEO》（Why Supercell's founder wants to be the world's least powerful CEO）的文章，作者索纳利·德里克（Sonali De Rycker）在文中描述了潘纳宁的理念，https://medium.com/accelinsights/whysupercellsfounderwantstobetheworldsleastpowerfulceo38bf1 73d607c。

10. 埃卡·潘纳宁，同上。

11. Cheng Wei, quoted in Ma Ping, "Interview with Founder and CEO of DiDi, Cheng Wei: Part I, Understanding DiDi and Data" (trans. Shaolong Lin et al.), *Harbinger*, November 6, 2017, http://www.theharbingerchina.com/blog/interview-with-founder-and-ceo-of-didi-cheng-wei-part-i-understanding-didi.

12. Leah Fessler, "Didi Chuxing President Jean Liu's Advice for Working Women: 'It's Supposed to Be Hard,' " *Quartz at Work*, February 6, 2018, https://work.qz.com/1196663/DiDi-chuxing-president-jean-liu-beat-uber-at-its-own-game.

13. Tim Cook, "Jean Liu," in "The 100 Most Influential People," *Time* magazine, 2017, http://time.com/collection/2017-time-100/4742753/jean-liu.

14. 2017 年 3 月 2 日，滴滴的首席执行官程维在滴滴北京总部大楼接受了杨国安和腾讯研究团队的采访。

15. Kurt Blazek, "An Inspiring Leadership Style: Google CEO Larry Page," *Revolve*, February 3, 2015, http://www.boothco.com/360-feedback-resources/inspiring-leadership-style-google-ceo-larry-page.

16. 杨国安和腾讯研究团队于 2017 年 3 月 14 日至 15 日在加州山景城对谷歌在职及离职员工的电话采访；Eric Schmidt and Jonathan Rosenberg,

How Google Works (London: John Murray, 2014)。

17. 我们使用"向前一步"来作为桑德伯格的关键词，她的畅销书书名也用了这个词。《向前一步：女性、工作及领导意志》(北京：中信出版集团，2014 年)。

18. Brad Stone and Lulu Yilun Chen, "Tencent Dominates in China: Next Challenge Is Rest of the World," *Businessweek*, June 28, 2017, http www. bloomberg.com/news/features/2017-06-28/tencent-rules-china-the-problem-is-the-rest-of-the-world.

19. David De Cremer and Tian Tao, "Leading Huawei: Seven Leadership Lessons of Ren Zhengfei," *European Business Review*, September 17, 2015, http://www.europeanbusinessreview.com/leading-huawei-seven-leadership-lessons-of-ren-zhengfei.

20. 阿里巴巴集团，"文化与价值观", 2019 年 3 月 15 日引自阿里巴巴官网，https://www.alibabagroup.com/en/about/culture。

21. Jon Birdsong, "6 Lessons for Leaders from Jack Ma, Founder of Alibaba," accessed March 15, 2019, *WideAngle*, https://wideangle.com/6-lessons-for-leaders-from-jack-ma.

22. Dennis Green, "Walmart and Amazon's Long-Simmering Feud Exploded in 2017—and It's Redefining Retail," *Business Insider*, December 15, 2017, http://www.businessinsider.com/walmart-and-amazon-are-business-feud-of-the-year-2017-12.

23. Jeff Bezos, "To Our Shareholders," Amazon annual letter to shareholders, 1999, in "All of Jeff Bezos' Amazon Letters to Shareholders Together in One PDF," in *Words of Ward, Your Guide to Financial Freedom*, April 20, 2017, http://dameats.com/wordsofward/2017/04/20/all-amazon-letters-to-

shareholders-combined.

24. 滴滴首席执行官程维于 2018 年 3 月 7 日在北京滴滴总部大楼接受了杨国安的采访。

第 13 章

1. 关于沃博联的信息来自公司变革的公共信息和戴维·尤里奇对商界领袖的采访。

2. 关于京东转型的信息来自腾讯研究团队于 2017 年 8 月对前京东首席人力资源官兼法律总顾问隆雨及前高级副总裁胡胜利进行的电话采访。

3. 有关永辉转型的信息来自永辉超市联合创始人兼首席执行官张轩宁的讨论、介绍及杨国安于 2018 年 3 月和 5 月对其进行的采访。